蒋绍愚文集

第七卷

汉语词汇语法史论文选

(下册)

蒋绍愚 著

目　　录

下册

"抽象原则"和"临摹原则"在汉语语法史中的体现……………… 369
先秦汉语的动宾关系和及物性…………………………………… 379
从《左传》中的"P(V/A)＋之"看先秦汉语的述宾关系 446
魏晋南北朝的"述宾补"式述补结构……………………………… 475
《世说新语》《齐民要术》《洛阳伽蓝记》《贤愚经》《百喻经》中的
　　"已""竟""讫""毕"……………………………………………… 512
汉语"广义处置式"的来源——兼论"词汇替换"………………… 526
把字句功能的历史演变…………………………………………… 548
"给"字句、"教"字句表被动的来源
　　——兼谈语法化、类推和功能扩展 ………………………… 588
上古汉语的作格动词……………………………………………… 610
《史记》单音节动词的情状类型…………………………………… 656
《左传》《庄子》的无标记被动……………………………………… 690
他山之石，可以攻玉 ……………………………………………… 730

古汉语词典的编纂和资料的运用………………………………… 752

"抽象原则"和"临摹原则"在汉语语法史中的体现*

（一）在现代汉语中，表处所的词语有时在动词前，有时在动词后。例如："在房间里读书"，"在房间里"位于动词之前；"走到房间里"，"到房间里"位于动词之后。为什么有这种不同？

戴浩一(1985)提出了著名的"时间顺序原则"(PTS)："两个句法单位的相对次序决定于它们所表示的概念领域里的状态的时间顺序。"他认为，"时间顺序原则""管辖着汉语中大多数可以定出的句法范畴的语序表现"，"可以看成是一条总的句法限制"。这条原则涉及的种种方面本文不拟一一讨论，①本文主要讨论这条原则所包含的动词和表示处所词语的位置。

戴浩一(1985)说，普通话中带"在"的处所状语的位置，"总诀是：它出现在动词之前表示事情发生的地点，它出现在动词之后表示事情过后参与者所处的位置"。他举例说："小猴子在马背上跳"，"在马背上"的状态先于动作的开始；"小猴子跳在马背上"，动作的状态显然先于位置的状态。所以，这两个句子的语序都是遵循 PTS 的。

---

* 本文为提交第八届国际中国语言学学会的论文。
① PTS 所包含的几个前后相承的动词的关系，(如："他坐公共汽车到这儿""他到这儿坐公共汽车")也和我们所讨论的汉代以后新兴的介词"在""从""到"等的位置有关。这在下面将会提到。

对我们上面的两个例句也可以做同样的解释:前一句是先"在房间里",然后"读书";后一句是先"走",然后"到房间里"。词序和动作的先后顺序一致。现代汉语中表处所的词在动词前后的不同位置,大体上是可以用戴浩一的"时间顺序原则"来解释的,尽管也有一些例外。

但是,如果我们把目光转向古代汉语,情况就大不相同了。在先秦汉语中,上面两句话说成"读于室"和"入于室","于室"统统在动词后面。显然,"时间顺序原则"不适用于先秦汉语中的处所的表达。戴浩一(1985)在注中也明确说:"古代汉语不遵循 PTS。"

Light,Timothy(黎天睦)提出了"位置原则",认为汉语中名词或副词的意义是由它们相对于动词的位置的前后决定的。他又指出这一原则不适用于古汉语。

为什么"时间顺序原则"不适用于先秦汉语的处所的表达?这个问题很值得讨论。因为这不仅仅是一条具体的语法规则的变化,而是牵涉到有关"时间顺序原则"等"临摹原则"的大问题。

戴浩一(1985)认为,PTS是一种临摹现象。为什么汉语采取这种临摹性的原则?戴提供了两点解释:"汉语没有曲折,它的语法范畴是模糊的。""汉人的思维趋于着重对具体事物的感知。"

戴浩一(1990)进一步说明,"时间顺序原则""信息中心原则"等的提出,是为了建立一种语法,"这种语法能够揭示汉语独有的基底的观念原则"。他又说:"汉语是话题—说明的语言,比别的许多语言更一贯地服从时间顺序原则。""我们认为汉语是汉族人民根据一套约定俗成的象征意象所采用的交际系统。"就是说,"时间顺序原则"是汉语的特点,是基于汉语的特性的,是汉族人民对世界的认知原则的反映。

"抽象原则"和"临摹原则"在汉语语法史中的体现

既然如此,人们就会问:为什么先秦汉语不适用 PTS? 是因为古代汉民族的认知方式不同于现代吗？还是因为古代汉语是和现代汉语性质根本不同的一种语言,比方说,古代汉语不是"没有曲折"的语言,或者不是"话题—说明"型的语言,因此不服从时间顺序原则？这些回答都难以令人信服。

本文试图对这个问题加以回答。

(二) 谢信一(1991)指出:语言符号的组合可以根据两种原则。"我们可以把感知或概念上促成的规则称为临摹原则(iconic principles),把以逻辑—数学为基础的规则称为抽象原则(abstract principles)。""在前者,成分的组合和排列比较密切地反映现实世界的情景,而后者则否。"

关于这两种原则的关系,他是这样说的:"在不同的语言之间,有的可能主要以临摹性为原则,抽象性居于次要地位,有的可能相反。""在同一种语言里有些句子的临摹性可能高于别的句子。""在一个语言表达特别是句子里,临摹原则和抽象原则是共同起作用的。因为临摹性有限度,为了使符号化完整,必须有抽象性来补充。"

显然,戴浩一的"时间顺序原则"是一种临摹原则。那么,先秦汉语中"于+L"一律置于动词之后根据的是什么原则呢？[①]

戴(1985)和谢(1991)都说过:英语的 at, on, in 等空间前置词比汉语中的对应的词抽象,at, on, in 是分别代表一维、二维、三维的空间关系的抽象符号,汉语则用"在"指出空间关系,然后进一

---

① 说明两点:1."于"包括"於""乎""诸"等。"L"代表表示处所的词语。2.说"一律置于动词之后"是相对于现代汉语中"在+L"有的在动词前,有的在动词后说的,不是说先秦汉语中没有"于+L"置于动词前的个别例子。下同。

步指出是在某物的旁边、上边还是里边。谢(1991)又说,在英语中句子中的词序按动词、副词、介词的顺序排列是抽象原则。那么,古汉语中的"于+L"一律放在动词之后,应该和英语中"at/on/in+N"放在动词之后一样,是抽象原则。

因此,从先秦汉语的"于+L"置于动词之后到现代汉语中的"时间顺序原则",汉族人的认知方式没有变,汉语的根本特性没有变,改变的只是在动作和处所的关系的语言表达上,从"抽象原则"变为"临摹原则"。

(三) 现在要问:在动作和处所的位置的表达上,为什么同一个民族的语言先用"抽象原则",后来用"临摹原则"?

我认为,这是由语言系统内部的变化造成的。

用抽象原则组织句子,一般要靠形式标志。如英语句中的次序按"动词—副词—介词"来排列,是因为英语中动词、副词、介词大体上可以根据形态来区分。汉语(特别是先秦汉语)缺乏形态,但介词"于"是一个很明显的标记。先秦汉语中"V+(O)+于+L"的形式中,"于+L"统统放在动词后面,这是因为有"于"这个标记的缘故。正如英语中 at/on/in+L 放在动词后面一样。

但到西汉,发生了一个变化:这种形式中的"于"可以不要,就成了"V+(O)+ø+L"。下面两个句子,说的都是晋公子重耳在返国途中对子犯发誓这件事,但《左传》用的是"V+O+于+L",《史记》用的是"V+O+ø+L"。

《左传·僖公 24》:公子曰:"所不与舅氏同心者有如白水!"投其璧于河。

《史记·晋世家》:重耳曰:"若反国,所不与子犯共者,河伯视之!"乃投璧河中。

"抽象原则"和"临摹原则"在汉语语法史中的体现

何乐士(1984)已经通过《左传》和《史记》的对比,指出了《史记》中表示处所的词语前面可以不用介词"于"这一特点,并举了很多有意思的例句。我们可以再举一些:

《左传·庄公13》:"公会齐侯盟于柯。"

《史记·齐世家》:"与鲁会柯而盟。"

《左传·僖公4》:"师退,次于召陵。"

《史记·齐世家》:"齐师退次召陵。"

《左传·僖公9》:"齐侯盟诸侯于葵丘。"

《史记·十二诸侯年表》:"齐桓会葵丘。"

《左传·哀公13》:"公会单平公、晋定公、吴夫差于黄池。"

《史记·晋世家》:"定公与吴王夫差会黄池。"

《左传·哀公14》:"春,西狩於大野。"

《史记·孔子世家》:"鲁哀公十四年春,狩大野。"

《左传·僖公4》:"昭王之不复,君其问诸水滨。"

《史记·齐世家》:"昭王之不复,君其问之水滨。"

"于"这个标记的消失,就动摇了"于+L"一律后置于动词的这一"抽象原则"。"ø+L"可以置于动词后,也可以置于动词前。如在《史记》中可以看到这样的例句:

《史记·武帝本纪》:"泰山上举火。"

《史记·河渠书》:"泰山下引汶水。"

这种放在动词前的"ø+L",从西汉到南北朝逐渐增多,而且是根据"时间顺序原则"来排列的。

同时,从汉代到魏晋南北朝,新兴的介词如"在""从""到"等逐渐发展,代替了原来的介词"于"。这些新兴的介词是从动词虚化而成的,而动词"在""从""到"等在先秦汉语中就根据"时间顺序原

则"或是放在动词前,或是放在动词后,当它们虚化为介词之后,它们依然保持原来的位置。(参见 368 页注①)

这样,我们就可以看到,在"抽象原则"动摇之后,"临摹原则"就代之而起。根据"时间顺序原则","在+L"或放在动词前,或放在动词后。这就形成了现代汉语中的格局。①

(四)现在要进一步问:西汉时"于+L"中的"于"为什么可以不要?

这是语言系统中的另一种变化的结果。在先秦,实体名词和处所名词是不分的。如"积土成山"(《荀子》)和"藏金于山"(《庄子》),前者的"山"是实体名词,后者的"山"是处所名词,但形式上没有区分。所以处所名词前面必须加上介词"于",才能和实体名词区分开来。到西汉,很多处所名词后面加上了F(F代表"上"/"中"/"下"等方位词),所以前面不要"于"也可以和实体名词区分了。因此,其格式变成了"V+(O)+ø+LF"。(这一点李崇兴 1992 已经指出。)

下面用《左传》和《史记》中表示"山"和"河"的处所的句子加以比较,来说明这两个变化:

《左传》

于+山 14　于+山F 2　ø+山 2　ø+山F 0
于+河 19　于+河F 6　ø+河 0　ø+河F 1

---

① "于+L"从一律位于动词后到一部分移到动词前是一个复杂的历史变化过程,其中牵涉到汉语动词后能不能同时存在宾语和补语等问题,这里不可能详细讨论。我的博士生张赪的博士学位论文《汉语处所介词词组和工具介词词组的词序变化》对此有较详细的讨论,可以参看。

"抽象原则"和"临摹原则"在汉语语法史中的体现

《史记》

于＋山　14　　于＋山 F　10　　ø＋山　18　　ø＋山 F　19
于＋河　18　　于＋河 F　5　　ø＋河　9　　ø＋河 F　24

《左传》和《史记》中有关"河"的例句如下：

《左传》

于＋河　19 例（选列 5 例）：

宋桓公逆诸河。（闵 2）/秦伯以璧祈战于河。（文 12）/将饮马于河而归。（宣 12）/造舟于河。（昭 1）/用事乎河。（定 4）

于＋河 F　6 例

使帅师次于河上。（闵 2）/秦泊师于河上。（僖 25）/鱼石自止华元于河上。（成 15）/晋侯以公宴于河上。（襄 9）/津人得诸河上。（昭 24）/寘诸河上。（哀 16）

ø＋河　0 例

ø＋河 F　1 例

乃如河上。（僖 24）

《史记》

于＋河　18 例（选列 5 例）

后子孙饮马於河。（秦本纪）/赵人不敢东渔於河。（田完世家）/公旦自揃其爪以沉於河。（蒙恬列传）/我为江使於河。（龟策列传）/沈白马玉璧于河。（河渠书）

于＋河 F　5 例

北败晋兵於河上。（秦本纪）/大破晋军於河上。（郑世家）/沈其卒三万人於河中。（白起传）/及项籍杀宋义於河上。（黥布列传）/使田仁护边田谷於河上。（田叔列传）

375

ø+河　9例

是时秦地东至河。(秦本纪)/晋楚(走)流死河二万人。(秦本纪)/朝晋至河。(十二诸侯年表)/周公乃自揃其蚤沈之河。(鲁世家)/朝晋至河。(鲁世家)(三见)/东地至河。(魏世家)/秦送重耳至河。(晋世家)

ø+河F　24例(选列5例)

秦军河上。(晋世家)/以挫晋兵河上也。(晋世家)/是时大行李息将城河上。(霍去病传)/浮之河中。(滑稽列传)/复以弟子一人投河中。(滑稽列传)

从中可以看出：(1)《左传》中不用"于"的很少(仅1例)，《史记》中不用"于"的很多。(2)《左传》中"河F"很少(仅1例)，到《史记》中大量增加。(3)不用"于"显然和"河F"有关。《左传》中唯一的不用"于"的例句就是有"河F"的例句。《史记》中不用"于"而无F的仅9例，而且其中7例动词都是"至"，也就是说，"河"是动作的目的地，而不是动作发生的处所。除去这7例，"ø+河"仅剩2例。相反，有了F一般就不用"于"，有F而仍然用"于"的"于+河F"在《史记》中仅5例。

这一组例句是比较典型的。这种情况不是绝对的，在先秦，表示处所的词语后面不加方位词而前面不用"于"的也有一些例子，但总的趋势是如上所述。

(五)从上面的讨论中可以看到：

1.把语言和认知联系起来研究是很有价值的，它能为我们提供一种新的思路，使我们发现一些仅从语言本身研究所发现不了的规律。对汉语来说尤其是如此，因为汉语中的"临摹原则"可能更强一些。用"时间顺序原则"能解释现代汉语中"介词+处所词语"在动词前后的分布,就是一个例证。

2. 但是,尽管如此,汉语也不可能完全是由"临摹原则"支配的,"抽象原则"同时也在起作用。先秦汉语中"于+L"一律在动词之后就是一个例证。正如谢信一(1991)所说:"我们一般可以预期,在一个语言表达特别是句子里,临摹原则和抽象原则是共同起作用的。"在汉语中究竟哪些语言现象是"临摹原则",哪些语言现象是"抽象原则",要根据语言事实做深入的分析。夸大"临摹原则"在汉语中起的作用是不符合事实的,也不利于汉语的研究。

3. 谢信一(1991)还讲到,"不同的语言之间,有的可能主要以临摹性为原则,抽象性居于次要的地位,有的可能相反"。通过上面的讨论,我们可以补充一点:在同一种语言的历史发展中,对同一种语义(比如动作的处所)的表达,也可能发生"抽象原则"和"临摹原则"之间的变化。而且这种变化的原因,往往不在于人们的感知方式起了变化,而在于语言系统内部(即由"抽象原则"所支配的语言规则)的变化。可见,以"感知—概念"为基础的语言研究不能代替或排斥以"逻辑—数学"为基础的语言研究。正确的做法是把两者结合起来。

4. 研究汉语的特性,不仅要深入考察汉语的现状,而且要深入考察汉语的历史。说"汉语如何如何",是不能不顾及汉语的历史的,否则,得出的结论就难免片面。汉语悠久的历史和丰富复杂的历史演变,是研究语言及其规律的极好材料。我们希望研究语言理论的学者能注意汉语的历史,同时,研究汉语历史的学者能注意理论。这两者的结合将推动语言研究的发展。

参考文献

戴浩一 1985 *Temporal Sequence and Chinese Word Order*, *Iconicity in Syntax*, edited by John Haiman, pp. 49-72. Amsterdam：John Benjamins Publishing Company. 黄河译,《国外语言学》,1988 年第 1 期。(引文据中译本。)

戴浩一 1990 《以认知为基础的汉语功能语法刍议(上)》,叶蜚声译,《国外语言学》第 4 期。

何乐士 1984 《史记语法特点研究》,《两汉汉语研究》,山东教育出版社。

李崇兴 1992 《处所词发展历史的初步考察》,《近代汉语研究》,商务印书馆。

谢信一 1991 《汉语中的时间和意象(上)》,叶蜚声译,《国外语言学》第 4 期。

Light, Timothy 1979 Word Order and Word Order Change in Mandarin Chinese, *Journal of Chinese Linguistics*, No. 7.2, 149-180.

(原载《古汉语研究》1999 年第 4 期)

先秦汉语的动宾关系和及物性

1 引言

一般把动词分为及物动词和不及物动词两大类,这主要是根据动词能否带宾语来区分的。近来也有人主张三分,即在上述两类之外再加上一类"作格动词"或"非宾格动词"。但深入考察一下就会发现,实际上,所谓"及物动词"只是能够带宾语,而不是在任何场合都带宾语;而所谓"不及物动词"却常常带使动宾语。

大概是因为有鉴于此,所以李佐丰(2004)把古代汉语的动词分为四类:一、真自动词;二、准自动词;三、真他动词;四、准他动词。但这四类没有明确的分类标准,而且"真他动词"也不是必须带宾语。宋亚云(2005)对上古汉语动词持三分的意见,又把"及物动词"分为两类:"黏宾动词"(宾语不可以悬空的动词)和"中性动词"(宾语可以悬空的动词)。"黏宾动词"数量不多,有"犹""如""为""谓""曰"等。他举了10个"中性动词"和12个李佐丰所认定的"自动词",根据先秦的10部古籍对它们带宾语和不带宾语的情况一一做了调查,调查得相当细致。但他的论文主要是研究作格动词,所以对及物动词和不及物动词没有展开谈。

这些问题是应该深入讨论的。讨论的第一步,应该是对语料做细致的调查,弄清各个时期一些主要动词带宾语的实际情况,在此基础上再进行分析研究。这样的调查工作量很大,显然不是短时所能完成的。本文对作格动词和不及物动词的问题不拟涉及,只讨论及物动词带宾语的问题。什么叫"及物动词"?本文的标准是:凡能带受事宾语、对象宾语、处所宾语的动词,不论其带宾语的比例是高是低,都看作及物动词;但一般所说的"作格动词",以及动词和宾语构成使动、意动还有所谓"为动"等关系的(其宾语不是动词的域内论元),都不看作及物动词。本文选择了四种不同类型的及物动词共 16 个,从语料的调查分析做起,以先秦有代表性的 10 部著作为依据,对这 16 个动词带宾语的情况进行调查、分析。然后,在此基础上讨论几个问题:一、这些词在什么情况下带宾语,在什么情况下不带宾语?二、带宾语的情况和这些词的词义是否有关系?三、带宾语的情况在后代有无变化?

本文选择的 16 个动词是:

一、动作动词:击、杀、执、举;食、衣、耕、织。

二、感知动词:听、闻、学、知。

三、位移动词:登、至。

四、感情动词:畏、惧。

本文选择的 10 种先秦语料是:

《论语》《左传》《国语》《老子》《墨子》《孟子》《庄子》《荀子》《韩非子》《吕氏春秋》

此外,还参考了《尚书》《诗经》《周易》。

先看一个总表:

表1

	带宾语次数	不带宾语次数	不带宾语占总数的百分比
击	138	32	19%
杀	900	148	14%
执	380	8	2%
举	45	6	12%
食	181	382	68%
衣	79	55	41%
耕	6	170	97%
织	12	26	68%
听	118	96	45%
闻	1131	208	15%
学	81	288	78%
知	1868	759	29%
登	69	37	33%
至	57	412	88%
畏	187	31	14%
惧	163	361	69%

对这些统计资料要有一个说明：这些语料中有些部分（如《庄子》的"杂篇"）时代存在问题，但统计时不做严格区分。这些词有些是多义词，统计时尽量把与本文讨论的词义无关的例句（如"杀"的"衰微"义，"至"的"极、最"义）排除在外，但有的不易区分（如"知道"的"知"和"智慧、知识"的"知"），只能放在一起统计。所以，上述统计资料不是很精确的。

不过，尽管如此，这些数据还是显示了一个大致倾向。这16个词一般都会被看作及物动词，但从统计资料来看，这些词都有时不带宾语，而且不同的词之间带宾语和不带宾语的比例出入很大。"耕"不带宾语的比例高达97%，"学"不带宾语的比例也达到

78％，而"执"不带宾语的仅占2％。为什么同是"及物动词"，但不带宾语的比例出入如此悬殊呢？这些是"及物动词"，有时却不带宾语，这又是为什么？这和什么因素相关？这正是我们要讨论的。下面分类进行讨论。

2 动作动词："击""杀""执""举"

动作动词分两组讨论。第一组是"击""杀""执""举"四个词。这四个词都是很典型的动作动词，其语义都是：人发出一个动作，直接涉及一个客体。既然这些动词都有明确的涉及对象，那么，按理，这个对象是应该在句中出现的，而且大多应该作为动词的宾语出现。果然，在总表中，这四个动词大多是带宾语的。但在总表中也可以看到，这四个动词都有不带宾语的例句。下面对四个动词分别讨论。

2.1 "击"

先秦10种文献里"击"不带宾语的共32例，可以分为如下8类。下面把这32个例句按类一一列出。

一、连动共宾

例(1)是"击毁"两个动词连用，后边跟宾语"其器"，虽然宾语没有紧跟在"击"之后，但实际上"击"还是有宾语的。

(1) 孔子闻之，使子贡往覆其饭，**击**毁其器。(《韩非子·外储说右上》)

二、"自/相"+"击"

实际上"击"的对象是自己或对方，这是很明确的。

(2)此以其能苦其生者也,故不终其天年而中道夭,自掊**击**于世俗者也。(《庄子·人间世》)

(3)昔赵文王喜剑,剑士夹门,而客三千余人;日夜相**击**于前,死伤者岁百余人,好之不厌。(《庄子·说剑》)

(4)庶人之剑,蓬头、突鬓、垂冠,曼胡之缨,短后之衣,瞋目而语难,相**击**于前,上斩颈领,下决肝肺。(《庄子·说剑》)

(5)严令使民无敢欢嚣……举手相探、相指、相呼、相麾、相踵、相投、相**击**、相靡以身及衣。(《墨子·号令》)

三、否定副词"不""弗"+"击"(有的认为"弗=不+之",本文不采用这种看法。)

在先秦,如果是肯定句,在动词"击"后面要有"之",但是在否定句中,在动词后面都不带宾语。这在例(13)、例(14)中看得很清楚:在同一句中,"击"表肯定的后面有宾语"之",表否定的后面没有"之"。我们查检了先秦的语料,没有看到"不击之""弗击之""毋击之"之类的用法。

(6)敌至不**击**,将何俟焉?(《左传·文公十二年》)

(7)杨朱之弟杨布衣素衣而出。天雨,解素衣,衣缁衣而反,其狗不知而吠之。杨布怒,将击之。杨朱曰:子毋**击**也。(《韩非子·说林下》)

(8)叔孙为丙铸钟,钟成,丙不敢**击**,使竖牛请之叔孙。(《韩非子·内储说上》)

(9)殖绰伐茅氏,杀晋戍三百人。孙蒯追之,弗敢**击**。(《左传·襄公二十六年》)

(10)夫刺之不入,击之不中,此犹辱也。臣有道于此,使人虽有勇弗敢刺,虽有力不敢**击**。(《吕氏春秋·顺说》)

(11)夫不敢刺、不敢**击**,非无其志也。(《吕氏春秋·顺说》)

(12)今王公大人,唯毋处高台厚榭之上而视之,钟犹是延鼎也,弗撞**击**将何乐得焉哉?(《墨子·非乐》)

(13)又曰:"君子若钟,击之则鸣,弗**击**不鸣。"(《墨子·非儒下》)

(14)应之曰:"夫仁人事上竭忠,事亲得孝,务善则美,有过则谏,此为人臣之道也。今击之则鸣,弗**击**不鸣,……是夫大乱之贼也!"(《墨子·非儒下》)

(15)王者有诛而无战,城守不攻,兵格不**击**,上下相喜则庆之,不屠城,不潜军,不留众,师不越时。(《荀子·议兵》)

四、"可"+"击"

"击"的受事出现在主语的位置上,"可击"后面不带宾语"之"。这也是上古汉语的规律,在先秦的语料中没有"可击之"的用法。

(16)子孔曰:"晋师可**击**也,师老而劳,且有归志,必大克之。"(《左传·襄公九年》)

(17)若使先济者知免,后者慕之,蔑有斗心矣。半济而后可**击**也。(《左传·定公四年》)

(18)先轸言于襄公,曰:"秦师不可不**击**也,臣请击之。"(《吕氏春秋·悔过》)

五、动词表类(type)

"击"不表示某一个发生在某时某地的具体的打击动作,而是表示这一类打击动作,它没有具体的时间地点,也没有明确的打击对象,因此在句中就没有宾语。这种动词,我们把它称为"动词表类(type)"。

(19)古者圣人为猛禽狡兽暴人害民,于是教民以兵行,日带剑,为刺则入,**击**则断,旁**击**而不折,此剑之利也。(《墨子·节用中》)

(20)所以不受命于主有三:可杀而不可使处不完,可杀而不可使**击**不胜,可杀而不可使欺百姓:夫是之谓三至。(《荀子·议兵》)

(21)于是焉桀纣群居,而盗贼**击**夺以危上矣。(《荀子·正论》)

(22)夫韩,小国也,而以应天下四**击**,主辱臣苦,上下相与同忧久矣。(《韩非子·存韩》)

(23)天下无道,攻**击**不休,相守数年不已,甲胄生虮虱,燕雀处帷幄,而兵不归。(《韩非子·喻老》)

(24)今有利剑于此,以刺则不中,以**击**则不及,与恶剑无择。(《吕氏春秋·简选》)

(25)勇则能决断,能决断则能若雷电飘风暴雨,能若崩山破溃,别辨賨坠;若鸷鸟之**击**也,搏攫则殪,中木则碎。(《吕氏春秋·决胜》)

(26)于是乎聚群多之徒,以深山广泽林薮,扑**击**遏夺。(《吕氏春秋·安死》)

六、动词指称化

指称化的动词后面没有宾语。

(27)齐人隆技**击**,其技也,得一首者,则赐赎锱金,无本赏矣。(《荀子·议兵》)

(28)故齐之技**击**,不可以遇魏氏之武卒;魏氏之武卒,不可以遇秦之锐士。(《荀子·议兵》)

385

七、省略宾语

(29)昔君之不纳公子重耳而纳晋君,是君之不置德而置服也。置而不遂,**击**而不胜,其若为诸侯笑何?(《国语·晋语三》)

(30)襄公曰:"先君冀,尸在堂,见秦师利而因击之,无乃非为人子之道欤?"先轸曰:"不吊吾丧,不忧吾哀,是死吾君而弱其孤也。若是而**击**,可大强。臣请击之。"(《吕氏春秋·悔过》)

例(29)"置而不遂,击而不胜"指的是秦穆公置晋惠公而没有达到自己的目的,如今晋惠公又率师前来,如果秦击之而不胜,将被诸侯耻笑。"置"和"击"的对象都是晋惠公。在一般情况下,"置"和"击"后面都应该有宾语"之",但句中没有。可能"置"的宾语是承上省略,而"击"的宾语是因为排比对偶之故,和"置"的宾语一样省略。例(30)"若是而击","击"的对象是明确的,即"秦师"。按照先秦的语法规则,后面应该有宾语"之";上文"见秦师利而因击之"和下文"臣请击之","击"后面都有"之"。但"若是而击"后面没有"之"。一个可能是版本有误,毕沅注:"旧本注:一作'若是而弗击,不可大强'。""若是而弗击,不可大强"是合乎先秦语法的。另一个可能是承上文而省去宾语"之"。总之,像今本这样缺乏任何条件而不用宾语,在先秦是很少见的。下面的统计表中暂且把这一例归为"省略宾语"。

八、其他

"击"不是"打击"之义,见两例后面引的注。在下面统计表中这两例归入"其他",其实,这两例不应包括在"击(打击)"不带宾语的统计数据中。

(31)鹏之徙于南冥也,水**击**三千里,抟扶摇而上者九万里,去以六月息者也。(《庄子·逍遥游》)王叔岷《庄子校释》:"《一切经音义》七八、《御览》九二七引'击'并作'激'。"

(32)仲尼曰:"若夫人者,目**击**而道存矣,亦不可以容声矣。"(《庄子·田子方》)宣云:"目触之而知道在其身。"

2.2 "杀"

"杀"在10种文献中共1048例,不带宾语的也有148例。但其类型大体和"击"一样,只是多了"表被动"一类。下面,前面的几类各举两例,表被动、省略宾语和其他的多举几例,并略加讨论。

一、连动共宾

(33)及将归,**杀**而与之食之。(《左传·昭公二十三年》)

(34)施伯对曰:"**杀**而以其尸授之。"(《国语·齐语一》)

二、"自/相"+"杀"

(35)二子皆自**杀**。(《左传·昭公十三年》)

(36)若以天为不爱天下之百姓,则何故以人与人相**杀**,而天予之不祥?(《墨子·天志上》)

三、否定副词+"杀"

(37)入以告王,且曰:"必杀之。不戚而愿大,视躁而足高,心在他矣。不**杀**必害。"(《左传·襄公三十年》)

(38)吾有谗子,而弗能**杀**,吾又不死。(《左传·昭公二十一年》)

四、"可/宜"+"杀"

(39)左右皆曰可**杀**,勿听;诸大夫皆曰可**杀**,勿听;国人皆

曰可**杀**,然后察之;见可**杀**焉,然后杀之。(《孟子·梁惠王下》)

(40)夫宜**杀**而不杀,桃李冬实。(《韩非子·内储说上》)

五、动词表类

(41)子曰:"不教而**杀**谓之虐;不戒视成谓之暴;慢令致期谓之贼。"(《论语·尧曰》)

(42)昔者舜使吏决鸿水,先令有功而舜杀之;禹朝诸侯之君会稽之上,防风之君后至而禹斩之。以此观之,先令者**杀**,后令者斩,则古者先贵如令矣。(《韩非子·饰邪》)

六、动词指称化

(43)子曰:"善人为邦百年,亦可以胜残去**杀**矣。"(《论语·子路》)

(44)怨恩取与谏教生**杀**,八者,正之器也;唯循大变无所湮者为能用之。(《庄子·天运》)

七、动词表被动

(45)八年,陈侯**杀**于夏氏。(《国语·周语中》)

(46)盆成括见**杀**,门人问曰:"夫子何以知其将见杀?"(《孟子·尽心下》)

(47)勇于敢则**杀**,勇于不敢则活。(《老子·七十三章》)

(48)故周威公身**杀**,国分为二。郑子阳身**杀**,国分为三。陈灵公身死于夏征舒氏;荆灵王死于干溪之上。(《韩非子·说疑》)

(49)成、齐庄不自知而**杀**,吴王、智伯不自知而亡,宋、中山不自知而灭,晋惠公、赵括不自知而虏,钻荼、庞涓、太子申不自知而死,败莫大于不自知。(《吕氏春秋·自知》)

(50)今昭公见恶稽罪而不诛,使渠弥含憎惧死以徼幸,故不免于**杀**,是昭公之报恶不甚也。(《韩非子·难四》)

八、省略宾语

(51)不谋而谏者,冀芮也;不图而**杀**者,君也。(《国语·晋语三》)注:言不与人谋而杀里克者,君之过也。

(52)虎之与人异类而媚养己者,顺也;故其**杀**者,逆也。(《庄子·人间世》)注:虎逆之则杀人。

(53)因令人告曹君曰:悬叔瞻而出之,我且**杀**而以为大戮。(《韩非子·十过》)

(54)中江,拔剑以刺王子庆忌,王子庆忌捽之,投之于江,浮则又取而投之,如此者三。……要离曰:"……夫捽而浮乎江,三入三出,特王子庆忌为之赐而不**杀**耳。"(《吕氏春秋·忠廉》)

九、其他("杀"不带宾语的一些特殊用法)

(55)厉公田,与妇人先**杀**而饮酒,后使大夫**杀**。(《左传·成公十七年》)杀:指射猎。

(56)今梦黄熊入于寝门,不知人**杀**乎,抑厉鬼邪!(《国语·晋语八》)注:人杀,主杀人。

(57)毛以示物,血以告**杀**,接诚拔取以献具,为齐敬也。(《国语·楚语下》)注:明不因故也。杀:指新杀。

(58)盖**杀**者非周人,因殷人也。(《荀子·儒效》)杀者:所杀者。

(59)丈人智惑于似其子者,而**杀**于真子。(《吕氏春秋·疑似》)杀于真子:杀真子。

(60)叔孙有病,竖牛因独养之而去左右,不内人,曰:

389

"叔孙不欲闻人声。"因不食而饿**杀**。(《韩非子·内上》)一本作"饿死"。

2.3 "执"

"执"在10种文献中共388例,不带宾语的共8例,全部列举如下:

一、动词表类

(61)天下神器,不可为。为者败之,**执**者失之。(《老子·二十九章》)

(62)为者败之,**执**者失之。是以圣人无为故无败,无执故无失。(《老子·六十四章》)

(63)如是,百姓劫则致畏,嬴则敖上,**执**拘则最(冣),得间则散,敌中则夺,非劫之以形埶,非振之以诛杀,则无以有其下,夫是之谓暴察之威。(《荀子·强国》)

(64)始卒,沐浴、鬠体、饭唅,象生**执**也。(《荀子·礼论》)
注:象生时所执持之事。

二、省略宾语

(65)若是若非,**执**而圆机;独成而意,与道徘徊。(《庄子·盗跖》)成云:"圆机,犹环中也。执环中之道以应是非。"

(66)及臣得罪,近王者不见臣,县令者迎臣**执**缚,候吏者追臣至境上,不及而止。(《韩非子·外储说左下》)

三、其他

(67)吾相狗也,下之质,**执**饱而止,是狸德也;中之质,若视日;上之质,若亡其一。(《庄子·徐无鬼》)疏:执守情志,唯贪饱食。

(68) 五听修领,莫不理续主**执**持。(《荀子·成相》)王念孙云:当为"孰主持"。

2.4 "举"

"举"(不包括"荐举、举用"的"举")共51例,不带宾语仅6例,全部列举如下:

一、连动共宾

(69) 盖上世尝有不葬其亲者,其亲死,则**举**而委之于壑。(《孟子·滕文公上》)

二、"自"+"举"

(70) 魏王贻我大瓠之种,我树之成而实五石,以盛水浆,其坚不能自**举**也。(《庄子·逍遥游》)

三、否定副词+"举"

(71) 然则一羽之不**举**,为不用力焉;舆薪之不见,为不用明焉;百姓之不见保,为不用恩焉。(《孟子·梁惠王上》)

(72) 夫踶马也者,举后而任前,肿膝不可任也,故后不**举**。(《韩非子·说林下》)

(73) 天下有信数三:一曰智有所不能立,二曰力有所不能**举**,三曰强有所不能胜。(《韩非子·观行》)

四、动词表类

(74) 诗曰:"将欲毁之,必重累之;将欲踣之,必高举之。"其此之谓乎?累矣而不毁,**举**矣而不踣,其唯有道者乎!(《吕氏春秋·行论》)

2.5 动词不带宾语的情况

下面把这一组词不带宾语的情况列表如下：

表 2

		击	杀	执	举
1	连动共宾	1	8		1
2	自/相＋V	4	23		1
3	否定副词＋V	10	22		3
4	可＋V	3	8		
5	动词表类	8	38	4	1
6	动词指称化	2	24		
7	被动	0	15		
8	省略宾语	2	4	2	
9	其他	2	6	2	
	共计	32	148	8	6

及物动词在某些情况下可以不带宾语，这一点，在宋亚云(2005:47—48)中已经提到。他分析了上古汉语10个及物动词，把这些动词不带宾语的情况加以归纳，说：

上古汉语有些及物动词在下列条件之下，可以不带宾语，或者说宾语悬空：

(一)否定的施事主语句中，及物动词的宾语经常省略。

(二)连动式中，及物宾语经常省略。

1 狭义连动式中，动词宾语经常省略。

2 用连词"而""则""以"来连接两个及物动词的句子，其中一个动词的宾语常常省略。

(三)及物动词前面有"以"字介宾短语或"为"字介宾短语修饰，宾语常常省略。

(四)及物动词前面加"自""相""能""欲",宾语常常省略。

(五)对偶句、排比句中,动词宾语常常省略。

(六)受事宾语提前形成受事主语句,此时及物动词可以悬空。

(七)动词作主宾语时,经常不带宾语。

他还分析了这些及物动词不带宾语的原因(宋亚云 2005:72—73):

一、有的动词属于"施事动词",主要用来陈述施事的行为和状态,对受事并不关注。如"胜"和"克"。(下略)

二、有的动词,所联系的宾语固定而单一,即使不说出来,也不会有歧义,比如"卜"。(下略)

三、有的动词在上古汉语时期词义具有综合性。……"食、耕、鼓、驾、发"之类……其词义结构中本身已包含其动作涉及的对象。(下略)

他的看法和本文大体相近。有些问题还可以进一步讨论。

2.6 关于"及物性"(Transitivity)

在进一步讨论前,先介绍一下 Hopper and Thompson(1980) "Transitivity in Grammar and Discourse"关于"及物性"(Transitivity)的一些观点。这篇文章用了许多种语言的材料来加以论证,在学术界影响很大。

两位作者认为:"及物性……关系到整个小句的语法,而不仅仅是动词及其宾语之间的关系。"(Transitivity ⋯⋯is a matter of the grammar of the entire clause, rather than just the relationship between a verb and its object.)这是在两位作者的 2001 年的另一

篇论文"Transitivity, Clause Structure, and Argument Structure: Evidence from Conversation"(Thompson and Hopper 2001:28)中说的,但可以概括"Transitivity in Grammar and Discourse"一文的观点。"及物性"是一个连续统(continuum),及物性有高低之分。

文章列出了"及物性"的 10 个参数(Hopper and Thompson 1980:252):

	HIGH	LOW
A. PARTICIPANTS	2 or more participants, A and O	1 participant
B. KINESIS	action	non-action
C. ASPECT	telic	atelic
D. PUNCTUALITY	punctual	non-punctual
E. VOLITIONALITY	volitional	non-volitional
F. AFFIRMATION	affirmative	negative
G. MODE	realis	irrealis
H. AGENCY	A high in potency	A low in potency
I. AFFECTEDNESS OF O	O totally affected	O not affected
J. INDIVIDUATION OF O	O highly individuated	O non-individuated

这对本文的讨论很有参考价值。一方面,如文章所说,及物性不仅仅是动词和宾语的关系,及物性牵涉到句子的多种因素,文章所列的 10 个参数,有的和动词的情况有关,有的和宾语的情况有关,有的和主语(施事)的情况有关。我们不能简单地说是及物动词就有及物性,因为,不同的及物动词,会有"动作、状态"的不同(参数 B),有"有界、无界"的不同(参数 C),有"瞬间、持续"的不同(参数 D),有"自主、非自主"的不同(参数 E);即使是同一个动词,

在不同的句子中,也会有"肯定、否定"的不同(参数 F),有"现实、非现实"的不同(参数 G),还会有施事"有生、无生"的不同(参数 H),有宾语情况的不同(参数 I、J)。这些都会使句子有或强或弱的及物性。所以,我们不能把所有能带宾语的"及物动词"同等看待,而要进一步分析。另一方面,我们可以看到,这些参数(包括动词本身的参数和其他方面的参数)会影响到动词所在的句子的"及物性"的强弱,而这对动词带宾语或不带宾语,会有很大的影响。本文所讨论的及物动词不带宾语的情况,很多可以从这个角度加以分析。

2.7 及物的动作动词不带宾语的情况

先看及物的动作动词不带宾语的情况。表 2 概括了"击""杀""执""举"四个动作动词不带宾语的情况。这些动作动词的语义是一个有生的主体(大多是人)发出一个有形(在时间空间中发生的、可以看得见的)的动作,传递和影响到对象,按说,这个对象应该在语言表述中出现,所以,在多数情况下,这些动词是带宾语的。那么,为什么这些动词有时不带宾语呢?我们按表 2 的类别分类讨论。

一、连动共宾

这是上古汉语中很常见的现象。第一个动词实际上有宾语,只不过被第二个动词(有时还被"而"等虚词)隔开了。这种情况无须多加解释。

二、"自/相"+动词

这种情况动作的对象也是明确的。这也无须多加解释。

三、否定副词＋动词

"否定副词＋动词"后面不带宾语，这在先秦是很普遍的。魏培泉(2004:63)说："先秦否定句宾语用 ø 是远比用'之'为常见的。"根据参数 F. AFFIRMATION：negative，否定句的及物性较低，因为其中的动词是未发生的，所以"否定副词＋动词"后面可以不带宾语。"否定副词＋动词"很多出现在受事主语句中，和肯定的受事主语句中动词带宾语的情况不同。肯定的受事主语句中，尽管受事主语在句首已经出现，但按照先秦的语法，动词后面总还是要有一个回指代词(resumptive pronoun，处在宾语位置而和主语同指的代词)"之"。而在否定句的受事主语句中，如果受事主语在句首已经出现，那么，动词后面就没有"之"（如：《墨子·非儒下》："君子若钟，**击**之则鸣，弗**击**不鸣。"），而且不能有"之"。我们调查了先秦的语料，无论是在受事主语句中，还是在施事主语句中，都没有发现"不击之""不杀之""不执之""不举之"的用法。（《韩非子·外储说左上》："中牟有士曰中章、胥己者，其身甚修，其学甚博，君何不**举**之?"是"何不/举之"。）

四、"可/宜"＋动词

情态动词后面的动词表示的是可以发生而尚未发生的动作，是"非现实性"的，属于参数 G. MODE：irrealis。而且，情态动词"可"表示的不是施事可以怎样做，而是受事可被如何处置，所以，受事也都是作为主语出现在句首，而不出现在动词后面。"宜"有时也是如此，所以动词后面没有宾语。（但"宜"有时也表示施事该如何做，这时动词后面有宾语，如《吕氏春秋·悔过》："过天子之城，宜橐甲束兵。"）

五、动词表类

"表类"是动词不是表示在某个时间地点发生的、有特定对象的具体动作,而是表示可以发生在任何时间地点的、并无特定对象的这一类动作。和"表类"相对,如果一个动词表示在某个时间地点发生的具体动作,我们称之为"动词表例(token)"。

"动词表类"和"动词表例"的区别,可以从例(42)看得很清楚:

(42)昔者舜使吏决鸿水,先令有功而舜杀之;禹朝诸侯之君会稽之上,防风之君后至而禹斩之。以此观之,先令者**杀**,后令者斩,则古者先贵如令矣。(《韩非子·饰邪》)

前面的"舜杀之""禹斩之",动词"杀""斩"都是"表例",指一个发生在某个时间地点的、以"先令有功"之"吏"和"防风之君"为对象的具体动作。后面"先令者杀,后令者斩"的"杀""斩"都是"表类",指没有具体时间、地点和对象的一类动作("杀"的对象是"先令者","斩"的对象是"后令者",均已在句首出现,但这对象都是一类人,而不是具体的某个人)。

这里的"杀"和"斩"是不是表被动呢?不是。这可以比较《尚书·胤政》:"先时者杀无赦,不及时者杀无赦。"句中"杀无赦"连在一起,表明"杀"是施事(在句中没有出现)发出的动作,"杀"的对象"先时者"已在句首出现,"杀"后面没有宾语。《胤政》虽是伪《古文尚书》,但《荀子·君道》引《书》曰:"先时者杀无赦,不逮时者杀无赦。"可见"杀"表类时不带宾语的用法是很早就有的。

"先令者杀,后令者斩"可以看作受事主语句或受事话题句。宋亚云(2005:48)说,"受事宾语提前形成受事主语句,此时及物动词可以悬空"。这个问题还需要进一步说明。受事主语句中的充当谓语的及物动词带不带宾语不能一概而论。如果及物动词是表例,绝大多数必须带回指宾语"之"。这可以说是上古汉语语法的一条规律(规律也有极少数例外,即宾语有时可以省略,见下第八段"省略宾语")。如:

(75)汤使亳众往为之耕,老弱馈食。葛伯率其民,要其有酒食黍稻者夺之,不授者**杀**之。(《孟子·滕文公下》)

如果是表类,那么,不带宾语的就比较常见。如"先令者杀,后令者斩"就是这样。这种不带宾语的情况在下面讨论动词"学"的时候可以见得更多。

表类的及物动作动词不带宾语,不但可以用在受事主语句中,还可以用在施事主语句中(例76),可以单独作为一个小句,用"然后"和另一个小句连接(例77)。

(76)子为善,谁敢不勉?多**杀**何为?(《左传·襄公二十一年》)

(77)夺然后义,**杀**然后仁,上下易位然后贞。(《荀子·臣道》)

表类的及物动作动词不是都不能带宾语,带宾语的情况也是有的。如以下例(78)、例(79)中的"杀"是表类,但带了宾语"人";而例(80)更有意思,前面说"杀人"后面说"杀",说明表类的"杀"带宾语和不带都可以。不过,表类的"杀"如果带宾语,也是集体名词"人",不会是一个专有名词(如果是专有名词,"杀"就是表例而不是表类)。

(78)周书有之:"乃大明服。"己则不明,而**杀**人以逞,不亦难乎?(《左传·僖公二十三年》)

(79)**杀**人者死,伤人者刑,是百王之所同也。(《荀子·正论》)

(80)兵者不祥之器,非君子之器,不得已而用之,恬惔为上,故不美;若美之,是乐**杀**人。夫乐**杀**者,不可得意于天下。(《老子·三十一章》)

表类的"杀"是指没有具体时间、地点的一类动作,属于参数 C. ASPECT:atelic 和 G. MODE:irrealis;其对象不是某一个或某几个人,而是表类的"人",属于参数 J. INDIVIDUATION OF O: O non-individuated(对象是集体名词),所以,其所在的小句及物性是很弱的。正因为如此,所以表类的"杀"常常不带宾语。

除了上述表类的"杀"以外,表类的"杀"不带宾语还有一种很常见的形态:出现在"杀戮、杀伐、杀伤、斩杀、劫杀、囚杀"等双音词组中。据先秦 10 种文献的统计,"杀戮"共 13 次,其中 9 次不带宾语,4 次带宾语,而其宾语都是集体名词:

(81)为刑罚威狱,使民畏忌,以类其震曜**杀戮**;为温慈惠和,以效天之生殖长育。(《左传·昭公二十五年》)

(82)故无攻战之乱,无**杀戮**之刑者,由此道也。(《庄子·达生》)

(83)纣剖比干,囚箕子,为炮烙刑,**杀戮**无时,臣下懔然莫必其命。(《荀子·议兵》)

(84)**杀戮**之谓刑,庆赏之谓德。(《韩非子·二柄》)

(85)**杀戮**刑罚者,民之所恶也,臣请当之。(《韩非子·二柄》)

(86)释仪的而妄发,虽中小不巧;释法制而妄怒,虽**杀戮**而奸人不恐。(《韩非子·用人》)

(87)**杀戮**诛罚,民之所恶也,臣请当之。(《韩非子·外储说右下》)

(88)诛罚**杀戮**者,民之所恶也,臣请当之。(《韩非子·外储说右下》)

(89)故居处饮食如此其不节也,制刑**杀戮**如此其无度也。(《韩非子·说疑》)

(90)故虽**杀戮**奸臣,不能使韩复强。(《韩非子·存韩》)

(91)简侮大臣,无礼父兄,劳苦百姓,**杀戮**不辜者,可亡也。(《韩非子·亡征》)

(92)简公在上位,罚重而诛严,厚赋敛而**杀戮**民。(《韩非子·外储说右下》)

(93)宋王谓其相唐鞅曰:"寡人所**杀戮**者众矣,而群臣愈不畏,其故何也?"(《吕氏春秋·淫辞》)

"劫杀"共8次,全都不带宾语(例略)。

这种双音词组,占了表2所统计的38例不带宾语的表类的"杀"的大部分。

在现代汉语中,如果一个单音及物动词比较常用的话,那么,这个动词和另一个同义动词构成的双音动词,通常也只能带集体名词的宾语,不能带个体名词的宾语。比如:可以说"读《红楼梦》""阅读小说",但不能说"阅读《红楼梦》"。可以说"找一根针""寻找针线",但不能说"寻找一根针"。也就是说,两个同义语素构成的双音动词往往是表类的。这种现象值得注意。不过,先秦汉语中双音及物动词词组也有表例的,见下7.1.1。

六、动词指称化

指称化和表类的不同在于:表类还是在时间过程中展开的动作,指称化则是对某种动作的一个名称。指称化的及物动作动词都不具备带宾语的功能。

七、动词表被动

在上古汉语中,及物动词表被动可以用"V 于""见 V"等形式表示(如例 45、例 46),也可以单用一个动词表示(如例 47—例 50)。及物动词用于表被动时,动作的对象必然出现在动词前,动词后面不会有宾语。这无须多说。

需要讨论的是,是否所有及物动词都可以单用表被动?在上面一组动词中,只有"杀"有表被动的用法。这是为什么?是否可以说,动词单用表被动不能光表示受事遭受到某种动作,还要表示受事遭受某种动作后受事本身产生了某种变化。"杀"的词义包含了受事本身的变化(死),所以能单用表被动,"击、执、举"的词义不包含受事本身的变化,所以不能单用表被动。

说"杀"的词义包含受事本身的变化(死),这可以从例(48)、例(49)得到证明:这些例句中的"杀"在排比句中和"死""亡"处于相同的句法位置,其意义突显的是这个动作所造成的受事的变化"死"。

八、省略宾语

这指的是:在通常情况下,这些句子中的动词是应该带宾语的,至少要带一个"之"。但在这些句子中,没有带宾语(不过,宾语都可以补出)。所以,我们认为是宾语省略。这种省略的条件是什么?现在还找不出普遍使用的条件。大体说来,可以说是承上省略,如例(30)、例(52)—例(54);有时,在排比、对偶句中也容易形成省略。例见下。

2.8 小结

这里做一个小结:及物的动作动词其对象通常要在句中出现,

所以，多数要带宾语。不带宾语的情况可以概括为以上八种。其中一、二两种，其实动作的对象已在前面出现。第三至五类不带宾语，都和句子的及物性较弱有关。第六类动词既已指称化，就丧失了带宾语的功能。第七类表被动，不带宾语是正常的。第八类省略宾语，条件还不太清楚。这几条不但适用于及物的动作动词，也适合于其他类及物动词。下面分析其他类动词时，与此相同的就略去不说，着重讨论别的问题。

3　动作动词："食""衣""耕""织"

下面讨论及物的动作动词的另一类。本文选了四个动词加以讨论："食""衣""耕""织"。

这一类和上一类的最大不同是：这些动词动作的对象已经包含在动词本身的语义构成之中，正因为如此，所以在句法组合中，其对象通常不作为宾语出现。这 4 个动词带宾语、不带宾语的次数和不带宾语的比例见表 1。

3.1　"食"和"衣"

先重复一下表 1 的数字：

食：（不包括"祥吏切"的"食"）带宾语 181 例，不带宾语 382 例。不带宾语的占 68%。

衣：带宾语 79 例，不带宾语 55 例。不带宾语的占 41%。

关于"食"和"衣"带宾语和不带宾语的情况，在拙文《词汇、语法和认知的表达》（2011）中已经做了分析。简单地说就是：当"食"的语义构成中包含了其对象"饭"，"衣"的语义构成中包含了其对象"衣服"的时候,它们不带宾语。当人们要表达吃的是饭以外的什么东西的时候,要表达穿的是什么质料、什么颜色、什么样式的衣服的时候,它们要带宾语。这个问题此处不重复。这里要讨论的是:从表1的统计来看,"衣"带宾语的比例要比"食"高,这是为什么? 我认为这是可以解释的。

"食"带宾语大致有这几类:

宾语是食物的种类("饭食"以外的各种食物)共96例,如:食肉、食鱼、食粟、食粥。宾语是"之"(共71例)。宾语是"食"的凭借(11例),如:食禄,食其征。("靠俸禄吃饭""靠赋税吃饭",这一类"食"的对象"饭"实际上仍然包含在"食"的语义构成中。)

"衣"带宾语大致有这几类:

宾语是衣服的质料(共33例),如:衣裘、衣锦、衣丝、衣褐。宾语是衣服的颜色(共24例),如:衣紫、衣素、衣缁衣。宾语是衣服的种类(共18例),如:衣偏衣、衣王服、衣甲。宾语是"之"(共3例)。

从语言的表达来看,"食"的情况是:说吃普通饭食的时候,"饭食"包含在动词"食"的语义构成中,所以"食"不带宾语;说吃饭食以外食物的时候,要用宾语表示饭食以外的食物。人们表达吃普通饭食的多,吃普通饭食以外食物的少,所以,不带宾语:带宾语＝382:96。不带宾语的远多于带宾语的。

而"衣"的情况是:只说穿衣服的时候,"衣服"包含在动词"衣"的语义构成中,所以"衣"不带宾语;而要说出穿什么质料、什么颜色、什么式样的衣服的时候,要用宾语表达。人们只表达穿衣服的较少,而表达穿什么质料、什么颜色、什么样式的衣服的较多,所以,不带宾语:带宾语＝55:75(33＋24＋18)。不带宾语的少于带宾语的。

但是,为什么"食之"那么多(71例),"衣之"那么少(3例),这还不好解释。

3.2 "耕"和"织"

先重复一下表1的数字:

耕:带宾语6例,不带宾语170例。不带宾语的占97%。

织:带宾语12例,不带宾语26例。不带宾语的占68%。

为什么"耕"不带宾语的比例那么高?这是因为"耕"的对象很单纯,只能是"田/地",它已包含在动词"耕"的语义构成中,所以不再带宾语。至于10种文献中出现的几处"耕田",都是可以解释的:

(94)万章问曰:"舜往于田,号泣于旻天,何为其号泣也?"孟子曰:"怨慕也。"万章曰:"父母爱之,喜而不忘;父母恶之,劳而不怨。然则舜怨乎?"曰:"长息问于公明高曰:'舜往于田,则吾既得闻命矣;号泣于旻天,于父母,则吾不知也。'公明高曰:'是非尔所知也。'夫公明高以孝子之心,为不若是恝,我竭力**耕**田,共为子职而已矣,父母之不我爱,于我何哉?"(《孟子·万章上》)

(95)故泽人足乎木,山人足乎鱼,农夫不斫削、不陶冶而足械用,工贾不**耕**田而足菽粟。(《荀子·王制》)

(96)今上急**耕**田垦草以厚民产也,而以上为酷。(《韩非子·显学》)

(97)宋人有**耕**田者,田中有株,兔走,触株折颈而死。(《韩非子·五蠹》)

例(94)是为了照应上文的"舜往于田",例(95)、例(96)是为了韵律("斫削""陶冶""垦草"都是双音节)。例(97)旧本有"田"字,但《艺文类聚》《太平御览》所引均无,所以应删。

(98)是故天子亲率诸侯**耕**帝籍田。(《吕氏春秋·孟春纪》)

(99)百亩之田,匹夫**耕**之,八口之家足以无饥矣。(《孟子·尽心上》)

(100)王**耕**一墢,班三之,庶民终于千亩。(《国语·周语》)

例(98)"耕"的对象是"籍田",所以必须说出来。例(99)的宾语"之"是回指。例(100)的"一墢"是数量宾语,实际上"耕"的对象"田"仍然包含在动词"耕"的语义构成中。

"织"带宾语的为什么比"耕"多?这是因为"织"的对象不仅仅是"布",还可以是其他对象,这时就要用宾语说出。略举几例如下:

(101)妾**织**蒲。(《左传·文公二年》)

(102)其徒数十人,皆衣褐,捆屦,**织**席以为食。(《孟子·滕文公上》)

(103)鲁人身善**织**屦,妻善**织**缟,而欲徙于越。(《韩非子·说林上》)

4 感知动词:"听""闻""学""知"

下面讨论一组感知动词(表感受和认识的动词):"听""闻""学""知"。

感知动词和动作动词不同,动作动词是主体发出动作直接施加于对象,对对象产生影响,通常会使对象发生变化。而感知动词是主体去感受或认识对象,对象本身不发生变化,只是主体的感受或认识发生变化。按理说,表达这种活动的句子,及物性是较低的(参数 I. AFFECTEDNESS OF O:O not affected)。但在语言表达时,这种对象一般还是要用宾语说出,所以,这组动词除了"学"以外,带宾语的都高于不带宾语的。下面把表1中有关的统计重复一下:

	带宾语次数	不带宾语次数	不带宾语占总数的百分比
听	118	96	45%
闻	1131	208	15%
学	81	288	78%
知	1868	759	29%

4.1 "听"和"闻"

"听"和"闻"有关。"听"是主体发出的感官动作,去感受外界的声音。"闻"是"听"的结果,主体感受到了外界的声音。如果从"主观性"的参数 B. KINESIS 和 E. VOLITIONALITY 来说,似乎用"听"的句子比用"闻"的句子及物性要高,"听"应该比"闻"更多地带宾语。但从统计数据来看,"闻"不带宾语的比例为15%,而"听"不带宾语的比例高达45%,这是为什么?

要回答这个问题,就必须深入地看一看,"听"和"闻"不带宾语的各有多少小类,每个小类有多少例句,并把两者做一比较。请看表3:

表3

	听	闻
连动共宾	1	24
自/相+动词	0	12
否定副词+动词	7	67
可+动词	0	15
动词表类	70	41
动词指称化	2	14
动词表被动	0	27
宾语省略	2	0
其他	14(听言、听政)	8(使之闻、报告)
共计	96	208

如果进一步分析语料,就可以看到,"听"不带宾语的96次中,动词表类70次,占全部"听"(214例)的33%。也就是说,在"听"不带宾语的比例45%中,有33%的比例是由"听"的表类造成的。表类的"听"例句如下:

(104)子曰:"道**听**而涂说,德之弃也!"(《论语·阳货》)

(105)一耳之**听**也,不若二耳之**听**也。(《墨子·尚同下》)

(106)天之处高而**听**卑。(《吕氏春秋·制乐》)

(107)故人主之**听**者与士之学者,不可不博。(《吕氏春秋·似顺》)

表类的"听"常与"视"并用,共有35次。举2例如下:

(108)视思明,**听**思聪。(《论语·季氏》)

(109)立无跛,视无还,**听**无耸,言无远。(《国语·周语下》)

表类的"听"只表示一种抽象的感官动作:"感受外界的声音",动作本身就隐含泛指的对象"外界的声音",而没有具体的对象,所以不带宾语,而且不能加上宾语"之"。这种感官动作在语言表达中是常常说到的。正因为表类的"听"很多,所以"听"不带宾语的比例很高。

而"闻"表类的远不如"听"多,在10种文献中共41次,只占全部"闻"(1339例)的3%。如:

(110)多**闻**阙疑,慎言其余,则寡尤;多见阙殆,慎行其余,则寡悔。(《论语·为政》)

(111)凡耳之**闻**以声也,今不闻其声,而以其容与臂,是东郭牙不以耳听而闻也。(《吕氏春秋·重言》)

(112)**闻**而审则为福矣,闻而不审,不若无闻矣。(《吕氏春秋·察传》)

(113)君臣不定,耳虽**闻**不可以听,目虽见不可以视,心虽知不可以举,势使之也。(《吕氏春秋·任数》)

为什么表类的"闻"出现频率很低?这是因为"闻"作为"听"的结果,通常要说出听到了什么声音,也就是说,"闻"的对象通常要出现。表3显示,"否定副词+闻"的数量较多(67例),但这种句子中"闻"的对象多数是出现了的,只是作为前置的受事出现,而不作为宾语出现。

可以和表类的"闻"对比的是"闻之"。"闻之"的"之"有的是不定指(non-referential),多数是"前指(anaphoric)"或"后指(cataphoric)",例如:

(114)不**闻**不若**闻**之,闻之不若见之,见之不若知之,知之不若行之。(《荀子·儒效》)

(115)或曰:"孰谓鄹人之子知礼乎?入大庙,每事问。"子**闻**之曰:"是礼也。"(《论语·八佾》)

(116)吾**闻**之:国将兴,听于民;将亡,听于神。(《左传·

庄公三十二年》）

(117) 吾闻之曰："忠信，礼之器也；卑让，礼之宗也。"（《左传·昭公二年》）

(118) 对曰："吾闻之先姑曰：'君子能劳，后世有继。'"（《国语·鲁语下》）

(119) 曰："子闻之也，舍馆定，然后求见长者乎?"（《孟子·离娄上》）

例(114)的"之"是不定指。这种"闻之"很少（关于"不定指"和这个例句的分析，将在下一节谈到）。例(115)的"之"是前指，指前面有人说的那句话。这种"闻之"最多。例(116)—例(119)的"之"是后指，指后面所引的那句话。这种"闻之"也不少。不论是前指还是后指，"闻"的对象都是具体的，"闻"是表例。在先秦10种文献中，"闻之"共452例，是表类的"闻"（不带宾语，41例）的11倍。

与此相反，在先秦10种文献中，"听之"50次，是表类的"听"（不带宾语，70例）的71%。

可见，"听"用于表类多，因此不带宾语多。"闻"用于表例多，因此不带宾语少。这两个动词虽然语义相关，但带宾语的情况却不一样。

4.2 "学"和"知"

"学"和"知"的关系类似于"听"和"闻"。前者是人的感知动作，后者是这种动作的结果。"听"的结果是"闻"，"学"的结果是"知"。同样地，"学"不带宾语的比例高，"知"不带宾语的比例低。

4.2.1 "学"

特别是"学"，不带宾语的比例高达78%。为什么"学"不带宾语的比例那么高？这是值得讨论的。我认为,可能有两个原因。

首先,"学"是人的一种基本的认识活动:获得原先没有的知识或本领。这种认识活动当然是有对象的,但当人们表达这种基本活动时,常常已经把对象隐含在内,所以"学"用作表类或指称时不带宾语。人们用表类或指称的"学"来表达这种基本活动的概率很高,所以"学"不带宾语的比例会很高。这一点,是和"听"相同的。

我们还可以用一个与"学"意义相近的动词"习"来做比较。动词"习"在先秦10种文献里共40例,其中带宾语的30例,不带宾语的10例,不带宾语的占总数的比例为25%。不带宾语的10例里,包括"否定副词+习"3例,"习于××"1例。在"否定副词+习"的句子中,"习"的对象实际上是作为前置的受事而出现的;"习于××"里的"××"就是"习"的对象,只不过是以补语的形式出现。剩下的6例,主要是"习"用于表类。"习"用于表类的少,不带宾语的就少。为什么"习"很少用于表类?因为在表达"学习"这种基本的认识活动时,绝大多数用"学"不用"习"。可以这样说:一个感知动词,用于表类的多,不带宾语的就多;用于表类的少,不带宾语的就少。

其次,这可能与我们选择的文本有关。我们选择的先秦10种文献,大多是讲哲理的,常常把"学"作为一种基本的认识活动来谈论,所以常常用表类或指称的"学"。如:

(120)**学**而不思则罔,思而不学则殆。(《论语·为政》)

(121)君子必**学**。(《墨子·公孟》)

(122)君子曰:**学**不可以已。(《荀子·劝学》)

(123)能全天之所生而勿败之,是谓善**学**。(《吕氏春秋·尊师》)

而在叙事性的文献中,这种表类或指称的"学"就会减少,从而不带宾语的比例降低。如:

《左传》:动词"学"23 例。其中带宾语 10 例,不带宾语 13 例(包括"否定副词＋学"4 例,表类和指称 9 例)。不带宾语的比例为 57%,表类和指称的比例为 39%。

《史记》:动词"学"119 例。其中带宾语 58 例,不带宾语 61 例(包括"否定副词＋学"6 例,表类和指称 55 例)。不带宾语的比例为 51%,表类和指称的比例为 46%。

4.2.2 "知"

"知"不带宾语的占总数的 29%,和"学"相比少得多。这种情形与"闻"和"听"一样,在此不必赘述。

这里要讨论的问题是:在上古汉语中,"知"在什么情况下必须带宾语,在什么情况下不带宾语?

在《论语》中,动词"知"带宾语与不带宾语的比例为 67∶16,在不带宾语的 16 次中,"不知"8 次,"可知"8 次。也就是说,除了"不知"和"可知"外,其余的"知"全都带宾语。(这个统计排除表"知识"的"知"和读作"智"的"知"。)带宾语和不带宾语的区分是很清楚的。

但是在《论语》中,有些问题还需要讨论。

在《论语》中,有些动词"知"后面带宾语"之",但"之"的所指不很清楚,用今天的眼光来看,似乎这个宾语"之"是多余的。比如:(《论语》原文后面是杨伯峻《论语译注》的译文)

  (124)子曰:"由,诲女**知**之乎? **知**之为**知**之,不知为不知,是知也。"(为政)

    孔子说:"由!教给你对待知或不知的正确态度吧!知道

411

就是知道,不知道就是不知道,这就是聪明智慧。"

(125)子曰:"**知之**者不如好之者,好之者不如乐之者。"(雍也)

孔子说:"[对于任何学问和事业]懂得它的人不如喜爱它的人,喜爱它的人又不如以它为乐的人。"

(126)子曰:"我非生而**知之**者,好古,敏以求之者也。"(述而)

孔子说:"我不是生来就有知识的人,而是爱好古代文化,勤奋敏捷去求得来的人。"

(127)孔子曰:"生而**知之**者,上也;学而知之者,次也;困而学之,又其次也。"(季氏)

孔子说:"生来就知道的是上等,学习然后知道的是次一等,实践中遇见困难,再去学它,又是再次一等。"

这些"之",译文有的译出(如例 125),有些没有译出(如其余 3 例),没有译出的句子中,似乎"之"是多余的。这个问题该怎样看呢?

例(125)把"之"译为"它"是对的,因为这一句里"知之"和"好之""乐之"并提,显然"之"是有所指的。不过"之"指代的对象并没有在句中出现,所以译文又在前面加上了[对于任何学问和事业],这样理解是正确的。准确地说,这种"之"应该是"不定指(non-referential)",指某一类事物中的任何一个,至于究竟是哪一类事物,那是由上下文来决定的;而且这种"之"所指的对象,无法用一个实词或代词来表示,也不会在句首出现,也就是说,这种"之"是没有先行语(antecedent)的(参见 Harbsmeier 2012)。

其实,其余 3 例中那些没有译出来的"之"多数也是这种性质的不定指。仔细观察一下，例(126)中的"知之"也是和下文的"求之"并提的，"求之"的"之"显然有所指，不过也是不定指，指知识中的任何一种；那么，"知之"的"之"应该和"求之"的"之"相同，也是指知识的任何一种。例(127)"生而知之者"的"之"也是一样。例(124)"知之为知之"的理解，也应该和例(125)一样，在前面加上[对于任何事情]，"知之"的"之"指的就是"任何一件事情"。这种不定指在现代汉语中比较少见，所以，对上古汉语中的这种不定指的"之"不容易理解，粗略地看，就会认为这种"之"没有意义，认为这种"知之"就等于"知"。这是不对的。

其他文献中也有这类句子。如：

(128)彼学者，行之，曰士也；敦慕焉，君子也；**知之**，圣人也。(《荀子·儒效》)注：知之谓通于学也。

(129)法后王，一制度，隆礼义而杀诗书；其言行已有大法矣，然而明不能齐法教之所不及，闻见之所未至，则知不能类也；**知之**曰**知之**，不知曰不知，内不自以诬，外不自以欺，以是尊贤畏法而不敢怠傲：是雅儒者也。(《荀子·儒效》)

(130)不闻不若闻之，闻之不若见之，见之不若**知之**，**知之**不若行之。……故闻之而不见，虽博必谬；见之而不**知**，虽识必妄；**知之**而不行，虽敦必困。(《荀子·儒效》)

(131)孔子曰："由志之！吾语汝：奋于言者华，奋于行者伐，色知而有能者，小人也。故君子**知之**曰**知之**，不知曰不知，言之要也；能之曰能之，不能曰不能，行之至也。(《荀子·子道》)

例(128)也应该在整个"行之……圣人也"前面加上[对于任何事情和道理]，"行之""知之"的"之"指的就是"任何一件事情和道理"。例(129)也一样。例句中的"知不能类也"是说其知识不足以类推,所以有的事情就知道,有的事情就不知道。"知之曰知之,不知曰不知",是说知道某件事情就说知道,不知道某件事情就说不知道。例(130)"知之"和"闻之""见之""行之"的"之"都指某件事情,是不定指。例(131)说"知之曰知之,不知曰不知,言之要也",可见"知之曰知之,不知曰不知"是君子的言谈,在言谈中说到"知之"和"不知",总是对某一件事情而言,所以"之"是有所指的,只不过所指的对象在句中没有出现,"之"既不是"前指",也不是"后指",而是"不定指"。

在上古汉语中,"知"后面的回指宾语"之"通常是不可少的。如下面的例句:

(132)天子为政于三公诸侯士庶人,天下之士君子固明**知**。(《墨子·天志上》)毕沅云:"当云'明知之'也。"俞樾云:"'固明知'句文气未足。"孙诒让云:"案:'固明知'下,当有'之'字。"

三位学者一致认为"明知"后面还应该有个"之"字。虽然他们没有从句法的角度加以分析,但他们的语感无疑是正确的。

上古汉语中"知"不带宾语的情况,也有表2中所列的8类。《论语》中只有"不知""可知"两类,其余6类在其他文献中都能找到,此处不一一列举。下面着重讨论几种情况。

一、"知"为表类

(133)无始曰:"不知,深矣;知之,浅矣;弗知内矣,知之外矣。"于是泰清印而叹曰:"弗知,乃**知**乎?**知**,乃不知乎?孰知不知之**知**?"(《庄子·知北游》)

(134)今夫惑者,非知反性命之情,其次非知观于五帝、三王之所以成也,则奚自知其世之不可也?奚自知其身之不逮也?太上知之,其次知其不知。不知则问,不能则学。周箴曰:"夫自念斯,学德未暮。"学贤问,三代之所以昌也。不知而自以为**知**,百祸之宗也。(《吕氏春秋·谨听》)

(135)故天子不视而见,不听而聪,不虑而**知**,不动而功。(《荀子·君道》)

(136)道在不可见,用在不可知。虚静无事,以暗见疵。见而不见,闻而不闻,**知**而不知。(《韩非子·主道》)

(137)君臣不定,耳虽闻不可以听,目虽见不可以视,心虽**知**不可以举,势使之也。凡耳之闻也藉于静,目之见也藉于昭,心之**知**也藉于理。君臣易操,则上之三官者废矣。亡国之主,其耳非不可以闻也,其目非不可以见也,其心非不可以**知**也,君臣扰乱,上下不分别,虽闻曷闻,虽见曷见,虽**知**曷知,驰骋而因耳矣,此愚者之所不至也。(《吕氏春秋·任数》)

(138)臣闻:"不**知**而言,不智;**知**而不言,不忠。"(《韩非子·初见秦》)

(139)申子曰:"治不逾官,虽**知**不言。"治不逾官,谓之守职也可;**知**而弗言,是谓过也。人主以一国目视,故视莫明焉;以一国耳听,故听莫聪焉。今**知**而弗言,则人主尚安假借矣?(《韩非子·定法》)

(140)问而不诏,**知**而不为,和而不矜,成而不处。(《吕氏春秋·审分》)

例(133)前面"无始曰"的两次带"之"的"知"是表例,"之"是不定指,"知"是对某个事物的认识;后面"泰清曰"的不带"之"的"知"是表类,是抽象的认知功能。这句是由对某个事物的"知"与"不知"谈到什么是抽象的"知"（认知功能），表例和表类的区分很清楚。例(134)也是这样，前面带宾语的几个"知"是表例，是说对某一事物的"知"；后面"不知而自以为知"是总结，"知"是表人的认知功能的"知"。例(135)—例(137)的"知"和"见""闻"等并提，表达的是人的一种认知功能，而不是一个具体的动作。例(138)—例(140)的"知"也不是对某一事物的"知"，而是对任何事物的"知"。这种"知"后面都不能带宾语"之"，如果加了"之"，就变成对某一事物的"知"了，所以都是表类。

二、"知"表被动

既然表被动，"知"的后面就没有宾语。这和前面讨论过的单个的"杀""闻"表被动一样，都出现在战国末期的文献中。

(141)明君使人无私，以诈而食者禁；力尽于事，归利于上者必闻，闻者必赏；污秽为私者必**知**，**知**者必诛。(《韩非子·难三》)

(142)夫奸必**知**则备，必诛则止；不**知**则肆，不诛则行。……不**知**，则曾、史可疑于幽隐；必**知**，则大盗不取悬金于市。(《韩非子·六反》)

(143)此其臣有奸者必**知**，**知**者必诛。(《韩非子·八说》)

三、宾语省略

宾语省略在前面讨论的一些动词的用法中也曾见到。但"知"的宾语省略比较多。如：

(144)以公命取车于道，及铸，众**知**而东之。(《左传·哀公十四年》)杨伯峻注："知其假公命取车。"

(145)对曰："公家之利，**知**无不为，忠也；送往事居，耦俱无猜，贞也。"(《左传·僖公九年》)

(146)知道易,勿言难。**知**而不言,所以之天也;知而言之,所以之人也;古之人,天而不人。(《庄子·列御寇》)

(147)宋无罪而攻之,不可谓仁;**知**而不争,不可谓忠;争而不得,不可谓强。(《墨子·公输》)

(148)人何以知道?曰心。心何以**知**?(《荀子·解蔽》)

(149)日者大王欲破齐,诸天下之士,其欲破齐者,大王尽养之;知齐之险阻要塞臣之际者,大王尽养之;虽**知**而弗欲破者,大王犹若弗养;其卒果破齐以为功。(《吕氏春秋·应言》)

(150)陈侯不知其不可使,是不知也;**知**而使之,是侮也。(《吕氏春秋·遇合》)

(151)攻伐之与救守一实也,而取舍人异,以辨说去之,终无所定论。固不知,悖也;**知**而欺心,诬也。(《吕氏春秋·振乱》)

这些例句中很多是"知而××",似乎和上面说的"表类"中的一些例句一样;为什么这里说它们是宾语省略呢?因为这些例句中前面都已出现过带宾语的"知",后面不带宾语的"知"显然和前面带宾语的"知"是同一个,所以,我们把它们看作宾语承上省略。如例(144)说的是"知其假公命取车",所以使车东行(参见杨伯峻注)。例(145)"知"的是"公家之利"。例(146)"知"的宾语是"道"。例(147)"知"的是"宋无罪"。例(148)"知"的宾语是"道"。例(149)"知"的是"齐之险阻要塞臣之际"。例(150)"知"的是"其不可使",例(151)"知"的是"攻伐之与救守一实也"。这些句子中"知"的对象在上文已经出现,所以"知"后面的宾语承上省略了。

这样的宾语省略在《诗经》中就已能见到。如:

(152)夫也不良,国人知之。**知**而不已,谁昔然矣。(《诗

经·陈风·墓门》)

这两个"知"的对象都是"夫也不良",但前面说"知之",后面说"知"。其实,后面说"知之而不已"也是可以的,但因为不符合诗歌的四字格式,所以把宾语"之"承上省去。

有的句子,究竟是宾语承上省略,还是因为版本的关系而宾语脱文,尚难以确定。如:

(153)有相与讼者,子产离之而毋得使通辞,到其言以告而**知**也。(《韩非子·外储说左上》)

"知"后无"之"。但在《韩非子》另一篇中,"知"后有"之":

(154)有相与讼者,子产离之而无使得通辞,倒其言以告而**知之**。(《韩非子·内储说上》)

下面的例(155),就不能看作宾语承上省略了。按照上古汉语的句法,这种受事主语句在句末要有一个回指代词"之",应该说成"疏贱者知之,亲习者不知"。而在《吕氏春秋》里,这个受事主语句句末没有"之"。这是一种句法的历史变化,说明这种句法规则到战国后期开始松动了。

(155)季成,弟也,翟璜,友也,而犹不能知,何由知乐腾与王孙苟端哉?疏贱者**知**,亲习者不知,理无自然。(《吕氏春秋·举难》)

5 位移动词:"登"和"至"

下面讨论两个位移动词:"登"和"至"。

这两个位移动作有终点,终点可以用处所宾语表示。但处所宾语的及物性不强(参见及物性的参数 I. AFFECTEDNESS OF

O)。而且,终点可以不一定用宾语表达,所以不带宾语的比较多。但两个词又各有自己的个性,不带宾语的比例相差很多。

先把表1的有关资料重复一下:

	带宾语次数	不带宾语次数	不带宾语占总数的百分比
登	69	37	33%
至	57	412	88%

5.1 "登"

动词"登"表示人体(或动物)从低处上到高处。低处是位移的出发点,高处是位移的终点。动词"登"可以带宾语,也可以不带宾语。从先秦10部文献看,带宾语的多于不带宾语的。

"登"带宾语69次,宾语表示"登"的终点:高于地面的自然物或建筑物。在先秦10部文献中,有如下一些:

山11、台10、天5、高5、车5、丘4、城4、陴3、屋3、床2、轼2、之2、山陵、虚、隅、库、观、极、席(各1)、地名6。

举两个例句:

(156)公既视朔,遂**登**观台以望。(《左传·僖公五年》)

(157)孔子**登**东山而小鲁,**登**泰山而小天下。(《孟子·尽心上》)

不带宾语37次。不带宾语时,"登"的终点如何表示?可分为三种情况:

一、"登"的终点用介词"乎/于"引进(终点为山、丘、明堂)。4次。如:

(158)《周志》有之:"勇则害上,不**登**于明堂。"(《左传·文公二年》)

(159)黄帝游乎赤水之北,**登**乎昆仑之丘而南望,还归,遗其玄珠。(《庄子·天地》)

二、"登"的终点在前面出现。2次。如:

(160)三尺之岸而虚车不能**登**也,百仞之山任负车登焉,何则?(《荀子·宥坐》)

(161)乃下令曰:明日且攻亭,有能先**登**者,仕之国大夫,赐之上田宅。(《韩非子·内储说上》)

三、"登"的终点在上下文中不出现,但根据整个语境可以知道。32次。

在先秦10部文献中,主要有两种语境:一是战争的语境,"登"的终点必然是"城"。一是礼仪的语境,"登"的终点必然是"堂"。各举两例:

(162)颍考叔取郑伯之旗蝥弧以先**登**。(《左传·隐公十一年》)

(163)或献诸子占,子占使师夜缒而**登**。(《左传·昭公十九年》)

(164)其右提弥明知之,趋**登**,曰:"臣侍君宴,过三爵,非礼也。"(《左传·宣公二年》)

(165)卫孙文子聘于鲁,公**登**亦**登**。(《左传·襄公七年》)

也有"登"表示"登车"的,如:

(166)狐突适下国,遇大子。大子使**登**,仆,而告之曰:……(《左传·僖公九年》)

这也是根据"适下国,遇大子"和"仆(驾车)"的语境而知其终点为"车"的。

5.2 "至"

"至"表示位移后到达终点。"至"带宾语的 57 次,不带宾语的 412 次。

"至"的宾语表示到达的终点。这种形式,在较早的文献中不多,《春秋经》1 例、《国语》1 例、《墨子》2 例、《庄子》6 例、《荀子》3 例,其余均见于《韩非子》和《吕氏春秋》。如:

(167)公如晋,**至**河,乃复。(《春秋经·昭公二年》)

(168)内史过从**至**虢,虢公亦使祝、史请土焉。(《国语·周语上》)

(169)天根游于殷阳,**至**蓼水之上,适遭无名人而问焉,曰:"请问为天下。"(《庄子·大宗师》)

(170)古者尧治天下,南抚交趾,北降幽都,东西**至**日所出入,莫不宾服。(《墨子·节用中》)

(171)昔者江出于岷山,其始出也,其源可以滥觞,及其**至**江之津也,不放舟,不避风,则不可涉也。(《荀子·子道》)

"至"不带宾语时,其终点如何表达?有几种情况:

一、用介词"于"引进。这一类数量很多,共 109 例。在较早的文献中,表达"至"的终点大多用这种形式。如:

(172)夫子**至**于是邦也,必闻其政。(《论语·学而》)

(173)赐我先君履,东**至**于海,西**至**于河,南**至**于穆陵,北**至**于无棣。(《左传·僖公四年》)

为什么在早期要用介词"于",后来有很多可以不用,这个问题还有待于研究。

二、终点在前面已经出现。如：

(174)南宫万奔陈,以乘车辇其母,一日而**至**。(《左传·庄公十二年》)

(175)如秦者立而**至**,有车也;适越者坐而**至**,有舟也。(《吕氏春秋·贵因》)

但用"至焉"来回指前面出现的终点的不多。如：

(176)是故质的张,而弓矢**至**焉;林木茂,而斧斤**至**焉;树成荫,而众鸟息焉。(《荀子·劝学》)

三、终点虽然在前面没有明确出现,但根据前文的叙事可以知道。

(177)明日,子路行,以告。子曰:"隐者也。"使子路反见之。**至**则行矣。(《论语·微子》)

(178)靡笄之役,韩献子将斩人,却献子闻之,驾往救之,比**至**,则已斩之矣。(《韩非子·难一》)

四、在一些常见的语境中,终点可以确知。

如：在会盟的语境中,"至"的终点为会盟之处;在外交的语境中,"至"的终点是本国。

(179)天子七月而葬,同轨毕**至**;诸侯五月,同盟**至**;大夫三月,同位**至**;士逾月,外姻**至**。(《左传·隐公元年》)

(180)秋,叔孙侨如如齐逆女。……九月,侨如以夫人妇姜氏**至**自齐。(《左传·成公十四年》)

五、有时"至"的施事是任指的人,终点也是任指的处所,指施事希望达到的任一处所。如：

(181)古之民未知为舟车时,重任不移,远道不**至**。(《墨子·辞过》)

(182)行衢道者不**至**,事两君者不容。(《荀子·劝学》)

六、终点是说话者或叙事主角所在的处所。

这时"至"可以理解为"到来","来"的终点是不言而喻的,所以无须说出。这种类型的数量最多。

(183)潘党望其尘,使骋而告曰:"晋师**至**矣!"(《左传·宣公十二年》)

(184)叔孙将沐,闻君**至**,喜。(《左传·僖公二十八年》)

正因为"至"的终点可以用多种方式表达,而且第六类的数量很多,所以"至"不带宾语的比例达到了88%,远比"登"多。

6 感情动词:"畏"和"惧"

下面讨论两个表感情的动词:"畏"和"惧"。

上古汉语中表达感情的动词,从是否带宾语来看,可以分为两类。第一类是很少带宾语的,如"喜""怒"。第二类是很少不带宾语的,如"爱""憎"。这和词义有关:第一类表达的是人的主观情绪,所以通常不说"喜谁""怒谁"。第二类是表达人对他人(或事)的态度,所以通常都要说"爱谁""憎谁"。"畏"和"惧"用现代汉语来翻译,都可以翻译为"怕",似乎词义差不多。但仔细分析,两者的词义是不同的(见下)。从带宾语的情况来看,两者差别很大:"畏"绝大多数带宾语,"惧"多数不带宾语。带不带宾语的差别,和它们词义的区别有关。

先把表1的有关部分抄在下面:

	带宾语次数	不带宾语次数	不带宾语占总数的百分比
畏	187	31	14%
惧	163	361	69%

6.1 "畏"

"有威而可**畏**谓之威,有仪而可象谓之仪。"(《左传·襄公三十一年》)这句话很好地说明了"畏"最典型的词义:"畏"是对有威之人、国或事物感到的震慑、惶恐。"畏"的对象通常是作为宾语表达出来的,先秦10种文献中的"畏"共出现218次,带宾语的就有187次,占总数的86%。

"畏"的宾语最典型的是人名或国名,也可以是抽象的事物,如:天、法、令、刑、势,以及指称化的众、强、罚、死等。这些都是有威势、使人害怕的。如:

(185)君子有三畏:**畏**天命,**畏**大人,**畏**圣人之言。(《论语·季氏》)

(186)昔诸侯远我而**畏**晋。(《左传·昭公十二年》)

有时,"畏"的宾语可以是谓词性的,这时"畏"的词义有所改变,不是对某人某事物的"惧怕",而是对某事件的"担心","畏"的宾语不是"畏"的对象,而是"畏"的内容。这时"畏"的词义和"惧"相同(见下)。不过,这种例句很少。

(187)敝邑之往,则**畏**执事其谓寡君而固有外心;其不往,则宋之盟云。(《左传·昭公三年》)

(188)故无度而应之,则辩士繁说;设度而持之,虽知者犹**畏**失也不敢妄言。(《韩非子·外储说左上》)

"畏"不带宾语的次数很少。《论语·先进》:"子**畏**于匡。"朱熹注:"畏者,有戒心之谓。"杨伯峻注:"囚禁。"本文从杨注,把它看作另一个义项。除去这种"畏",先秦10种文献中"畏"不带宾语的31例。但是,尽管不带宾语,"畏"的对象多数还是很清楚的。

先秦汉语的动宾关系和及物性

(189) 凡诸侯小国,晋、楚所以兵威之,**畏**而后上下慈和,慈和而后能安靖其国家,以事大国,所以存也。(《左传·襄公二十七年》)

(190) 武王之伐殷也,革车三百两,虎贲三千人。王曰:"无**畏**!宁尔也,非敌百姓也。"(《孟子·尽心下》)

(191) 昔尧治天下,不赏而民劝,不罚而民**畏**。(《庄子·天地》)

(192) 彼信贤,境内将服,敌国且**畏**,夫谁暇笑哉?(《吕氏春秋·慎人》)

例(189)的"畏"是"威之"的结果,"畏"指畏惧晋楚。例(190)是让百姓不要畏惧自己。例(191)是民畏惧尧。例(192)是敌国将畏惧本国。因为这些"畏"实际上都隐含对象,所以不能换成"惧"。那么,这些"畏"既然是隐含对象的,为什么不能把对象说出来,说成"畏之""畏余"呢?例(189)突显的是一种惧怕的精神状态,而不是其对象。例(190)是个祈使句,说的是不要有这种精神状态,所以不能加上"之/余"。例(191)、例(192)如果在"畏"后面加上"之",句子是可以成立的,不加"之"也许是为了和上一句的"劝"和"服"对称:"劝"和"服"都没有宾语,所以"畏"也没有宾语。

不带宾语的"畏"后面有时可以用介词"乎"引出对象,"畏"的对象仍然是出现的。如:

(193) 故以众勇无**畏**乎孟贲矣,以众力无**畏**乎乌获矣,以众视无**畏**乎离娄矣,以众知无**畏**乎尧、舜矣。(《吕氏春秋·用众》)

还有的是"可畏","畏"的对象出现在前面:

(194) 物之已至者,人祅则可**畏**也。(《荀子·天论》)

425

总起来说,"畏"不带宾语的很少,即使不带宾语,但仍然是有对象的,所以不同于"惧"。至于有少数"畏"和"惧"词义相同,留到下面说。

6.2 "惧"

"惧"典型的词义是心中惊恐,担心有灾难或不好的事情发生会危及自己。外界的事件是引起这种感觉的原因,不是这种感觉的对象。在句子中,外界的事件常常出现在前一个小句中,或者作为一个修饰语放在"惧"的前面,如例(195)、例(196)。"惧"后面通常不带宾语,所担忧的事情是无须说出的。在 10 种先秦文献中,不带宾语的"惧"有 361 次,占总数的 69%。如:

(195)公怒,督**惧**,遂弑殇公。(《左传·桓公二年》)

(196)为楚师既败而**惧**,使子人九行成于晋。(《左传·僖公二十八年》)

"惧"带宾语的数量不算少,在先秦 10 种文献中共 163 次。但深入分析一下,带宾语有几种不同的情况:

一、"惧"以名词和人称代词为宾语很少,以名词和人称代词为受事宾语的更少,在先秦 10 种文献中仅 6 次。

(197)蔡侯、郑伯会于邓,始**惧**楚也。(《左传·桓公二年》)

(198)史骈曰:"使者目动而言肆,**惧**我也,将遁矣。"(《左传·文公十八年》)

(199)城西郛,**惧**齐也。(《左传·襄公十九年》)

(200)楚子**惧**吴,使沈尹射待命于巢。(《左传·昭公五年》)

(201)今吴是**惧**,而城于郢,守已小矣。(《左传·昭公二

十三年》)

(202)今释越而伐齐,譬之犹**惧**虎而刺猏,虽胜之,其后患未央。(《吕氏春秋·知化》)

二、较多的是以名词和人称代词为使动宾语,"惧"实际上还是宾语所代表的人或国家的心理活动。共18次,举4例如下:

(203)鲜虞曰:"一与一,谁能**惧**我?"(《左传·襄公二十五年》)

(204)公执戈以**惧**之,乃走。(《左传·昭公二十五年》)

(205)晋范鞅贪而弃礼,以大国**惧**敝邑,故敝邑十一牢之。(《左传·哀公七年》)

(206)堕党崇仇,而**惧**诸侯,或者难以霸乎!(《左传·哀公十二年》)

三、"惧"带指示代词"之""是""何"的较多,这些指示代词和疑问代词可以是体词性的,但多数是谓词性的。如:

(207)栾氏之力臣曰督戎,国人**惧**之。(《左传·襄公二十三年》)

(208)君之未入,寡人**惧**之。(《左传·僖公十五年》)

(209)有令名矣,而终之以耻,午也是**惧**,吾子其不可以不戒。(《左传·昭公元年》)

(210)孺子惧乎?衣躬之偏,而握金玦,令不偷矣。孺子何**惧**!夫为人子者,惧不孝,不惧不得。(《国语·晋语一》)

例(207)的"之"指代"督戎",是体词性的。但例(208)的"之"指代"君之未入",例(209)的"是"指代"有令名矣,而终之以耻",都是谓词性的。例(210)的"何",与下文的"惧不孝,不惧不得"相应,是谓词性的。在先秦文献中,以谓词性的居多。

四、还有一些以抽象名词和指称化的动词为宾语,数量也很少。如:

(211)老夫罪戾是惧,焉能恤远?(《左传·昭公元年》)

(212)子以叔孙氏之甲出,有司若诛之,群臣惧死。(《左传·定公十年》)

(213)君有大臣在西南隅,弗去,惧害。(《左传·哀公十六年》)

(214)若未尝登车射御,则败绩厌覆是惧,何暇思获?(《左传·襄公三十一年》)

五、除了以上四类外,"惧"常见的宾语是动词词组,或一个主谓词组,最多的是"N+之+VP"或"其+VP"。

从语义上看,这种宾语表示一个事件,这事件是可能发生的,"惧"不是对此事件畏惧,而是担心此事件的发生会危及自己。也就是说,这种宾语不是"惧"的对象,而是"惧(担心)"的内容。这是"惧"和"畏"最大的区别。

(215)夫大国,难测也,惧有伏焉。(《左传·庄公十年》)

(216)楚人亦惧王之入晋军也,遂出陈。(《左传·宣公十二年》)

(217)郑伯御之,患戎师,曰:"彼徒我车,惧其侵轶我也。"(《左传·隐公九年》)

(218)臣惧右领与左史有二俘之贱而无其令德也。(《左传·哀公十七年》)

6.3 "畏"和"惧"的异同

现在,比较一下"畏"和"惧"的异同。

先秦汉语的动宾关系和及物性

作为表感情的词,"畏"和"惧"都是表达一种惊恐的感觉,这是它们共同的地方。正因为有这种共同之处,再加上这两个上古汉语的词后来都被"怕"替换,所以,在现代人的语感中,"畏"和"惧"似乎没有什么不同。

但是,"畏"的词义是表示对某人、某国或某事物的畏惧,"畏"的对象一般要出现,所以,以带宾语为常,"畏"的宾语通常是人名、国名或某种抽象的事物;即使不带宾语,也往往在上下文中出现其对象。"惧"的词义是表示对可能出现的某种情况的担忧,担忧的内容一般无须出现,所以,以不带宾语为常;如果出现,就是"惧"的宾语;"惧"的宾语多数是谓词性的。这是两者的区别。如果仔细考察,就可以看到,在上古汉语中,"畏"和"惧"的差别是很大的。

拿不带宾语的"畏"(很少)和不带宾语的"惧"(很多)相比,两者的差别很明显。如前面举过的例(189)和例(219),两例的"畏"和"惧"不能互换。

(189)凡诸侯小国,晋、楚所以兵威之,**畏**而后上下慈和,慈和而后能安靖其国家,以事大国,所以存也。(《左传·襄公二十七年》)

(219)贵而知**惧**,**惧**而思降,乃得其阶。(《左传·襄公二十四年》)

拿带宾语的"畏"和带宾语的"惧"的典型例句相比,两者的差别更是明显。如例(220)和上面举过的例(216),两例的"畏"和"惧"不能互换。

(220)宫妇左右莫不**畏**王。(《战国策·齐策一》)

(216)楚人亦**惧**王之入晋军也,遂出陈。(《左传·宣公十二年》)

粗看起来，有些"惧"带简单宾语的，"惧"可以换成"畏"。但仔细分析，有时和"畏"还是有区别的。比如，例（199）"城西郛，**惧**齐也"，说的不是畏惧齐国，而是担心齐国进攻。例（212）"子以叔孙氏之甲出，有司若诛之，群臣**惧死**"，说的也不是对死感到畏惧，而是担心被杀死。上面所说"惧"带谓词性宾语时的那种语义（表示对可能发生的情况的担心），在这些句子中仍然是存在的。

反过来说，一些不带宾语的"畏"，如果用"惧"替换，似乎句子也能成立。如下面例（221）中的"畏"似乎能换成"惧"。

（221）宋王谓其相唐鞅曰："寡人所杀戮者众矣，而群臣愈不**畏**，其故何也？"唐鞅对曰："王之所罪，尽不善者也。罪不善，善者故为不**畏**。王欲群臣之畏也，不若无辨其善与不善而时罪之，若此则群臣**畏**矣。"（《吕氏春秋·淫辞》）

但是，这是按照现代人的语感，"畏"和"惧"的意思都是"怕"。如果和例（222）比较一下，就可以知道，"畏"和"惧"的意思是不同的，在上古汉语中，两者不能互换。

（222）有宠于蘧子者八人，皆无禄而多马。他日朝，与申叔豫言，弗应而退。从之，入于人中。又从之，遂归。退朝见之，曰："子三困我于朝，吾**惧**，不敢不见。吾过，子姑告我，何疾我也？"对曰："吾不免是**惧**，何敢告子？"曰："何故？"对曰："昔观起有宠于子南，子南得罪，观起车裂。何故不**惧**？"（《左传·襄公二十二年》）

例（221）"畏"说的是对王畏惧，"畏"的是某人，即畏王。例（222）"惧"说的是心中忧虑，惧的是将发生的某事，蘧子说"吾惧"，是担心自己有过错，会有不好的后果，申叔豫说的"惧"，是担心会受牵连而不免于祸。

当然，由于"畏"和"惧"有共同之处，所以在上古的文献中，也会看到"畏"和"惧"可以互换的例子。"畏"带谓词性宾语而和"惧"用法相同的例子，上面已经举过。下面再举一个不带宾语的例子，这个例子中的"惧""恐""畏"确实没有区别：

(223) 冉叔誓必死于田侯，而齐国皆**惧**；豫让必死于襄子，而赵氏皆**恐**；成荆致死于韩主，而周人皆**畏**；又况乎万乘之国，而有所诚必乎，则何敌之有矣？刃未接而欲已得矣。敌人之悼惧悍恐，单荡精神尽矣。（《吕氏春秋·论威》）

6.4 "恐"

顺便说一说"恐"。

"恐"的用法和"畏"很不同：在先秦10种文献中只有一例带名词宾语。而且其宾语"罪"也可以理解为"获罪"：

(224) 寡君其罪之**恐**，敢与知鲁国之难？（《左传·昭公三十一年》）

"畏恐"连用4次，都不带宾语：

(225) 人有祸，则心畏**恐**。心畏**恐**，则行端直。（《韩非子·解老》）

其余的用法，都和"惧"相近：或是不带宾语，或是带谓词性宾语。如：

(226) 郑人**恐**，乃行成。（《左传·襄公九年》）

(227) **恐**宗庙之不扫除，社稷之不血食。（《国语·齐语一》）

这些例句中的"恐"可以换成"惧"。"恐惧"连用也不少，都不带宾语。例略。

431

但"恐"和"惧"有时还是有区别的。

一、词义上,"恐"可以不是为某事会危及自己而惧怕,而是担心可能出现自己不期望的某事。如:

(228)吾**恐**季孙之忧,不在颛臾,而在萧墙之内也。(《论语·季氏》)

(229)今王亦一怒而安天下之民,民惟**恐**王之不好勇也。(《孟子·梁惠王下》)

(230)公叔**恐**王之相公仲也,使齐、韩约而攻魏。(《韩非子·内储说下》)

(231)昭侯闻堂溪公之言,自此之后,欲发天下之大事,未尝不独寝,**恐**梦言而使人知其谋也。(《韩非子·外储说右上》)

二、句法上,"恐"可以不是主语的心理活动,而是说话人的心理活动。

如:例(232)不是"吾民恐",例(235)也不是"先生恐","恐"是说话人或叙述者的担心。

(232)若越闻愈章,吾民**恐**叛。(《国语·吴语》)

(233)天无以清将**恐**裂,地无以宁将**恐**发,神无以灵将**恐**歇,谷无以盈将**恐**竭,万物无以生将**恐**灭,侯王无以贵高将**恐**蹶。(《老子·三十九章》)

(234)如此而行葬,民必甚疾之,官费又**恐**不给。(《吕氏春秋·开春》)

(235)请欲固置五升之饭足矣,先生**恐**不得饱。(《庄子·天下》)

7 动词和宾语关系的古今变化

下面讨论另一个问题:上面所说的这些动词和宾语的关系,从古到今有没有变化?这是一个有待深入考察的问题。本文只能在上述动词中选几个词和《敦煌变文校注》中的用法做一比较和讨论。

7.1 "击"和"打"

7.1.1 "击"

动作动词"击"在先秦一般是要带宾语的,在先秦 10 种文献中,"击"共 170 次,不带宾语 32 次,占总数的 19%。《敦煌变文校注》中"击"共 34 次,其中带宾语 19 次,不带宾语 15 次,占总数的 44%。显然,和先秦相比,不带宾语的比例增加了。

更重要的是,先秦不带宾语大多是有条件的(见 2.1)。而敦煌变文中,不带宾语大多是没有先秦那些条件的。

《敦煌变文校注》中不带宾语的 15 例,可以分为两类:
一、"受事+击"

7 例,只有 1 例条件和先秦相同:例(236)"击"前面有"不"。

　　(236)神钟天乐,不奏**击**而常鸣。(《降魔变文》)

其余 2 例是在肯定句中而不带宾语:

　　(237)于是中军举华(画)角,连**击**铮铮。(《张议潮变文》)
　　(238)钲鼙闹里纷纷**击**,戛戛声齐电不容。(《张淮深变文》)

还有 1 例"击"的后面是时间词,1 例是"一击",2 例是"击……

之声"。这更是先秦没有的。

（239）若逢五虎拟山之阵，须排三十六万人伦枪之阵，**击**十日十夜，胜败由未知。（《韩擒虎话本》）

（240）此阵一**击**，当时瓦解。（《韩擒虎话本》）

（241）螺钹**击**挣揿之声，音乐奏嘈囋之曲。（《维摩诘经讲经文》一）

（242）螺钹系（**击**）挣揿之声，音乐奏嘈囋之曲。（《维摩诘经讲经文》七）

二、"施事＋击"

8例，其中3例是"相击"或"相殴击"，这和先秦时相同。4例是组成双音结构，如"讨**击**""鼓**击**""**击**拂""**击**逐"，是表例而后面没有宾语；1例是"一击"，这都是先秦没有的。如：

（243）昭王统领勇夫，遂与吴军相**击**。（《伍子胥变文》）

（244）父子数人，共相殴**击**，燕子被打，伤毛堕翮。（《燕子赋》）

（245）每每将兵来讨**击**，时时领众践沙场。（《李陵变文》）

（246）不知衾虎兵士到来一**击**，当时瓦解，当下擒将。（《韩擒虎话本》）

总的看来，在敦煌变文中，"击"的及物性减弱了，不论是受事主语句还是施事主语句，有不少句子可以不带宾语。

7.1.2 "打"

在晚唐五代的口语中，"击"被"打"所替换。我们也可以分析一下"打"这个动作动词带宾语的情况。

在《敦煌变文校注》中表"打击"的"打"共70次，其中不带宾语26次，占39%。其中有几类是先秦就有的，共12例。如：

一、相打

二、不打

三、须打

四、双音动词表类(打劫)

有几类是先秦没有的,共14例:

一、单个"打"做谓语

1例,是在诗句的句末。可能与诗歌的格律有关。

(247)或为奴婢偿他力,衣饭何曾得具全。夜头早去阿郎嗔,日午斋时娘子打。(《佛说阿弥陀经讲经文》二)

二、"打"+补语。6例。

(248)本性龃龉,打煞也不改。(《龃龉新妇文》)

(249)便令从人拖出,数人一时打决。(《维摩诘经讲经文》三)

(250)难陀恶发不添,尽打破。(《难陀出家缘起》)

(251)积聚微尘成世界,将来打碎作成尘。(《金刚般若波罗蜜经讲经文》)

(252)人执一根车辐棒,打着从头面掩沙。(《李陵变文》)

(253)买(卖)却田地庄园,学得甚鬼祸术魅,大杖打又[不]杀!(《舜子变》)

三、"打"+动量。5例。

(254)校尉缘检校疏唯(遗),李陵嗔打五下。(《李陵变文》)

(255)若打一下,诸坊布鼓自鸣;若打两下,江河腾沸;若打三下,天地昏暗。(《前汉刘家太子传》)

(256)于是打其三声,天地昏暗,都无所见。(《前汉刘家

太子传》)

(257) 既将铁棒,直至墓所,寻得死尸,且乱**打**一千铁棒。(《譬喻经变文》)

(258) 尽头呵责死尸了,铁棒高台**打**一场。(《譬喻经变文》)

四、"被打"。2 例。例略。

总起来看,述补结构的出现对动词"打"后面不带宾语的影响很大。"打"加上补语后,状态性增加,动作性相对减弱,所以后面可以不带宾语。

7.2 "耕"和"织"

7.2.1 "耕"

《敦煌变文校注》中"耕"34 例,其中做定语(耕夫、耕者)10 例。不带宾语 18 例。带宾语 6 例,宾语有:田 2、舌 2、地、垄土。

"铁犁耕舌"是佛教故事中的说法。除去"耕舌","耕"的用法和先秦相比,差别不大。

但是,在汉译佛经中,却透漏出一点"耕→耕田"的消息。

《杂阿含经 98》(大正藏第 2 册)

尔时,世尊着衣持钵入一陀罗聚落乞食,而作是念:今日大早,今且可过耕田婆罗豆婆遮婆罗门作饮食处。

尔时,耕田婆罗豆婆遮婆罗门五百具犁耕田,为作饮食。时耕田婆罗豆婆遮婆罗门遥见世尊,白言:"瞿昙,我今耕田下种,以供饮食。沙门瞿昙亦应耕田下种,以供饮食。"

佛告婆罗门:"我亦耕田下种,以供饮食。"

婆罗门白佛:"我都不见沙门瞿昙若犁、若轭、若鞅、若縻、若镵、若鞭。而今瞿昙说言:'我亦耕田下种,以供饮食。'"

尔时,耕田婆罗豆婆遮婆罗门即说偈言:

  自说耕田者 而不见其耕
  为我说耕田 令我知耕法

尔时世尊说偈答言:

  信心为种子 苦行为时雨
  智慧为时轭 惭愧心为辕
  正念自守护 是则善御者
  包藏身口业 知食处内藏
  真实为真乘 乐住为懈息
  精进为废荒 安隐而速进
  直往不转还 得到无忧处
  如是耕田者 逮得甘露果
  如是耕田者 不还受诸有

时耕田婆罗豆婆遮婆罗门白佛言:"善耕田,瞿昙!极善耕田,瞿昙!"于是耕田婆罗豆婆遮婆罗门闻世尊说偈,心转增信,以满钵香美饮食以奉世尊。

除去人名"耕田婆罗豆婆遮婆罗门"不算,在叙述言辞中,"耕"用了2次,"耕田"用了11次。虽然用"耕"还是用"耕田"有韵律的因素,但仍然可以反映出口语中"耕田"超过了"耕"。

7.2.2 "织"

《敦煌变文校注》中"织"38例,其中做定语10例。不带宾语13例。带宾语15例,宾语有:

绢3、文章3、锦2、经2、绮罗2、毛、履、网罗各1。

"织"的用法和先秦相比,有较大差别:"织"的对象很多作为宾语出现了。

7.3 "知"

《敦煌变文校注》中"知"共 695 例。其中带宾语 512 例。不带宾语 182 例,占总数的 26%。单从比例看,是比先秦(29%)下降了。但深入分析《敦煌变文校注》中"知"不带宾语的例句,可以看到,和先秦相比有较大的变化。

在不带宾语的 182 例中,属于先秦那些类别的很少。先秦及物动词不带宾语的类别如表 1 所示。而《敦煌变文校注》中"知"不带宾语的这几类数量都很少:

1. 连动共宾。0 例。连动共宾到这时已经衰落。

2. "相/自"+动词。5 例。

3. 否定副词+动词。33 例。

4. 可+动词。9 例。

5. 动词表类。10 例。

6. 动词指称化。4 例。

7. 动词表被动。1 例。

8. 承上省略宾语。0 例。

共 62 例。这和先秦有一个很大的不同。

182 例中除去上述 62 例,还有 120 例,都是不属于先秦那些类型的(这些例句中"知"前面都没有"不",有"不"的已统计在上述第 3 类 33 例中)。可分为两类:

一、施事+知(肯定句)

88 例。通常是"知"前面加一副词,构成双音词组;或者用"知"构成双音复合词。单用"知"的,较多的是用于兼语式,单独做谓语的不多。如：

(259)本是我大王上祖大王所居之处，臣亦尽**知**。(《李陵变文》)

(260)如来天耳遥闻，他心即**知**。(《降魔变文》)

(261)养育全因水草肥，深宫太子也应**知**。(《双恩记》)

(262)人间短促，弟子当**知**。(《欢喜国王缘》)

(263)美人昏似醉，都不觉**知**。(《叶净能诗》)

(264)我昨日商量之时，并无人得**知**。(《庐山远公话》)

(265)于是众僧闻**知**，心怀惊怖。(《庐山远公话》)

(266)汉将得脱，归报帝**知**。(《李陵变文》)

(267)却便充为养男，不放人**知**。(《前汉刘家太子传》)

(268)父母及儿三人**知**，余人不知。(《太子成道经》)

(269)莫向人说，恐怕人**知**。(《庐山远公话》)

二、"知"做受事主语句的谓语

32例。通常也是"知"前面加一副词，构成双音词组；或者用"知"构成双音复合词。有两小类：

A. 受事＋"知"

(270)世间之事，尽总皆之(**知**)。(《庐山远公话》)

(271)佛有他心尽见伊，若干心数总皆**知**。(《金刚般若波罗蜜经讲经文》)

(272)自家身上割些吃，有罪无罪便应**知**。(《佛说阿弥陀经讲经文》二)

(273)慈母作咒，冥道早**知**。(《目连缘起》)

(274)本性龃龉处处**知**，阿婆何用事悲悲。(《龃龉新妇文》)

439

(275)菩提微妙难**知**故,莫将有所得心求。(《维摩诘经讲经文》四)

(276)阴阳五运皆**知**委,造化三才并总闲。(《十吉祥》)

B. 受事+施事+"知"

(277)其妻容貌众皆**知**,更能端正甚希其(奇)。(《难陀出家缘起》)

(278)净明上足最慈悲,性行温和众共**知**。(《妙法莲华经讲经文》二)

不论是 A 类还是 B 类,先秦都是没有的。如果按照先秦的语法规则,上述例句在"知"后都应加上"之"字。但在《敦煌变文校注》中,这些"知"后面都没有"之"。而且,很值得注意的是,在整部《敦煌变文校注》中,"知之"共只有 4 次:

(279)舜子心自**知**之。(《舜子变》)

(280)舜闻涛(淘)井,心里**知**之。(《舜子变》)

(281)净能于观内早**知**之。(《叶净能诗》)

(282)若要知佛,莫越是亲抱养姨母即合**知**之。(《悉达太子修道因缘》)

魏培泉(2004:57—68)指出,在汉语发展过程中,大约从东汉开始,"之"就衰落了,包括动词后面做宾语的"之",东汉以后很多被零形式代替。魏培泉(2003:83—84)也谈到上古汉语中用作回指的"之",到中古汉语中被零形式取代。这个观察是正确的。但这种动词后面表回指的"之"的衰落,是语法演变的结果而不是语法演变的原因。语法演变的原因是什么?这是值得深入讨论的。我认为一个重要原因应该是"知"这一类及物动词及物性的减弱。及物性的减弱使这些动词在对象已经在前面出现时,不用带宾语

"之"来回指,于是后面的"之"就逐渐衰落了。

7.4 "登"

在《敦煌变文校注》中,"登"共 52 次(不包括"登时""登途"的"登"),只有 1 次不带宾语。

(283) 此是平王之境,未曾谙悉山川,险隘先**登**。(《伍子胥变文》)

这和本文 5.1 第二种情况所说的大体上是同一种类型:"登"的对象在前面已经出现,后面的"登"可以不带宾语。

其余都带宾语,宾语表达"登"的对象。显然,像本文 5.1 第三种情况所说的那种用一个不带宾语的"登"就可以表示"登城""登堂"或"登车"的用法,在晚唐五代是消失了。

7.5 "畏""惧"和"怕"

从《敦煌变文校注》的资料可以看到,在晚唐五代,"畏"和"惧"的意义和用法已经和先秦很不一样。在口语中用得更多的是"怕"。

7.5.1 "畏"

《敦煌变文校注》中"畏"共 22 例,其中带宾语 6 例,不带宾语 16 例。

带宾语的 6 例中,带名词宾语仅 1 例(例 284),带谓词宾语 3 例,还有"恐畏"2 例,都带谓词宾语。

(284) 如秋叶之逢霜,似轻冰之**畏**日。(《维摩诘经讲经文》四)

(285) 正欲收之,**畏**倒社墙,鼠得保命长。(《刘家太子

变》)

(286)恐畏中途生进退,缘兹忧惧乃频眉。(《降魔变文》)

(287)恐畏狱主更将别处受苦,所以不敢应狱主。(《目连缘起》)

不带宾语 16 例,"畏"不单独做谓语,多用"不畏"和"无畏"。还有的组成双音词组。如:

(288)陵母称言道:"不畏,应是我儿斫他营。"(《汉将王陵变》)

(289)帝曰:"赐卿无畏,与朕读之。"(《唐太宗入冥记》)

(290)当时坚意誓心贞,顾岭嵯峨不畏惊。(《八相变》)

(291)舍利弗虽见此山,心里都无畏难。(《降魔变文》)

(292)头脑异种丑尸骸,惊恐四边令怖畏。(《降魔变文》)

7.5.2 "惧"

《敦煌变文校注》中"惧"共 37 例,其中带宾语 9 例,不带宾语 28 例。

一、带宾语

宾语 7 例是名词,2 例是谓词。

(293)臣惧子胥手中剑,子胥怕臣俱总休。(《伍子胥变文》)

(294)心雄燥烈,不惧千兵。(《伍子胥变文》)

(295)其时为法违情,不惧亡躯丧命。(《降魔变文》)

(296)赐罪任随刀下丧,诛家何惧失(火)中焚。(《双恩记》)

二、不带宾语

"惧"单用仅 2 例,其余均构成双音词。如:

(297)郑王怕**惧**,乃出城迎拜子胥。(《伍子胥变文》)

(298)中军家将士答:"里示合**惧**!"(《汉将王陵变》)

(299)州官县宰皆忧**惧**,良田胜土并荒臻(榛)。(《捉季布传文》)

(300)惭愧刀而未举,鬼将惊忙;智慧剑而未轮,波旬怯**惧**。(《破魔变》)

7.5.3 "怕"

《敦煌变文校注》中"怕"共102例,其中带宾语62例,不带宾语40例。

一、带宾语

单用"怕"的48例,宾语可以是名词和名词词组,也可以是动词词组和主谓词组。如:

(301)煞鬼岂曾饶富贵,无常未肯**怕**公卿。(《妙法莲华经讲经文》三)

(302)为此经冬隐,不是**怕**饥寒。(《燕子赋》二)

(303)只拟辞退于筵中,又**怕**逆如来之语。(《维摩诘经讲经文》七)

(304)便拟送佛世尊,又**怕**家中妻怪。(《难陀出家缘起》)

也可以组成"恐怕"(13例)或"怕惧"(1例)。"恐怕"的宾语都是动词词组或主谓词组,没有名词宾语。如:

(305)皆言**怕**惧维摩,不敢过他方丈。(《维摩诘经讲经文》四)

(306)欢喜巡还正饮杯,恐**怕**师兄乞饭来。(《难陀出家缘起》)

(307)门前过往人多,恐**怕**惊他驴□。(《金刚丑女因缘》)

二、不带宾语

单用"怕"的 10 例,组成双音词的 30 例。双音的有:惊怕 9、怕惧 8、怕急 5、怕怖 5、惧怕 1、愁怕 1、惶怕 1。如:

(308)未降孩儿慈母**怕**,及乎生了似屠羊。(《父母恩重经讲经文》)

(309)胡菟(狐兔)**怕**而争奔,龙蛇惊而竞窜。(《伍子胥变文》)

(310)郑王**怕**惧,乃出城迎拜子胥。(《伍子胥变文》)

(311)摩陁心中惊**怕**,今日又逢作者。(《韩朋赋》)

总起来说,"怕"取代了"畏"和"惧",同时兼有了"畏"和"惧"两者的词义和句法功能。"怕+名词"(怕公卿)是"畏"的词义和功能,"怕+主谓词组"(怕家中妻怪)和"主语+怕"(慈母怕)是"惧"的词义和功能。这种现象,在研究汉语词汇的历史替换时和研究汉语语法的历史演变时都未曾充分注意,其实是很值得研究的。

8 小结

通过对先秦四组动词的动宾关系的考察,我们注意到:动词是否带宾语,和动词的词义和用法有关,和及物性有关。不同类型的动词的动宾关系有所不同,同一类型的不同动词的动宾关系也可能不同。但是,总的来说,及物动词不带宾语不是任意的,是有一定条件限制的。

同一个动词的动宾关系在不同时代是不同的。这分两种情况:一、有些动作动词和感知动词不带宾语的在后代比先秦增加了,这和汉语动词的及物性减弱的趋势有关。二、有些动作动词的对象先秦包含在动词中,后来分离出来;有些位移动词的终点先秦可以从语境推知,后来单独呈现出来。这和汉语从综合到分析的趋势有关。

本文只是对一些动词的动宾关系的个案考察。应该对更多的动词做深入考察,并在考察的基础上进行分析和思考,才能对动词的动宾关系有全面深入的了解。

参考文献

蒋绍愚　2011　《词汇、语法和认知的表达》,《语言教学与研究》第 4 期,20—27。

李佐丰　2004　《古代汉语语法学》,商务印书馆。

宋亚云　2005　《汉语作格动词的历史演变及相关问题研究》,北京大学博士学位论文。

魏培泉　2003　《上古汉语到中古汉语语法的重要发展》,何大安主编《古今通塞:汉语的历史与发展》,75—106,"中研院"语言学研究所筹备处。

魏培泉　2004　《汉魏六朝称代词研究》,"中研院"语言学研究所。

杨伯峻　1980　《论语译注》,中华书局。

杨伯峻　1990　《春秋左传注》,中华书局。

Harbsmeier, Christoph　2012　Anaphora, Cataphora and Exophora in Classical Chinese. Presentation at China Seminar, Leiden University.

Hopper, Paul J. and Sandra A. Thompson　1980　Transitivity in Grammar and Discourse. *Language* 56.2:251-299.

Thompson, Sandra A. and Paul J. Hopper　2001　Transitivity, Clause Structure, and Argument Structure: Evidence from Conversation. In Joan Bybee and Paul Happer (eds.) *Frequency and the Emergence of Linguistic Structure*, 27-60. Amsterdam and Philadelphia: John Benjamins.

(原载《中国语言学集刊》第七卷第二期,2013 年 12 月)

从《左传》中的"P(V/A)＋之"
看先秦汉语的述宾关系

在进入正题之前,先要说一个术语的问题。本文讨论的是"述宾关系",而不是"动宾关系",因为文中所讨论的一些句子,处于宾语之前的不是动词,而是形容词。不过,当本文所涉及的某些类,其述语只是动词(以及名词用作动词)时,本文也会使用"动宾关系"的术语。本文所讨论的问题,以往大多用"动宾关系"来概括,他们所说的"使动""意动""为动""对动"等,也都用一个"动"来概括宾语之前的述语。我们在谈到以往学者的研究时,仍然沿用他们的术语,只是我们应当理解,他们所说的"动",有些实际上不仅仅是动词,而是包括形容词。

1

先秦的述宾关系非常复杂,在古汉语教学和研究中,人们提出"使动""意动""为动"等名称来加以表达,后来这些名称越来越多,王克仲《近年来的古汉语语法研究》说:"除'致动''意动'外,又归纳出'把动''为动''供动''出动''处动''让动''拜动'等近二十种动宾语义关系。"王克仲《古汉语动宾语义关系的分类》没有用"×动"的名称,把古汉语的动宾语义关系分为 18 类。

杨伯峻、何乐士《古汉语语法及其发展》对先秦的动宾关系做了详细的讨论。书中把先秦的动宾关系分为5大类、20小类：

2.1 受事宾语：

2.1.1 动词＋受事宾语。2.1.2 受事＋动词。

2.2 关系宾语：

2.2.1 动宾→为宾动。2.2.2 动宾→对（向、与）宾动。2.2.3 动宾→把宾动。2.2.4 动宾→用宾动。2.2.5 动宾→以（表物的名词活用为动词）给与宾。2.2.6 动宾→给（替）宾动。2.2.7 动宾→因宾而动。2.2.8 动宾→动于宾。2.2.9 动宾→比宾动。2.2.10 动宾→动于宾，或"在宾动"。

2.3 施事宾语：

2.3.1 动宾→使宾动。2.3.2 动宾→被宾动，或动于宾。

2.4 主题宾语：

2.4.1 动宾→"视宾（为）动"，或"以宾（为）动"、"认为宾动"（意动用法）。2.4.2 动宾→称宾为……。

2.5 其他宾语：

2.5.1 表示存在。2.5.2 表示判断。2.5.3 表示类似。2.5.4 表示时间。（523—560页）

冯胜利《轻动词移位与古今汉语的动宾关系》（2005）的中心意思是用轻动词来解释汉语复杂的动宾关系，举例性地提到古汉语中动宾关系的很多类。如：

如A有B	功狗	如狗有功
使A如B	戟其手	使手如戟
使A有B	介马	使马有介
为A之B	甲诸第	为诸第之甲
从NV	逃其师	从其师逃

447

V 于 N	葬长安	葬于长安
对 NV	誓之	对之誓
向/朝 NV	逃诸侯	向诸侯逃
与 NV	反是	与之反
因/为 NV	饮至	因至而饮
与 A 以 B	百牢我	与我以百牢
为(for)NV	胙之土	为之胙土
以 A 为 B	老之	以之为老

冯胜利《上古汉语轻动词的句法分析优于词法加缀说例证》(2014)一文中提到的古汉语的动宾关系和前一篇文章大体相同,只是把"使 A 如 B"和"使 A 有 B"合成一类,增加了 2 类:

使 A 成/为 B	肉骨
使 NV	劳师

这些论著对汉语(特别是古代汉语)的述宾关系做了细致研究,有助于我们了解古汉语复杂的述宾关系。他们的研究为本文提供了很好的基础。

2

本文准备在以往研究的基础上,对先秦汉语的述宾关系做进一步的讨论。

1. 以往的研究,研究者都凭借他们深厚的古汉语学养,举出很多不同类型的动宾关系的例句,在此基础上进行分析和归纳,但缺少对某种语料的穷尽性的分析和统计。为了使讨论建立在更加扎实的语料基础上,本文从《左传》中的"P(V/A)+之"谈起。《左

从《左传》中的"P(V/A)＋之"看先秦汉语的述宾关系

传》中的"P(V/A)＋之"数量很多,约有 3300 例,虽然不能概括全部述宾关系,但绝大多数述宾关系都在"P(V/A)＋之"中得到反映。穷尽性地研究《左传》中的"P(V/A)＋之",可以使我们对先秦的述宾关系有一个比较准确的了解。

2. 以往的研究,对古汉语的动宾关系做了很细致的分类,但能不能做进一步的概括?

在以往研究的基础上,通过对《左传》"P(V/A)＋之"的分析,我认为,先秦的述宾关系可以做如下分类:

一、一般的述宾关系。述语都是动词(包括及物动词、不及物动词、名词用作动词、形容词用作动词),都是主语发出的,和宾语构成多种不同的语义关系。这又分为两种情况:

1. 动词带各种语义格的宾语:即普通的受事宾语,以及通常所说的"为动""于动""对动"等。

2. 动词是特定的类,宾语是相应的语义格:包括动词表有无、表判断、表像似等。如:"北冥有鱼""子为谁""目若悬珠"等。(即杨、何所说的"其他宾语"①。)

二、特殊的述宾关系。包括:

1. 使动。

2. 意动。

在很多古汉语语法研究的论著中,都是把"使动""意动""为动""对动"等并提的,称之为"特殊的述宾(或动宾)关系"。为什么要把"使动""意动""为动""对动"等分开,把后者归为"一般的述宾

---

① 杨、何所说的"其他宾语"还有一类"时间宾语"。"时间宾语"其实也是宾语的一种语义格,应该归入第一小类。

449

关系",把前者称为"特殊的述宾关系"呢?

人们把"为动""对动"等称作"一般的述宾(动宾)关系",是因为这类述宾关系在现代汉语中不太常见,而在古汉语中很常见;为了让学生容易理解古汉语中的这些述宾关系,给它们加上"为动""对动"等名目,让学生知道"死之"就是"为之死","泣之"就是"对他哭",这也是一种可行的教学方法。但从根本上说,述语和宾语本来就有多种语义关系,这是因为宾语有不同的语义格,如:"死之"的"之"是受益者(benificiary),"泣之"的"之"是对象(dative),这在现代汉语中也有,只是不太常见而已,如"服务大众"就是"为大众服务","哭坟头"就是"对坟头哭"。这和最常见的"主语+述语(动词)+受事宾语"一样,都是主语发出一个动作,后面带一个宾语,仅仅是宾语的语义格不同而已。所以,我把它们都归为"一般的述宾关系"。

那么,为什么说"使动""意动"是"特殊的述宾关系"呢?其特殊在于,"使动""意动"的述语跟主语、宾语两者都有复杂的关系:述语实际上是宾语发出的动作或宾语具有的性状,但这是主语使宾语发出或具有的(使动),或者是主语认为宾语具有或发出的(意动)。如:"怒之"不是主语怒,而是主语使之怒,"怒"是宾语的动作;从语义角色看,"之"是"怒"的"感事(experiencer)"。"美之"不是主语美,而是主语认为他美,"美"是宾语的性状;从语义角色看,"之"是"美"的当事(theme)。

这是"使动""意动"和"为动""对动"等的根本区别。这一点,杨伯峻、何乐士《古汉语语法及其发展》已经说到。书中认为"关系宾语与施事、主题宾语之间有着重要区别",表现为两点:(按:杨、何所说的"关系宾语"即"为动""对动"等,"施事宾语"即使动,"主题宾语"即意动。原文较长,下面只概括其意。)

(一)如果把关系宾语去掉,不影响主语与动词之间的语义关系。如"君三泣臣",去掉"臣"是"君三泣","泣"的还是"君"。而如果把施事宾语、主题宾语去掉,主语与动词之间的语义关系就发生明显的变化。如"赵穿反赵盾"去掉"赵盾",就变成"赵穿反","孔子小鲁",去掉"鲁",就变成"孔子小",和原来的意思很不一样。

(二)"赵穿反赵盾"可以说成"赵盾反","孔子小鲁"可以说成"鲁小"。而"君三泣臣"不能说成"臣三泣"。(553—554 页)

杨、何说得很对。归结到一点,就是本文在上面说的:在使动、意动中,述语 P 在语义上不是 S 的动作和性状,而是 O 的动作和性状,从语义角色看,O 是 P 的感事(experiencer)或当事(theme)。杨、何很好地通过形式变换来说明了这一点。这一点,我在《使动、意动与为动》中也曾说过,这里不重复。

3

下面根据《左传》的"P+之"来讨论这些述宾关系。为了叙述的方便,下面按这样的顺序讨论:(一)使动;(二)意动;(三)一般的述宾关系。

(一)使动

关于使动用法,已经讨论得很多了,这里不再重复。这里要讨论的是:1.是不是任何一个词都可以进入"S+P+O"中 P(述语)的位置而构成使动?2.人们通常认为,"P+O"究竟是表使动还是表一般用法主要是由语义决定的,在形式上无法区分。这种看法对不对？要回答这两个问题，需要对《左传》中表使动的"P＋之"做一分析。

《左传》中表使动的"P＋之"共 153 例，占"P＋之"3300 例的 5%。

在这 153 例中充当 P 的有这样一些词（数字表示出现的次数）：

归 25、出 11、复 10、免 9、饮 7、亡 6、反 6、尽 5、耻（受辱）4、毙 4、上 4、衣 4、退 3、处 3、惧 3、丧（亡）3、进 3、怒 2、下 2、壹 2、东 2、食 2、先、来、起、兴、息、殖、醉、窜、迁、还、乘、冠、负、梦、张、深、卑、骄、久、絜（洁）、和、劳、速、昭、丰、明、火、肉、北、饮食 2、安定、崇大。

这些词的词性包括如下几类（数字表示词的个数）：

不及物动词 19：复、免、尽、亡、毙、退、丧、进、怒、壹、耻、先、来、起、兴、息、殖、醉、窜。

及物动词 16：归、出、反、上、惧、下、食、饮、处、迁、还、乘、衣、冠、负、饮食。（其中有 4 个可以带双宾语：饮、衣、负、归。）

形容词 15：梦、张、深、卑、骄、久、絜、和、劳、速、昭、丰、明、安定、崇大。

名词（包括方位词）用作动词 4：火、肉、北、东。

《左传》中有"作格动词＋之"，作格动词共 5 个：立 47、去 3、成 2、败、坏。"作格动词＋之"是否看作使动，还是一个需要讨论的问题，所以暂不把它统计在内。

下面把不同词类的词充当述语的使动各举一例：

饮先从者酒，醉之，窃马而献之子常。（定 3）

二子在幄，坐射犬于外；既食，而后食之，使御广车而行。

(襄24)

晋侯谓庆郑曰："寇深矣。若之何?"对曰："君实深之。可若何?"(僖15)

虽获归骨于晋,犹子则肉之,敢不尽情？(昭13)

从上面的统计来看,"使动"句中的述语多数是不及物动词和形容词。这样构成的使动很容易理解：如果是"S+Vi/A+O",O当然不可能是Vi/A的受事宾语,整个句子通常表示S使得O发出Vi这种动作,或具有A这种性状。

但也有不少"使动"句中的述语是及物动词。在"S+Vt+O"中,O为什么不可以看作Vt的受事宾语？确实,不少表使动的"S+Vt+O"和表一般动作的"S+Vt+O"在形式上是没有区别的。如：

荀䓨之在楚也。郑贾人有将寘诸褚中以出。既谋之,未行,而楚人归之。(成3)

怀子好施,士多归之。(襄21)

但两个"归"在词义上有区别。使动的"归"是"归去"义,一般动作的"归"是"归附"义。"归附"义的"归"通常是要说出归附的物件(人)的,所以在"S+归归附+之(指人)"中,"之"通常是"归"的对象。"归去"义的"归"是位移动词,位移动词后面的处所宾语是可有可无的,如果没有处所宾语,就表示一种位移的动作。在"S+归位移+之(指人)"中,"之(指人)"不可能是"归"的处所,"归"大体上相当于一个不及物动词,整个句子表示S使之发出"归"这个动作,是使动用法。"归归去"的处所宾语也可以和"之"一起出现,那就是表使动的双宾语。如：

向宁欲杀大子。华亥曰："干君而出,又杀其子,其谁纳

453

我?"且归之有庸。(昭20)

邻氏亡,晋人归之施氏。(成11)

据上面的统计,很多用于使动的及物动词都是位移动词,如:归、出、反、上、下、迁、还。这些动词加"之(指人)"都是表示 S 使之发出一个位移动作,而不可能是一个位移动作到达某个处所,所以只能是使动,不可能是一般用法。

在用于使动的及物动词中,也有动作性很强、动作对象很具体的。如:食、饮、衣、冠、乘、负。但这些动词的对象都是物而不是人,而表使动的"S+V+N"中的 N(包括"之")一般都是人(因为 N 要能发出动作),所以,如果"V"的对象不是指物而是指人的时候,这"V+之"就不会是一般述宾,而一定是使动,"V+之"表示"使+之+V",如:

寒者衣之,饥者食之。(昭13)

望见郑师众,大子惧,自投于车下。子良授太子绥,而乘之。(哀2)

这里及物动作 V 的对象("衣服""饭""车")没有出现,这是允许的:先秦时,这些动词的对象可以包含在动词之内,单说"衣"就表示"穿衣",单说"食"就表示"吃饭",单说"乘"就表示"乘车"。

同样地,如果这些动词的受事宾语需要和"之"一起出现,就采用使动双宾语的形式:

太子帅师,公衣之偏衣,佩之金玦。(闵2)

王弗听,负之斧钺,以徇于诸侯。(昭4)

那么,有没有对象是人的动词用于使动?有的。在《左传》表使动的"V+之"中没有出现这种动词,但在表使动的"V+诸+N"和"V+N"的格式中,"V"可以由对象是人的动词(如"朝")充当。如：

> 征东之诸侯，虞、夏、商、周之胤而**朝**诸秦，则亦既报旧德矣。（成 17）

> 往年正月，烛之武往，**朝**夷也。（文 17）杨伯峻注："朝，动词使动用法，谓使夷往朝于晋。"

在这种情况下，使动用法和一般用法确实没有形式上的区别。在《左传》中，"朝＋N"很常见，如"朝王""朝晋""朝楚"（还可以说"朝于晋""朝于楚"），通常都是一般用法（朝见某某），在形式上和"朝夷"（使夷朝见）没有区别。也有"晋侯朝王于温"（文 10），在形式上和"**朝**诸秦"没有区别。要区别哪个是使动，哪个是一般用法，只能根据上下文语境。

在先秦其他典籍中，也有使动的"朝＋N"，如：

> 欲辟土地，**朝**秦楚，莅中国而抚四夷也。（《孟子·梁惠王上》）

> 武丁**朝**诸侯，有天下，犹运之掌也。（《孟子·公孙丑上》）

这些使动用法和一般用法如何区别？一般古汉语教材都说，只能根据上下文的语境。但仔细考察，上述两个例句中的"朝 N"在形式上也和一般用法有细微区别。我们调查了先秦和西汉早期 30 种典籍，其中"朝诸侯"共出现 28 次，主语不是"天子"，就是"禹""武丁""周公""成王"之类，"朝诸侯"无一例外的是使动用法。"朝秦楚"仅此一次，只表使动。为什么"朝诸侯"和"朝秦楚"都只表使动，不是一般用法？那是因为"诸侯"是无法一一朝见的，"秦"和"楚"地理上相去甚远，不会先后去朝见。既然不可能是一般用法，那就只能是使动用法。这告诉我们，即使是以人为对象的动词构成"V＋N"，有一些使动用法，在形式上也是和一般用法有细微区别的。

通过上面的统计和分析可以看到：1. 并不是任何一个词都可以进入"S＋P＋O"中P(述语)的位置而构成使动的，能充当其中的述语的，多数是不及物动词和形容词，及物动词多数是以物为对象的，以人为对象的及物动词构成使动的不太多(除了"朝"以外还有哪些，还需要深入调查)。2. 这就决定了在多数情况下这种"P＋O"不可能是一般的述宾结构；在多数情况下，"P＋O"究竟是表使动还是一般用法，在形式上就是有区分的。而且，尽管"朝夷"和"朝楚"从形式上无法区分是使动还是一般用法，但是"朝诸侯""朝秦楚"这样的结构，从形式上就可以决定是使动而不是一般用法。语言形式可能有歧义，但歧义不会太多，否则就会影响语言表达的清晰性。语言既要有灵活性，又要有清晰性，这一条原则，对使动用法的构成也会有约束力。所以，通常认为任何一个动词、形容词或用作动词的名词放在宾语前面都可以构成使动，这种看法其实是不全面的。

但是，也应该看到，在上古汉语中，"使动"和"意动"之间、"使动"和"为动"之间，有时没有形式上的区别，只能根据语义来区分。如："小之"，既可以是使动，也可以是意动。"亡之"，既可以是使动，也可以是为动。语言的灵活性和清晰性之间如何调节，这在古今汉语中是不大一样的。

(二) 意动

《左传》中表意动的"P＋之"比表使动的要少得多，共30例，占全部"P＋之"3300例的1%。

《左传》中用于"P＋之"表意动的共15个词：

病10、贵4、耻2、罪2、难2、非、小、嘉、然、美、贱、义、羞、药、臣妾。

这些词的词性是：

形容词10：贵、难、非、小、嘉、然、美、贱、义、羞。

名词5：病、耻、罪、药、臣妾。

"意动"还有以动词为述语的，在杨伯峻、何乐士《古汉语语法及其发展》中有例句。但在《左传》的"P＋之"中没有见到，所以本文不讨论。

"形容词＋之"表意动，无须多说。要讨论的是"名词＋之"的意动。下面先把《左传》中5个"名词＋之"的各举一例。

楚人以是咎子重。子重病之，遂遇心疾而卒。（襄3）

季孙使役如阚，公氏将沟焉。荣驾鹅曰："生不能事，死又离之，以自旌也。纵子忍之，后必或耻之。"乃止。（定1）杨伯峻注：日后必有以为耻者。

书曰："北燕伯款出奔齐。"罪之也。（昭3）

不如小决使道，不如吾闻而药之也。（昭31）杜注：以为己药石。

其蒉以赐诸侯，使臣妾之，亦唯命。（宣12）

这些名词都用作动词。N→V＋N，V可以理解为"为/是"，"S＋P(N→V＋N)＋之"表示S认为宾语"之"有P(N→V＋N)这种性状，即以N为P，或认为N是P。

下面讨论一个问题："意动"和所谓的"处动"有没有区别。

杨伯峻、何乐士《古汉语语法及其发展》说："随着语法工作者对古汉语语法结构认识的深入，'意动'用法的'动宾'又可分为两类：

(一)主语主观上认为宾语具有谓语动词所表示的性质或状态(实际上不一定具备)。这类用法的动词主要有形容词活用,还有少数不及物动词和及物动词。

(二)主语把宾语代表的事物当作做动词用的名词指示的事物来对待。这类动宾中的动词主要有名词活用。与上类不同之处是,这类用法不仅限于主观上的看法,还含有某种处置,某种行动,带来某种事实。因此有的学者主张把这类'动宾'从意动用法中分出,另立一类'处动'用法,即表示处置之意。"

书中说:"两种用法在表示主语的主观认识上有共同之处,都是意动用法,应属于大同小异。因此在意动用法内部分为两类。"

书中在第(二)类下举了8个例句:

毋金玉尔音,而有遐心。(《诗经·小雅·白驹》)

华元曰:"过我而不假道,鄙我也。"(《左传·宣公十四年》)

不如小决使道,不如吾闻而药之也。(《左传·昭公三十一年》)

晋人及姜戎败秦于殽。其谓之秦何?夷狄之也。(《公羊传·僖公三十三年》)

秋,七月,禘于大庙,用致夫人。……夫人之,我可以不夫人之乎?(《穀梁传·僖公八年》)

公子乃自骄而功之,窃为公子不取也。(《史记·魏公子列传》)

秦,形胜之国也,带河阻山,县隔千里。(《汉书·高帝本纪》)

倚渤海,墙泰山,堑大河。(杜牧《燕将录》)

下面谈谈本文的看法。

从《左传》中的"P(V/A)+之"看先秦汉语的述宾关系

"名词+N"的意动确实有它不同于"形容词+N"的意动的地方。(1)名词不能直接做述语,要做述语必须先要转化为谓词(动词/形容词)。转化为谓词最常见的方法,是变成与该名词关系最密切的动词/形容词,如"火→燃烧""耻→可耻",或者在该名词前面加一个动词"为""有"等,如"药→为药""罪→有罪"。(2)在N转化成"为N"之后,很多"名词+之"的述宾,如"药之""臣妾之"之类,述语和宾语的关系可用"以之为N"的方式表达,如"以之为药""以之为臣妾"。但在上古汉语中,"以之为N"有两种意思,一是"视之为N"(认为它是N),一是"待之为N"(把它当作N对待)。前者是主观的看法,无疑是意动。后者是实际的处置,要说成是意动就比较困难了。

那么,本文所说的"名词+之"的述宾,究竟是哪一种呢?我们分析一下下面这个例句:

不如吾闻而药之也。(《左传·襄公三十一年》)杜预注:以为己药石。

这个例句大家都很熟悉,"之"指郑人对执政的议论。这是主观认识还是实际处置?杜注并没有给我们一个明确的答案:"以(之)为己药石",这种说法,理解成主观认识和实际处置都是可以的。

其实,进一步分析,我们可以看到,尽管"以之为N"可以有主观认识和实际处置两种意思,但是,主观认识和实际处置这两种意思往往是密切联系的。子产有视之为药石的主观认识,就会有拿它作为药石的实际处置。反之,如果子产有拿它作为药石的实际处置,则是他一定先有视之为药石的主观认识。另一个例子"臣妾之"也可以做同样的分析。当然,说"往往是",就不等于"全部是"。也有些例句是只表主观认识的,有些例句是只表实际处置的。这在下面就会看到。

不但"名词+之"的述宾是如此,有些"形容词+N"的述宾也是如此①。比如"卑+N",在《左传》中有下列例句:

无礼而好陵人,怙富而卑其上。(昭 1)

怀嬴与焉,奉匜沃盥,既而挥之。怒曰:"秦晋匹也,何以卑我?"(僖 23)

士鞅怒曰:"鲍国之位下,其国小。而使鞅从其牢礼,是卑敝邑也。"(昭 21)

齐侯使高张来唁公,称主君。子家子曰:"齐卑君矣。君只辱焉。"(昭 29)

小邾穆公来朝,季武子欲卑之。杜预注:不欲以诸侯礼待之。穆叔曰:"不可。曹滕二邾实不忘我。好敬以逆之,犹惧其贰;又卑一睦焉,逆群好也。"(昭 3)(卑之:卑待之。杜预注说得很清楚。)

逆妇姜于齐,卿不行,非礼也。君子是以知出姜之不允于鲁也。曰:"贵聘而贱逆之,君而卑之,立而废之,弃信而坏其主,在国必乱,在家必亡。"(文 4)(君:指夫人为小君。"卑之"意为"卑待之",指迎接的时候卿不行。)

第一例(昭 1)显然只是主观认识。最后二例(昭 3、文 4)是实际处置。而中间三例(僖 23、昭 21、昭 29)则是既有主观认识,又有实际处置。可见"卑 N"兼有主观认识和实际处置的也不在少数。那些只是主观认识的和兼有主观认识和实际处置的都可以看作意

---

① 说"有些",也就是说并非所有的"形容词+N"的述宾都是如此。如"美之""小之"之类,就只表主观认识,不表实际处置。

动。但那些只有实际处置的"P+N"(如上面最后二例),就不属于意动了。

在杨、何所举的例句中,例(1)—例(6)是兼有主观认识和实际处置的,可以看作意动。但例(7)、例(8)虽然也可以说成"以河为带,以山为阻""以泰山为墙,以黄河为壑",但表示的不是主观认识而只是实际处置,也不应该属于意动。

(三)一般的述宾关系

"一般的述宾关系"中的述语都是动词(包括及物动词、不及物动词、名词和形容词用作动词),所以,也可以称为"一般的动宾关系"。下面分两类讨论。

第 一 类

这一类动宾关系,都是从动词和宾语的语义关系,或宾语的语义格来谈的。动词和宾语的语义关系中,最主要的是动词和受事(accusative)的关系。不过,这种语义关系,在讨论古汉语语法时几乎没有人谈起,因为这种动宾关系太普通了,不需要特别的说明。古汉语语法的教学与研究中经常谈到的是动词和非受事宾语的关系。这些动词多数是不及物的,带的宾语不可能是受事,而只能是其他的语义格;也有的动词是及物的,但带的宾语不是受事,而是其他的语义格。这种动词和非宾格受事的关系还可以分成很多小类,通常使用的名称是"为动""对动"等,后来又有人提出其他名称,如"于动""以动""处动"……还有把这些加以概括,提出"介动"的名称,和"使动""意动"鼎足而三。这些名称的由来,主要是这一类动宾关系(V+O)可以加上一个介词变换成"P+O+V"或

"V+P+O"而意义不变。这种说法有它的道理,加介词可以使动宾关系从隐性的变为显性的,容易使人理解;古代的注疏中就常用加介词的办法来说明一些复杂的动宾关系,孙良明《关于古汉语V—N语义关系问题——兼谈近年来的"特殊动宾意义关系"研究》举出了不少这样的例子。但加介词的办法也有明显的局限性:(1)动宾关系非常复杂,不可能每一种动宾语义关系都加上一个介词来加以说明,也不可能为每一种动宾语义关系立一个"×动"的名称。(2)介词和动宾语义关系不是一一对应的,有的介词可以表达多种动宾语义关系,反之,有的动宾语义关系可以加不同的介词来说明。(见下)(3)这些介词,有的是古汉语的介词,加上介词后还符合古汉语的表达习惯,有的是后起的介词,加上介词后就显得不伦不类。如"醢鬼侯",有人归为"把动",但说成"把鬼侯醢"显然不行,上古汉语的动词"醢"和中古以后产生的介词"把"不能搭配。有人把它归为"以动",加上一个上古汉语中可以表处置的介词"以"来表达,说成"醢以鬼侯",但上古汉语中也没有这种表达法。"泣之"一般说成"对动",但介词"对"大约是东汉才产生的,直到《论衡》中才有"对其母泣",在此以前没有"对之泣"或"对××泣"的说法。先秦文献中的"泣之",如果说成"对之泣",那只是后代对此的解释,不能说先秦时就有"泣之"和"对之泣"两种相应的说法。

所以,从根本上说,先秦这一类动宾语义关系,还应该着眼于宾语的语义格来研究。但为了便于讨论,下面仍用这些惯用的名称来作为小类的类名,来对《左传》的"V+之"加以分析和讨论。而且,只能讨论其中较常见的几个小类。

先秦的述宾结构中还有一类是动词带施事宾语,如:"忍父而求好人,人孰好之?"(《国语·晋语二》)"好人"即"好于人"或"为人所好"。但这种施事宾语不能用"之"充当,所以本文不讨论。

(1) 为动

"为动"宾语的语义格多数是受益者(benificiary),也有一般的所为者(purposive)。在《左传》的"V+之"中,属于这一类的共78例。占全部"P+之"3300例的2%。其中:

动词+单宾语48例,有如下一些动词:

死22、名8、哀3、启3、亡2、讳、祓、请、戒、勤、奔、哭、辞(解说)、豰、歌舞、奔走。

动词+双宾语22例,有如下一些动词:

为16、树2、陈、立、斩、着。

形容词用作动词+单宾语1例:

乐(感到快乐)。

名词用作动词+单宾语7例,有如下一些词:

丧(办丧事)3、基(建基)、物(述其形)、室(娶妇)、臣(为臣)。

举例如下:

故君为社稷死,则死之;为社稷亡,则亡之。(襄25)

大叔完聚,缮甲兵,具卒乘,将袭郑,夫人将启之。(隐1)

齐人归公孙敖之丧。……襄仲欲勿哭。惠伯曰:……襄仲说,帅兄弟以哭之。(文15)

子教寡人和诸戎狄以正诸华,八年之中,九合诸侯,如乐之和,无所不谐,请与子乐之。(襄11)

楚屈建卒,赵文子丧之如同盟,礼也。(襄28)

夫人使谓司城去公。对曰:"臣之而逃其难,若后君何?"(文16)

不如早为**之**所,无使滋蔓!(隐1)

生大子建。及即位。使伍奢为**之**师。费无极为少师。(昭19)

天生民而树**之**君,以利之也。(文13)

在通常所说的"为动"的78例中,有3例宾语表示原因(reason):

楚失东夷,子辛死**之**,则雍子之为也。(襄26)因此而死。

晋人从之,楚师大败,王夷师燔,子反死**之**。(襄26)因此而死。

臣有疾,异于人;若见之,君将鼒**之**,是以不敢。(哀25)

杜注:"鼒,呕吐也。"鼒之:因其疾而呕吐。

(2)于动

"于动"这个名称,近年来几次被人提出,指的是有些"P+O"可以说成"P+于/於+O"。不过这是一个很笼统的名称,我们姑且先照此分类,然后再做分析。在《左传》的"P+之"中,属于这一类的共49例。占全部"P+之"3300例的1.5%。其中:

动词+单宾语31例,有如下一些动词:

去7、处5、入4、反3、安3、居2、戍2、降、逃、陈、先、先后。

名词用作动词+单宾语18例,有如下一些词:

城(筑城)7、下(居下位)6、祸(加祸)3、旆(系旆)、门(守门)。

这些动词大部分表位移或停滞,带处所宾语。

还有构成双宾语形式"P+O_1+O_2"的,整个结构也可以用"P+O_1+于/於+O_2"来理解,如:

豆、区、釜、钟之数,其取**之**公也薄,其施**之**民也厚。(昭

26)

国家之败,失**之**道也,则祸乱兴。(昭 5)

但是"于/於"是加在 O_2 前面的,和"P+之"无关,所以本文不讨论。

这一类句子中的"P+之"都可以说成"P+于/於+之"。但是,在古汉语中,"于/於"是一个多功能的介词,所以,实际上这些句子的 P 和"之"的语义关系并不相同。如果把"于/於"换成后起的一些介词,这些述宾关系的不同就可以看得更清楚。从《左传》的"P+(于/於)+之"来看,有如下 6 类(各类介词后面标明其宾语的语义格):

在(place):下之、居之、陈之、戍之、处之、城之、筛之、门之。

从(source):去之。

到(target):入之、逃之、归之、反之。

给(recipient):降之、祸之。

对(effectee of action):安之。

比(comparison):先之、先后之。

举例如下:

以盾为才,固请于公,以为嫡子,而使其三子下**之**;以叔隗为内子,而己下**之**。(僖 24)

与其戍周,不如城**之**。(昭 32)

难而逃**之**,将何所入?(定 4)

如是,则神听之,介福降**之**。(襄 7)

子山处令尹之宫,夫概王欲攻之,惧而去**之**,夫概王入之。(定 4)

立其子,民必安**之**。(文 6)

郑群公子以僖公之死也,谋子驷。子驷先**之**。(襄 8)

（3）对动

"对动"的宾语是对象（effectee of action），包括具体动作的对象（某人），和心理活动的对象（某种情况）。在《左传》的"V＋之"中，属于这一类的共 27 例，占全部"P＋之"3300 例的 0.8%。

其中动词＋单宾语 23 例，有如下一些：

  怒 4、哭 3、惑 3、谓 2、誓、诉、善、敬（严肃认真）、号、揖、领、利、慎、泣、闭。

名词用作动词 2 例，有 1 个词：

  礼（行礼）2。

双宾语 2 例：

  属**之**目、示**之**弱。

举例如下：

  子产朝，过而怒**之**。（昭 18）

  召孟明、西乞、白乙，使出师于东门之外。蹇叔哭**之**曰：……（僖 32）

  遂寘姜氏于城颍，而誓**之**曰：……（隐 1）

  魋惧，将走，公闭门而泣**之**，目尽肿。（定 10）

  子为晋国，四邻诸侯不闻令德，而闻重币，侨也惑**之**。（襄 24）

  余嘉乃成世，复尔禄次。敬**之**哉！（哀 16）

  王使委于三吏，礼**之**如侯伯克敌使大夫告庆之礼。（成 2）

  师属**之**目，越子因而伐之，大败之。（定 14）

  期年，狄必至，示**之**弱矣。（僖 12）

有一点需要说明：在(2)"于动"中，有一类"于/於"用后起的介词代替"对"，例句是"立其子，民必安**之**"。这个例句和"对动"有什么区别？为什么不归到"对动"这一类来？确实，从宾语的语义格来看，这个例句的宾语也是对象（effectee of action），但是，这个句子可以加上介词"于"（安于××），而本小节的例句不能加上介词"于/於"，所以从介词看分为两类。这也说明，介词和语义格有时是不一致的。严格地说，应该根据宾语的语义格分类。

（4）与动

"与动"的宾语是与事（commitative）。在《左传》的"V+之"中，属于这一类的仅3例，占全部"P+之"3300例的0.1%。

用的动词有三个，都是表示人际关系的：

绝、亲、通。

例句全部列举于下：

公怒，归之，未之绝也。（僖3）

亲之以德，皆股肱也，谁敢携贰？（文7）

公子鲍美而艳，襄夫人欲通之。（文16）

从上面4类来看，"为动"中宾语是受益者（benificiary）或所为者（purposive）的用得较广，宾语是其他语义格的都用得不多，而且动词的范围都有一定的限制。

第 二 类

第二类和第一类的不同在于：第一类中，各种动词（包括形容词和名词用作动词）都可以做述语，宾语也可以是各种语义格的，所以述宾关系比较复杂。第二类中，动词是特定的类，如表有无（有，无），表判断（为，非），表像似（如，似）。宾语都是这些动词的对象，不可能有多种不同的语义格。所以，述宾关系也很单纯，在古汉语教学和研究中不为人们注意。《左传》的"P+之"中，有"有之"和"如之",如：

> 秋,七月,有神降于莘。……虞、夏、商、周皆有**之**。(庄32)

> 官有世功,则有官族。邑亦如**之**。(隐8)

但表判断的"S+P+O"中,O不可能是指示代词"之"。

这一类就不详细讨论了。

4　先秦述宾关系的特点

通过上面对《左传》"P(V/A)+之"的分析,可以看到先秦述宾关系的特点:"述语+宾语"可以有多种语义关系;反过来说,很多述宾之间的复杂语义关系都可以用"述语+宾语"来表达,而不必有形式标志(如"使……""以为……"以及"为""于"等介词)。有时,同一个动词跟同一个宾语,可以有很不相同的语义,分属不同的小类。这一点,可以用"死"为例来说明。为了更好地说明动宾语义关系,我们不限于"死+之",而把调查的范围扩大到《左传》中全部"死+N"。统计结果如下:

死+之　共22例。其中"为之而死"20例,"因之而死"2例。

死+N　共20例。其中"为N而死"3例,"死于N(处所)"7例,"因N而死"5例,"使N死"(使动)2例,"认为N死"(意动)3例。

下面各举若干例句:

"为之而死":

> 故君为社稷死,则**死**之;为社稷亡,则亡之。(襄25)

> 令曰:"鲂也以其属**死**之,楚师继之,尚大克之! 吉。"战于

长岸。子鱼先死,楚师继之,大败吴师。(昭 17)

"因之而死":

　　楚失东夷,子辛**死**之。则雍子之为也。(襄 26)

　　晋人从之,楚师大败,王夷师燔,子反**死**之。(襄 26)

"为 N 而死":

　　凡诸侯薨于朝、会,加一等;**死**王事,加二等。(僖 4)

　　公曰:"臣也无罪,父子**死**余矣!"(襄 27)杨伯峻注:言父子为余而死。

"死于 N(处所)":

　　若不复适楚,必**死**是宫也。六月,辛巳,公薨于楚宫。(襄 31)

　　周内史叔服曰:"不出七年,宋、齐、晋之君皆将**死**乱。"(文 14)

　　死一也,其**死**仇乎!(哀 6)杨伯峻注:死于仇敌。

"因 N 而死":

　　仲以君命召惠伯,其宰公冉务人止之,曰:"入必死。"叔仲曰:"**死**君命可也。"(文 18)

　　君讨臣,谁敢仇之?君命,天也。若**死**天命,将谁仇?(定 4)

　　诘朝尔射,**死**艺。(成 16)

"使 N 死"(使动):

　　盈将为乱,以范氏为**死**桓主而专政矣。(襄 21)杨伯峻注:"盈以为栾魇之死系出范氏毒手。"

　　吾父死而益富。**死**吾父而专于国,有死而已,吾蔑从之矣。(襄 21)

"认为 N 死"(意动):

　　栾枝曰:"未报秦施,而伐其师,其为**死**君乎?"(僖 33)杜预注:"言以君死,故忘秦施。"顾炎武《杜解补正》:"死君,谓忘其先君。"

　　谋及子孙,可谓**死**君乎?(僖 33)

　　文公即世,穆为不吊,蔑**死**我君,寡我襄公,迭我殽地。(成 13)

在《左传》中,上述"死+之"和"死+N"的语义,也可以用介词来表达,不过数量不太多。共 16 例,其中用"焉"3 例,用"于"9 例,用"为"2 例,用"以""因"各 1 例。下面举一些例句:

　　制,岩邑也,虢叔**死**焉。(隐 1)

　　必**死**于此,弗得出矣。(襄 9)

　　故君为社稷**死**,则死之。(襄 25)

　　对曰:"得主而为之**死**,犹不死也。"(襄 23)

　　二十一年春,天王将铸无射,泠州鸠曰:"王其以心疾**死**乎!"(昭 21)

　　盈曰:"虽然,因子而**死**,吾无悔矣。"(襄 23)

可见,在《左传》中,用"死+之"和"死+N"来表达各种动宾语义关系,比用介词表达更为常见。

但是,并不是所有动词或形容词都能像"死"一样,构成好几种述宾语义关系。在上述对《左传》"P+之"的统计中,同一个动词而表示两种语义关系的不很多,只有 9 个:

　　耻:使动 4,意动 2

　　亡:使动 6,为 2

　　丧:使动 3,为 3

怒：使动2,对4

反：使动6,到4

下：使动2,在6

处：使动3,在5

先：使动1,比1

死：为20,因2

而且,其中3个动词是不同的义项:"耻之"表使动,"耻"是"蒙受耻辱";"耻之"表意动,"耻"是"为耻辱"。"丧之"表使动,"丧"是"灭亡";"丧之"表"为……","丧"是"办丧事"。"下之"表使动,"下"是"下去";"下之"表"在……","下"是"居……下位"。

如：

晋人使阳处父盟公,以**耻**之。(文2)使之受辱。

纵子忍之,后必或**耻**之。(定1)杨注:日后必有以为耻者。

知伯贪而愎,故韩、魏反而**丧**之。(哀27)使之亡。

公**丧**之如税服终身。(襄27)为之服丧。

与申鲜虞乘而出,鲜虞推而**下**之。(襄25)使之下车。

以盾为才,固请于公,以为嫡子,而使其三子**下**之。(僖24)下于赵盾,处于赵盾之下。

当然,如果不限于"P+之",而扩大到"P+N",能构成多种述宾语义关系的谓词会多一些。但大致说来,构成"使动"的多数是不及物动词和形容词,构成"意动"的绝大多数是形容词,构成"为动"的多数是表人的动作的动词,构成"于动"的多数是表位移或滞留的动词。哪一些谓词带宾语可以构成哪一种述宾关系,有一个大致倾向,而不是完全任意的。

5　余论

第四节中,我们把《左传》中用"死＋N"表示不同的语义关系和用"介词＋N＋死"(或"死＋介词＋N")表示不同的语义关系做了比较,前者共42例,后者共16例,数量相差较大。这虽然只是和"死"有关的一个案例的调查和统计,但给我们一个启发,是不是可以说:在先秦汉语中,用无标记的形式表达述语和宾语之间的各种语义关系,比用有标记(介词)的形式表示动作和论元之间的各种语义关系更加普遍。而到后来,前者逐渐减少,后者逐渐增多。在现代汉语中,虽然仍然可以用无标记的形式来表示述语和宾语之间的各种语义关系,即"P＋N"仍可表达多种不同的语义关系,但和先秦相比,其类型和数量都大大减少了。

第四节中还说到一点:根据对《左传》"P＋之"的调查,表明哪一些谓词带宾语可以构成哪一种述宾关系,有一个大致倾向,而不是完全任意的。这也和"先秦汉语主要用无标记形式表达述语和宾语之间的不同的语义关系"这个特点有关。语言表达的灵活性与清晰性是两个相互制约的因素,在不同的语言中,或者在同一种语言的不同历史阶段中,灵活性与清晰性有大小强弱之分,但不会有绝对的灵活性或绝对的清晰性。灵活性较大的往往会有别的手段来加以约束,使之不会过分妨碍清晰性。如果先秦汉语中任何一个谓词都可以任意进入任何一种表示不同语义的述宾结构中,那么,可以想象,歧义会非常之多,这就会极大地妨碍语言的清晰性。实际上,先秦汉语中,哪一类谓词可以进入哪一类述宾结构,是有大致倾向的,这就把可能产生的歧义控制在一定范围之内。

比如,"使动"和"意动"可能相混的,主要是在 P 是形容词或名词用作动词的情况下,而当 P 是及物动词和不及物动词的时候,绝大多数是使动而不会是意动。"使动"和一般"动词+受事宾语"可能相混的,主要是在 P 是及物动词,而且要求带有生宾语的情况下,当 P 是不及物动词、形容词或要求带无生宾语的及物动词的时候,就只能是"使动",而不会是一般的"动词+受事宾语"。当然,从总体上说,先秦汉语中述宾语义关系的表达比较灵活,因而歧义也比较多,这是和现代汉语不同的,正因为如此,现代的学生要阅读先秦文献,准确地了解其述宾语义关系,就必须经过一个时期的学习和训练。

要证实"先秦汉语主要用无标记形式表达述语和宾语之间的不同的语义关系"这一设想,还需要做更多的调查和分析。如果这一设想能够成立,那么,就可以解释:为什么先秦汉语中"P+N"的语义关系会那么复杂多样(因为先秦主要用无标记的形式来表示各种述宾语义关系),为什么现代的学者会用那么多的"×动"来解释先秦的"P+N"(因为现代人习惯于用有标记的形式来理解述宾语义关系)。如果这一设想能够成立,那么,这无疑是汉语从古到今类型上的一大变化。要证实或证伪这一设想,都需要对先秦文献做大量细致的调查和分析工作,还要做各个历史时期细致的比较。希望有更多的研究者来关注这个问题,使得这个问题的研究逐步深入。

参考文献

冯胜利　2005　《轻动词移位与古今汉语的动宾关系》,《语言科学》第 1 期。
冯胜利　2014　《上古汉语轻动词的句法分析优于词法加缀说例证》,何志华、冯胜利主编《承继与拓新：汉语语言文字学研究(下)》，[香港]商务印书馆。

蒋绍愚 2001 《使动、意动与为动》，《语苑集锦》，上海教育出版社。

李新魁 1979 《古汉语词类活用中的诸种述宾关系》，《暨南学报》(哲学社会科学版)第1期。

孙良明 1993 《关于古汉语V—N语义关系问题——兼谈近年来的"特殊动宾意义关系"研究》，《语文研究》第4期。

王克仲 1987 《近年来的古汉语语法研究》，《中国语文天地》第1期。

王克仲 1989 《古汉语动宾语义关系的分类》，《辽宁大学学报》第5期。

杨伯峻、何乐士 1992 《古汉语语法及其发展》，语文出版社。

张　军 1981 《古汉语中的特殊动宾关系》，《辽宁大学学报》第5期。

(原载《历史语言学研究》第8辑，2014年11月)

魏晋南北朝的"述宾补"式述补结构

在汉语史上,述补结构有"述+补+宾"(如"打破头")和"述+宾+补"(如"打头破")两种形式。在拙著《汉语动结式产生的时代》(《国学研究》第六卷)一文中,只讨论了"述+补+宾"式的述补结构,而没有涉及"述+宾+补"式述补结构,本文讨论这个问题。

对于"述+宾+补"式述补结构是有争议的。这类结构究竟是不是述补结构,魏晋南北朝的时期究竟有没有"述宾补"式述补结构,学术界有不同的看法,这也正是本文所要讨论的。所以我们不能在一开始就认定"打头破"之类的结构是"述+宾+补"式述补结构,我们先把它们称为"V_1+N+V_2",然后再来讨论它们的性质。

首先要说明的是:魏晋南北朝时期的"V_1+N+V_2",实际上不止"打头破"一类,而是有几种不同的格式,在以往的讨论中,往往把这几种不同的格式同等看待,其实,从内部的语义关系来看,它们应分为不同的几类:

A. 打头破　　V_1是及物动词,N是动作的对象;V_2是V_1产生的结果,语义指向N。

B. 还主人竟　　V_1是及物动词,N是动作的对象;V_2是完成动词,语义指向V_1,表完成。

C. 读偈不得　　V_1是及物动词,N是动作的对象;V_2(不得)表示不可能,语义指向V_1。

D. 哭城颓　　V_1 是不及物动词,和 N 不发生语义联系,"N＋V_2"是 V_1 的结果。

这几种不同的格式不但内部的语义关系不同,而且其来源也不同,所以应该分别加以讨论。重点讨论 A、B 两类,因为这两类用例较多,而且争议较大。

一

首先讨论 A 类。下面是魏晋南北朝时期 A 类格式的一些例子[①]:

①寻伤左臂,复打头破。所乞饭食尽捐在地。(晋·竺佛念译《出曜经》卷四)

②夫主见妇已爱著此瓶,即打瓶破,臭秽流溢,蛆虫现出。复语妇曰:"汝今故能抱此破瓶不耶?"(晋·竺佛念译《出曜经》卷一七)

③寻拔利剑,斫右手断,次斫左手。(姚秦·竺佛念译《出曜经》卷二三)

④我今面貌端正如此,何故为他持瓨取水?即打瓨破,还至家中。(姚秦·鸠摩罗什译《大庄严论经》卷一五)

⑤更与一瓨,诣池取水。犹见其影,复打瓨破。(姚秦·鸠摩罗什译《大庄严论经》卷一五)

---

① 本文有些例句转引自参考文献所列的论著,除集中引用的例句外,不一一注明。

又:《佛本行集经》是隋代的译经,但作为汉语史的阶段划分,隋代可以和魏晋南北朝算作一个时期,所以也收入有关例句。

⑥担物之法,礼当用手。由卿口衔,致使堕水。今当打汝前两齿折。(元魏·慧觉等译《贤愚经》卷一一)

⑦以梨打头破喻(齐·求那毗地译《百喻经》)

⑧见我头上无有发毛,谓为是石,以梨打我头破乃尔。(齐·求那毗地译《百喻经》)

⑨雄鸽不信,瞋恚而言:"非汝独食,何由减少?"即便以觜啄雌鸽杀。(齐·求那毗地译《百喻经》)

⑩太子之手执于剑已,一下斫七多罗树断。(隋·阇那崛多译《佛本行集经》卷一三)

⑪是时色界净居诸天即便化作大威猛风,吹彼树倒。(隋·阇那崛多译《佛本行集经》卷一三)

⑫彼林有一白骨尸骸忽然起来,抱我项住。(隋·阇那崛多译《佛本行集经》卷六〇)

⑬拨火开,痛逼火,回转急炙。(《齐民要术·炙法》)

⑭春风复多情,吹我罗裳开。(《子夜四时歌·春歌》)

这类格式,是和魏晋南北朝时期的"V_1+V_2+N"(如"打破头")式相应的。同是《百喻经》中的一则比喻,目录中作"以梨打破头喻",正文中作"以梨打头破喻"。"V_1+V_2+N"(如"打破头")无疑是述补结构,所以这种"V_1+N+V_2"格式(如"打头破"),有的学者称之为述补结构的"分用式"或"隔开式";有的还认为,这种述补结构先秦就有了。但是,也有的学者认为这不是述补结构,而是兼语式(或称"递系结构"),并认为是对先秦就有的兼语式的继承。这个问题究竟应该怎么看?这是需要讨论的。

(一)这种结构是不是兼语式?

孤立地看,"打头破"这种格式,似乎说成述补结构和兼语式都可以。说成述补结构,是因为这种格式和"打破头"相应,"打破头"是述补结构带宾语,"打头破"是宾语插到述语和补语中间,而且"打头破"后来统统归并于"打破头",可见两者的关系很密切,所以是"分用式"或"隔开式"的述补结构。说成兼语式是因为"打头破"和"助之长"一样,中间的名词既是前一动词的宾语,又是后一动词的主语,而且兼语式在先秦就存在了,所以说魏晋南北朝时期的"打头破"是对先秦兼语式的继承。

但仔细分析,这一类的结构和先秦的兼语式是有区别的。

对于先秦的兼语式,杨伯峻、何乐士(1992)已做了全面的研究,除"特殊兼语"外,共分为七类:

(1)使令,(2)封职任免,(3)劝戒,(4)褒贬评论,(5)命名称谓,(6)有无,(7)以……为……

比如:使吕相绝秦。(《左传·成公十三年》)

令赵王鼓瑟。(《史记·廉颇蔺相如列传》)

止子路宿。(《论语·微子》)

召临江王来。(《史记·孝景本纪》)

这些兼语式和"打头破"一类的结构有两点明显的差异:(1)这些兼语式的 V_2 是可以带宾语的,而"打头破"一类的结构的 V_2 不能带宾语。(2)这些兼语式的 V_1 和 V_2 是先后发生的两个动作,不是同时发生的,V_2 一般晚于 V_1(如"宿"晚于"止"),还可以不发生(如赵王可以不鼓瑟),"兼语式"在本质上是一种连动结构。正因为如此,所以在兼语式的 V_2 前面可以插入表时间的副词或连词,如:

公召之而后入。(《左传·昭公十年》)

而"打头破"一类的结构 V_1 和 V_2 是同时发生的,有了 V_1 的动作,立即会产生 V_2 的结果, V_1 和 V_2 不是先后发生的两个动作,而是动作和结果的关系。所以在 V_2 前面不能插入时间副词或连词,我们没有见过"打头方破""打头而后破"之类的形式。唯一可以插在 V_2 前面的副词是"不","打头不破"当然是有的,但"不破"仍然是 V_1 的结果,而不是和"打"先后发生的两个动作。所以,"打头破"之类的结构不是兼语式,而是述补结构。

先秦的兼语式有的看起来和"打头破"很相似,如:

予助苗长矣。(《孟子·公孙丑上》)

这个句子,杨、何(1992)认为是兼语式,归在"使令"一类。从语义来看,好像 V_1 和 V_2 是同时发生的,V_2 可以看作 V_1 的结果。但这要看对"长"怎样理解。如果"长"是"长高",那么它是"助"的结果;如果"长"是"生长",那么"助"和"长"还是先后发生的两个动作。这句话的下文是这样的:

天下之不助苗长者寡矣。以为无益而舍之者,不耘苗者也。助之长者,揠苗者也。

显然,从"耘苗"和"揠苗"的对比来看,"助苗长"是"助苗生长"而不是"助苗长高"。所以,"助苗长"和"打头破"还是不一样的。

"打头破"不是兼语式,而是述补结构。这可以从下面三点加以证明。

1. 上述例⑨"即便以觜啄雌鸽杀",显然不能看作兼语式,因为"雌鸽杀"不能构成主谓关系。"啄雌鸽杀"的"杀"和下列句子中的"杀"是一样的:

白杨多悲风,萧萧愁杀人。(《古诗十九首·去者日已疏》)

时人谓"看杀卫玠"。(《世说新语·容止》)

这些"杀"的语义已经有所变化,它不是"杀人"的"杀",而是大致和

"死"相同,也就是说,它不是表示一种行为,而是表示一种结果(状态)。但这种语义并没有固定下来,这种意义的"杀"不能和"死"一样独立地做谓语,而只能和另一个动词(如"啄""愁""看")配合,表示动作的结果。"愁杀""看杀"无疑是述补结构,"啄"—"杀"的语义关系和"愁"—"杀""看"—"杀"的语义关系完全一样,所以,"啄雌鸽杀"的"杀"应该是"啄"的补语。

从这个例句看到,"V_1+N+杀"和"V_1+杀$+N$"是一种相应的关系,其中的"杀"都表示一种状态,是与"V_1"同时产生的结果,因而是"V_1"的补语①。以此类推,"V_1+N+破"和"V_1+破$+N$"、"V_1+N+折"和"V_1+折$+N$"……也都是相应的关系,把"打头破"之类的结构称为"分用式的述补结构"是正确的。

2. 东汉魏晋南北朝时期还有一种比较特殊的结构:

⑮便杀鹿相,脱衣服取,埋尸著乐无为庐中。(东汉·康孟祥译《佛说兴起行经》卷上)

⑯拔此白象牙取。(元魏·吉迦夜共昙曜译《杂宝藏经》卷二)

⑰唱呵字时,当打一切诸烦恼却,出如是声。(隋·阇那崛多译《佛本行集经》卷一一)

⑱比丘挽索,羂其手得,系著床脚。(吴·支谦译《撰集百缘经》卷三)

这种"$V+N+$取""$V+N+$却""$V+N+$得"也无法看成兼语式,因为"N"和"取"、"N"和"却"、"N"和"得"毫无语义联系。"取"

---

① A类的补语都是不及物动词或形容词,表示的是一种状态;就其与动词的关系来说,是动作的结果,而且是与动作同时发生的。下文根据叙述的需要,有时说它表示状态,有时说它是动作的结果,不一定把"状态"和"结果"同时并提。

"却"和"得"是表动相的,无疑是"V"的补语。当然,"V＋N＋取""V＋N＋却""V＋N＋得"很特殊,它们的性质和"打头破"之类不一样(关于它们的性质将在本文第三部分谈到),不能因为它们是述补结构,就推论说"打头破"之类也是述补结构。但问题在于:"V＋N＋取""V＋N＋却""V＋N＋得"这类结构是怎么来的?显然,它们是魏晋南北朝时期常见的"V＋取＋N""V＋却＋N""V＋得＋N"的变形,它们的正常形式是"脱取衣服""拔取此白象牙""打却一切诸烦恼""羂得其手";"取""却""得"作为动相补语紧跟在动词后面,是理所应当的。那么,为什么"取""却""得"会远离动词而放到宾语后面去呢?唯一的回答是受到当时"打头破"之类也可以说成"打破头"之类的影响,是一种类推。类推的前提是:"V＋破＋N"—"V＋N＋破"和"V＋取/却/得＋N"—"V＋N＋取/却/得"是同类性质的结构。因此,既然"V＋N＋取/却/得"是分用式的述补结构,那么"V＋N＋破"也是分用式的述补结构。

3. 如果认为"打头破"一类结构是兼语式而不是述补结构,还会有一个难以回答的问题:在现代汉语的一些方言中,像"打头破"这样的格式依然存在。如①:

干活开了(山东潍坊)　　烧伊酥,拆尿出(上海)

打其煞(宁波)　　洗脸完了(广西白话)

关 a 门转(广东海康)

这些在普通话中用"动＋补＋宾"表达的意思,在这些方言里不说"动＋补＋宾",而把后面两个成分倒转,成为"$V_1＋N＋V_2$"。这些"$V_1＋N＋V_2$"是看作述补结构还是看作兼语式?看作兼语

---

① 引自黄伯荣主编(1996)。

式显然是有困难的,因为这些方言中"活开了""伊酥""尿出""其煞""门转"等都不能构成主谓关系,所以"兼语式"就无从说起。而且,在宁波话中,如果宾语是代词就说"打其煞",而宾语是名词就说"打煞强盗",这两者中"打"和"煞"的语义关系是一样的。如果说"打煞强盗"是述补结构,而"打其煞"却是兼语式,恐怕比较困难。如果肯定现代汉语方言中的这些"V_1+N+V_2"是述补结构,那么,也应该肯定魏晋南北朝的"V_1+N+V_2"是述补结构,因为我们看不出这两者有什么区别。

(二)"打头破"这一类的述补结构是不是在先秦就有了?

如果说"打头破"之类的结构不是兼语式而是分用式(或隔开式)的述补结构,那么,第二个问题就是:这种结构是否先秦就有了?

周迟明(1958)认为"分用式的述补结构"先秦就有了,他举的例子是:

城射之殪。(《左传·昭公二十一年》)

志村良治(1964)认为这是个使役句,"殪"是使役(使动)用法;但也可以把"之"看作兼语,和中古的"吹我罗裳开"是同一种结构。也就是说,他也把"城射之殪"看作后代"分用式述补结构"的来源。

我以前也谈到这个句子,认为"殪"是个及物动词,"射"和"殪"都是"城(人名)"发出的动作。"射之殪"是连动,不是动结式(见蒋绍愚 1994)。现在,我要修正自己的意见。

"射之殪""射之死"在先秦很常见。我们把《左传》中这一类例句全部列在下面,看看究竟应该怎样正确理解和分析。

⑲颖考叔取郑伯之旗蝥弧以先登,子都自下射之颠。(《左传·隐公十一年》)

⑳癸巳,潘尪之党与养由基蹲甲而射之彻七札焉。(《左传·成公十六年》)

㉑公孙丁授公辔而射之贯臂。子鲜从公。(《左传·襄公十四年》)

㉒乐射之不中;又注,则乘槐本而覆。(《左传·襄公二十三年》)

㉓公逾墙,又射之中股,反队,遂弑之。(《左传·襄公二十五年》)

㉔巢牛臣曰:"吴王勇而轻,若启之,将亲门。我获射之必殪。是君也死,疆其少安。"(《左传·襄公二十五年》)

㉕吴子门焉,牛臣隐于短墙以射之卒。(《左传·襄公二十五年》)

㉖南遗使国人助竖牛以攻诸大库之庭,司宫射之中目而死。(《左传·昭公四年》)

㉗豹……抽矢,城射之殪。张匄抽殳而下,射之折股;扶伏而击之,折轸;又射之死。(《左传·昭公二十一年》)

㉘对曰:"不死伍乘,军之大刑也。干刑而从子,君焉用之?子速诸!"乃射之殪。(《左传·昭公二十一年》)

㉙齐子渊捷从泄声子,射之中楯瓦,繇胸汏辀,匕入者三寸。(《左传·昭公二十六年》)

㉚子车曰:"齐人也。"将击子车,子车射之殪。其御曰:"又之。"(《左传·昭公二十六年》)

㉛林楚怒马,及衢而骋。阳越射之不中。筑者阖门。(《左传·定公八年》)

㉜公南使贼射之不能杀。(《左传·定公十年》)

483

㉝诸大夫恐其又迁也,承公孙翩逐而射之入于家人而卒。(《左传·哀公四年》)

㉞锜执弓而先,翩射之中肘;锜遂杀之。(《左传·哀公四年》)

㉟许为射之殪。(《左传·哀公十六年》)

我们先把"射之"和后面的动词连在一起读,即把它们都看作兼语式,然后再来看看,这样理解是否妥当。我们先看"城射之殪"所在的那一段文字,即例㉗。这是一段有关战争的描写,公子城为一方,华豹和张匄为一方。这里有三个"射之V",主语都是公子城。第一个,"城射之(华豹)殪",可以看作兼语式。第二个,"射之(张匄)折股",也可以看作兼语式。但第三个,"又射之(张匄)死",就无法看作兼语式。因为,如果看作兼语式,"又"就应该一直管到"死",显然,一个人不能死两次。所以,只能标点为"又射之,死",意思是"又射张匄,张匄死"。既然如此,前面两个"射之V"也应该同样标点:"城射之,(豹)殪。""射之,(张匄)折股。"然后再看例㉔:"吴王勇而轻,若启之,将亲门。我获射之必殪。"显然只能标点为"我获射之,(吴王)必殪。"其他例句的情形和这两个例句是一样的,也都应当在"射之"后面断开,读作"射之,( )V",前后是两个小句,只是第二个小句的主语隐含而不出现,所以给人一种错觉,以为"射之V"是一个兼语式。第二个小句的主语从语义上说可分为两种:例⑳㉑㉒㉓㉙㉛㉞是"矢",其余例句是"之"所指代的人。因此,这些"射之V"不能连读,更不是兼语式。

和"打头破"更接近的是下面的例句,有人根据这些例句认为述补结构在先秦就有了:

㊱宰夫胹熊蹯不熟。(《左传·宣公二年》)

㊲冶黄黔(芩)、甘草相半,即以彘膏财足以煎之。煎之沸,即以布足(捉)之,予(抒)其汁。(《马王堆汉墓帛书·五十二病方·伤痉》)

㊳即令痔者居(踞)……令烟熏直,熏直热,则举之;寒,则下之。(《马王堆汉墓帛书·五十二病方·朐痒》)

在这些例句中下加直线的语段中,第一个词是V,第二个词是N,第三个词是V/A,第三个词在语义上是第一个词发出的动作所产生的结果,所以它们更像"打头破"一类结构。那么,它们究竟是不是述补结构呢?我们可以用下面的例句来加以对比:

㊴孔子穷乎陈、蔡之间,藜羹不斟,七日不尝粒,昼寝。颜回索米,得而爨之,几熟。(《吕氏春秋·任数》)

㊵熬菱芰一参,令黄,以淳酒半斗煮之,三沸,止。(《马王堆汉墓帛书·五十二病方·干瘙方》)

例㊴㊵的结构显然不是述补结构,而是和"射之,V"完全一样,应该读作"爨之,(米)几熟""煮之,(药)三沸"。对比之下,例㊱㊲也不是述补结构,而应该读作"胹熊蹯,(熊蹯)不熟""煎之,(药)沸"。例㊳也应读作"熏直,(直)热"。如果"熏直热"是述补结构,那么,下文"寒,则下之"就无法解释,因为述补结构的补语是不能拆开来单独用的,不会有这样的句子:*"吹门开,则入;闭,则出。"

可见,判断什么是述补结构,不能不重视语义,但也不能单凭语义,必须把语义和语法结合起来考虑。不重视语义,就会仅仅根据结构上的相似把"打头破"和"使吕相绝秦"都看作兼语式;只根据语义,又会忽略结构上的差异,而把"煎之沸"和"打头破"都看作述补结构。

先秦还有一些很像后代的分用式述补结构的形式,如:

㊶鬼侯有子而好,故入之于纣。纣以为恶,醢鬼侯。鄂侯争之急,辨之疾,故脯鄂侯。(《战国策·赵策》)

看起来,"急""疾"的语义是指向"争""辨"的,译成现代汉语应该说"争辩这件事情争辩得很急",似乎"急""疾"是"争""辨"的补语。但是多看一些例句,就会看到,这是用后代的语感来理解先秦的语法结构。

㊷为之难,言之得无讱乎?(《论语·颜渊》)

㊸其言之不怍,则为之也难。(《论语·宪问》)

㊹其藏之也周,其用之也遍,则冬无愆阳,夏无伏阴,春无凄风,秋无苦雨,雷出不震,无灾霜雹,疠疾不降,民不夭札。(《左传·昭公四年》)

例㊷的"难"似乎是指向"为"的,"讱"似乎是指向"言"的。但对比例㊸,可以很清楚地看出,"为之"和"难"中间被表示停顿的语气词"也"隔开,"难"只能是"为之"的谓语;因此也可以判断,"不怍"是"言之"的谓语。回过来看例㊷的"难"和"讱",也应是句子的谓语。例㊹也很清楚地说明"周"和"遍"是"藏之"和"用之"的谓语。这些例句说明先秦的"V+之+A"是以"V之"为主语,"A"为谓语的结构,例㊶的"争之急,辨之疾"也应这样分析。

(三)从汉语的历史发展来看,"打头破"这一类述补结构只能在魏晋南北朝时期产生。

何乐士(1984)介绍了《史记》中用作补语的 27 个动词,说"这些动词大都含有比较消极的意义,表示战争或刑罚、灾难的结果等"。虽然她所说的《史记》中的述补结构在我看来仍然是连动结构,但如果把她对充当补语的动词意义的归纳放到魏晋南北朝时期来说,那是完全合适的。这也不奇怪:因为魏晋南北朝时期的述补结构正是从《史记》中的这些连动结构发展来的。《史记》中的这些连动结构的后一动词,到魏晋南北朝时期就成了补语。这些动词最常见的有以下一些:破、败、伤、折、断、绝、碎、坏、落、堕。

这些"含有比较消极的意义,表示战争或刑罚、灾难的结果等"的动词,在汉语史上是怎样用的?或者,从语义表达的角度说,"在战争、刑罚、灾难中,某一个动作施加于对象并产生了消极的结果"这样一种语义,在汉语史上用什么语言形式表达?这可以分为三个阶段。

1. 先秦

用"V+N"的形式。这里的"V"代表上面所说的这一类动词。因为动词数量很多,情况比较复杂,我们不想对汉语史上动词的使用情况做普遍性的概括,所以把讨论的范围限定在上面所说的这一类动词之内。这一类动词都是表示状态的不及物动词,但在先秦时又都可以用作使动,所以可以带宾语。这种"V+N"的特点,就是只用V的使动表示某个动作使对象产生了某种状态,但没有说出究竟是什么动作导致这种状态(结果)。以"破"为例,在先秦的文献中,最常见的就是"破+N",而很少同时说出造成"破"的是什么动作。据不完全的统计,在先秦诸子和《左传》《国语》《战国策》中,这种"破+N"共有110多例。同时说出造成"破"的是什么动作的,总共只有《战国策》中的4例:

㊺燕攻齐,齐破。(《战国策·齐策》)

㊻燕因使乐毅大起兵伐齐,破之。(《战国策·燕策》)

㊼齐因起兵击魏,大破之马陵。(《战国策·齐策》)

㊽秦始皇(鲍本作"秦昭王")尝使使者遗君王后玉连环,

曰:"齐多知,而解此环不?"君王后以示群臣,群臣不知解。君王后边引椎椎破之,谢秦使曰:"谨以解矣。"(《战国策·齐策》)

用状态动词或形容词的使动来兼表动作及其结果,而很少把动作和结果同时说出来,这是先秦汉语的一个显著特点。所以,"V+破+N"只有罕见的一例(椎破之),而"V+N+破"在先秦没有出现,也不可能出现。

2. 汉代

在《史记》中这一类动词仍然用作使动,构成"V+N"的形式,共365例。但同时,在很多句子中,导致这种结果的动词常常同时出现,"V(N),破之"的形式比《战国策》大大增加,共110余例,如:

㊾楚击汉军,大破之。(《项羽本纪》)

㊿项王东击,破之,走彭越。(《高祖本纪》)

(51)章邯击,大破之。(《陈涉世家》)

也有"V而破N"(仅1例):

(52)亚父受玉斗,置之地,拔剑撞而破之。(《项羽本纪》)

而且出现了先秦极其少见的连动式"V破N",共50例,如:

(53)章邯击破之。(《陈涉世家》)

(54)旦日飨士卒,为击破沛公军!(《项羽本纪》)

(55)闻沛公已定关中,大怒,使黥布等攻破函谷关。(《项羽本纪》)

这里有一个有趣的对比:对于同一史实的叙述,《战国策》用"破",《史记》用"攻破"。这清楚地显示了《史记》的表达方式和《战国策》不同:

(56)齐田单以即墨破燕,杀骑劫。(《战国策·齐策》)

(57)襄王在莒五年，田单以即墨攻破燕军，迎襄王于莒，入临菑。(《史记·齐世家》)

值得注意的是：《史记》中使用“V破N”这种形式的，绝大部分是在秦以后史实的记载中，而在记载先秦的史实时，仍然用“破+N”的形式。只有在《齐世家》中有一例：

(58)田、鲍、高、栾氏相与谋庆氏。庆舍发甲围庆封宫，四家徒共击破之。

这件事在《左传》中是这样记载的：

(59)栾、高、陈、鲍之徒介庆氏之甲……卢蒲癸自后刺子之，王何以戈击之。(《左传·襄公二十八年》)

两相对照，可以看出，《史记》中的文字和《左传》相差甚远。可以推测：《史记》中记载先秦史实时用“破N”是司马迁参照了先秦的史籍，而《齐世家》中的“庆舍发甲围庆封宫，四家徒共击破之”是司马迁自己的语言。

为什么《史记》中已经有了相当多的“V+破+N”，但是我认为这仍是连动结构而不是述补结构呢？这是因为《史记》中同时有大量的“VN，破之”和“V而破N”存在，说明“V+破+N”中的“破”仍是使动用法。而且从下列例句看，“破”明显是动词，所以“V破”只能是连动，不能是述补：

(60)章邯遂击破杀周市等军，围临济。(《魏豹彭越列传》)

(61)汉将韩信与曹参破杀龙且。(《田儋列传》)

这个问题在我的《汉语动结式产生的时代》一文中已经说过，这里不细说。

尽管《史记》中还没有述补结构，但《史记》中改变了先秦那种基本上只用“V+N”的表达方式(只表示某个动作使对象产生了某种结果,而不说出究竟是什么动作导致这种结果),较多地用连动式"V_1+V_2+N"来表示动作及其导致的结果,这就为述补结构的出现准备了重要的条件。而且,尽管"V_1+V_2+N"中的"V_2(破)"仍然是个使动词,但它和先秦"V+N"中的"V"已有所不同:先秦"V+N"中的"V(破)"表达的是结果,但很明显是隐含着动作的。在《史记》中的"V_1+V_2+N"中,因为前面已经有了表示动作的"V_1",所以后面的"V_2(破)"隐含动作的成分已经减弱,它主要是表达结果(状态)。这也为"V_2(破)"发展为结果补语准备了条件。

3. 魏晋南北朝

和汉代相比,魏晋南北朝的一个重要发展是出现了"V_1+N+V_2"(如"打头破")这种格式。在这种格式中,动作和所造成的结果(状态)清楚地分开了:"打"是动作,"破"是状态;而且,"状态"是作为动作的结果和动作同时出现的,所以它不同于先秦的兼语式。

这种格式是在魏晋南北朝时期新出现的,在《史记》中没有见到。在《史记》中只有一处类似的结构,而且不是司马迁的手笔,而是褚少孙增补的:

㉒皆叩头,叩头且破,额血流地,色如死灰。(《滑稽列传》)

这里的动作"叩头"和状态"破"是分开的。但是两者中间还有个"且"字,这"且"字很重要,它说明"破"的状态没有和动作"叩"同时出现,因此从语法上看,它不是述补结构。这是汉代和魏晋南北朝时期一个很大的差别。

为什么"打头破"这种格式只能在魏晋南北朝出现,而不能在《史记》中出现?

这是因为,"打头破"中的"破"从语法上说是个不及物动词,从语义上说，它只表示状态，不表示动作。而《史记》中的"破"，主要用在宾语前面，是个及物动词（准确地说，是不及物动词"破"用作使动）。我们对《史记》中的"破"做了一个统计：《史记》中带宾语的"破"共422例（其中"破＋N"365例，"V 破＋N"50例，"破 V＋N"7例），不带宾语，而是用作谓语的"破"共66例，两者的比例是422∶66≈6.4∶1。从语义上看，"破＋N"中的"破"仍然和先秦一样，兼表动作和结果。"V＋破＋N"中的"破"，隐含动作的成分已经减弱，但毕竟还没有单纯表示结果，这从例⑩的"击破杀"三个动词并列可以很清楚地看出来。它为魏晋南北朝的"打头破"那样的把动作和结果（状态）分开表达准备了条件，但还没有走到那一步。"N＋破"的"破"都是"被破"的意思，是被动用法，仍是表示动作及其结果，而不是单纯表示状态。这从下面的例句中可以清楚地看出来：

㊿魏惠王兵数破于齐秦，国内空，日以削，恐，乃使使割河西之地献于秦以和。（《商君列传》）

单纯表示状态的"破"在《史记》中仅有一例，就是褚少孙增补的"叩头且破"。上面说过，"叩头且破"和魏晋南北朝的"打头破"还有距离。

到魏晋南北朝，不及物动词"破"的用例已大大增加。我们对《六度集经》《生经》《贤愚经》《杂宝藏经》《百喻经》《佛本行集经》六部佛典做了统计，其中带宾语的"破"和不带宾语的"破"的比例为137∶96≈1.4∶1。这些不带宾语的"破"有些已明显地不是表示动作，而是表示状态：

㊽饭食菜果，其美好者，先以供养其老父母；破败臭秽极不好者，便自食之。（元魏·慧觉等译《贤愚经》卷一）

而且,出现了做定语的"破",这种"破"也不是动作而是状态:

⑥⑤左捉破器,右持折杖,卑言求哀,从人乞丐。(元魏·慧觉等译《贤愚经》卷八)

更值得注意的是:从东汉末年开始,出现了一种"V_1+(O)+令/使+V_2"的形式,在魏晋南北朝也经常使用。如:

⑥⑥发,拨也,拨使开也。(《释名·释言语》)

⑥⑦饰,拭也,物秽者拭其上使明也。(《释名·释言语》)

⑥⑧檀,垣也,摩之令垣然平也。(《释名·释用器》)

⑥⑨脍,会也,细切肉令散……(《释名·释饮食》)

⑦⑩贮汁于盆中,搦黍令破,泻著瓮中。(《齐民要术·造神曲并酒》)

⑦①七日许,搦令破,漉去滓。(《齐民要术·笨曲并酒》)

⑦②打尊者音头令破,血流污面。(晋·僧伽提婆《中阿含经》卷三〇)

⑦③取彼罪人,嚼之令破,碎末如沙,然后食之。(元魏·菩提流支《正法念处经》卷一)

显然,这种形式中的"V_2"是表示状态,而且是和动作"V_1"分开表达的。这种形式的出现,清楚地表明在当时的语言运用中,"破"可以表示一种状态,和动作分开表达了。只有在这种背景下,"V+N+破"的结构才有可能出现。

在说明了"V_1+N+V_2(打头破)"这种结构的性质和它为什么只能在魏晋南北朝产生之后,我们再来看当时一种和它平行的结构"V_1+V_2+N(打破头)"。

这些结构表面上和汉代的"V_1+V_2+N"(如"击破沛公军")很相似,为什么说汉代的是连动式,而魏晋南北朝是动结式?这里的关键是：汉代的"V_2"是及物动词（准确地说，是不及物动词"破"等用作使动），所以和后面的"N"构成支配关系；而魏晋南北朝的"V_2"是不及物动词，它和后面的"N"不构成支配关系，而是"V_2"做"V_1"的补语，"V_1"和"N"构成支配关系。

为什么说汉代的"V_2"是不及物动词用作使动？这理由在上面已经讲了。为什么说魏晋南北朝的"V_2"是不及物动词？这一方面是因为在魏晋南北朝时期使动用法已经开始衰落，另一方面就是因为魏晋南北朝时期出现了"V_1+N+V_2"格式（如"打头破"），这种格式中的"V_2"只能是不及物动词。

有学者认为，汉代的连动结构"V_1+V_2+N"到魏晋南北朝时期重新分析为述补结构，是受了当时"V_1+N+V_2"式述补结构的感染。这样并不妥当，因为这样说的前提是认定"V_1+N+V_2"式述补结构的产生在"V_1+V_2+N"述补结构之前，但历史事实未必是这样，我们无法证明，先是"打头破"中的"破"自动词化了，然后影响到"打破头"中的"破"，使之成为自动词。正确的说法应该是这样：魏晋南北朝时期既有"V_1+V_2+N（打破头）"，又有"V_1+N+V_2（打头破）"（这是汉代没有，魏晋南北朝时期新出现的），这两种格式是相应的，两种格式中的"V_2（破）"词性应该相同。既然"V_1+N+V_2（打头破）"中的"V_2（破）"只能是不及物动词，那就证明了"V_1+V_2+N（打破头）"中的"V_2（破）"也是不及物动词。

所以，拿汉代和魏晋南北朝比较，"在战争、刑罚、灾难中，某一个动作施加于对象并产生了消极的结果"这样一种语义的表达，形式上很相似：都是用"V_1+V_2+N"的格式，但实质上并不相同。汉代在此格式中有 V_1 的存在，V_2 的动作意义已经减弱，但尽管如此，"V_2"仍然兼表动作和结果，从语法上说，它是连动式中的后一

493

动词。魏晋南北朝的"V_2"单纯表示结果,在语法上是补语;而且表示结果的"V_2"可以在"V_1+V_2+N(打破头)"和"V_1+N+V_2(打头破)"两种格式中出现。也就是说,用什么语法手段表达动作和结果这两个概念,汉代和魏晋南北朝并不相同,而这正是语法史研究所要注意的问题。

(四)"V_1+N+V_2(打头破)"这一类的述补结构产生的途径是什么?

既然"V_1+N+V_2(打头破)"这一类的述补结构是一种新产生的语法格式,那么,这种格式是怎样产生的? 有两种可能的途径。

1. 如果"V_1+N+V_2"中的 V_2 是一个不及物动词,像"打头破"中的"破"那样,那么,它的形成途径应该是:

a."$V_1+N,N+V_2$"—b."$V_1+N,(N+)V_2$"—c."V_1+N+V_2"

例如:

a."攻齐,齐破"(《战国策》)—b."叩头(头)且破"(《史记》)—c."打头破"(《百喻经》)

从 a 到 b,后面不及物动词的主语 N 因为和前面的 N 相同而省去,这是完全可能的。我们在《左传》中就看到不少"射之,死"之类的形式。从 b 到 c,再去掉"V_1+N"和"V_2"之间的停顿,这也是完全可能的,《孟子》的"助之长"会给这种变化一定的影响。当然,必须指出,a—b—c 不是同一时代的句式变换,而是不同时代的历史演变,在这漫长的历史演变中,不仅仅有句子成分和停顿的减省,而且有结构性质的变化。这就是前面反复强调的:虽然 a、b、c 中的"破"都是前面动词造成的结果,但在 a、b 中,结果和动作不是同时出现的,而在 c 中,结果和动作必须是同时出现的。如果结果和动作不是同时出现的,即使像《孟子》的"助之长"那样,表面上也是"V_1+N+V_2",但仍是兼语式,只有结果和动作是同时出现的,如《百喻经》的"打头破",才是分用式的述补结构。

2. 如果"V_1+N+V_2"中的 V_2 是一个及物动词,像"啄雌鸽杀"的"杀"那样,那么,它的形成途径应该是:

a."$V_1+N,V_2+之$"—b."$V_1+N,V_2(+之)$"—c."V_1+N+V_2"

a 的例子如:

⑭自门间射阳越,杀之。(《左传·定公八年》)

⑮以杖打父杀之。(元魏·慧觉等译《贤愚经》卷一〇)

b 的例子有:

⑯不识恩者欲以大石打龟头杀。诸商人言:"我等蒙龟济难活命,杀之不祥。"(元魏·吉迦夜共昙曜译《杂宝藏经》卷三)

⑰阿阇世王闻,极大瞋恚,即以剑轮斩腰而杀……阿阇世王斩其腰杀。(元魏·吉迦夜共昙曜译《杂宝藏经》卷五)

c 的例子就是《百喻经》的"啄雌鸽杀"。

需要说明的是:b 中的"N"和"杀"后省略的宾语不是同一个东西,虽然两者是有关系的。这是魏晋南北朝时一种特殊的句式,可以看作从 a 到 b 的过渡。这些例句主要是说明"V_2"后面宾语的省略不是我们的虚构,而是在历史上出现过的。同时,和上面一种演变途径一样,从 a 到 b 到 c,结构的性质是有变化的。"啄雌鸽杀"的"杀"语义和 a、b 中的"杀"不同(这一点前面已经说过),性质也从述语演变为补语。一种句式在历史演变过程中所发生的变化,表面上只是成分和停顿的减省,而实际上却有了语义和结构的不同(重新分析),这是语言发展中很常见的现象。

还需要讨论一个问题:"打头破"这种形式会不会也是通过第2种途径,由"V+N,破+之"省略了后面的"之"而来?《史记》中不是有许多"VN,破之"吗?我想不可能。因为,《史记》中的"VN,破之","破"和前面的"V"是同一主语发出的动作,而不是一种状态,所以,即使后面的宾语省略了,它也不可能表示"N"的状态,除非"破"也像"杀"一样发生语义变化。是的,很多研究者说过,魏晋南北朝产生了使动用法衰微的趋势,"破"也从常用作使动(兼表动作和结果)变为常用作不及物动词(表示状态),但这种表状态的"破"多出现在"V+N,N+破"这种形式里,所以"打头破"的由来还是属于第 1 种途径,而不是第 2 种。

二

下面讨论 B 类,即"还主人竟"之类的结构。先举一例,更多的例句将在下面列举。

⑱彼婆罗门诈捉草叶欲还主人,未远之间,入一沟壑,偃腹而卧,良久乃还,云:以草叶还主人竟。(元魏·吉迦夜共昙曜译《杂宝藏经》卷十)

这类结构,前面的"V_1+N"是述宾结构,后面的 V_2 是完成动词"已、毕、讫、竟、了"。这种形式我们不陌生。在此以前,《墨子》中就有"开门已";在此以后,敦煌变文中有很多"VO了"。这些前贤多有所论述,我们在这里只抄录一些唐以前的例句①,如:

⑲诸城门吏各入请钥,开门已,辄复上钥。(《墨子·号令》)

---

① 东汉以后的例句主要引自梅祖麟(1999)。

⑧0与之攻齐，攻齐已，魏为□国，重楚为□□□□重不在梁西矣。(《战国纵横家书·谓起贾章》)

⑧1丞相奏事毕。(《史记·张丞相列传》)

⑧2成就作佛已，当脱度十方天下人。(东汉·支娄迦谶译《道行般若经》)

⑧3闻是言已，恍惚不知其处。(东汉·支娄迦谶译《文殊师利问菩萨署经》)

⑧4公留我了矣，明府不能止。(《三国志·杨洪传》)

⑧5广敛母讫，果还入狱。(《后汉书·钟离意传》)

⑧6作数曲竟，抚琴曰……(《世说新语·伤逝》)

⑧7叙情既毕，便深自陈结。(《世说新语·言语》)

问题是：应当怎样来看待这些结构？

魏晋南北朝以前的这些结构应该是主谓结构，“V_1+N”是述宾结构做主语，“V_2”是谓语。这是没有问题的，不必细说。那么，魏晋南北朝的这些结构应该怎样分析呢？有的学者认为，这一类结构也不是述补结构，而是主谓结构。其理由是：在“V_1+N”和“V_2”之间可以插进副词，说明“V_2”是谓语。这种看法是有道理的。确实，我们看到魏晋南北朝时期的这样的一些例句，在这些完成动词前面都有副词：

⑧8言誓已竟，身即平复。(元魏·慧觉等译《贤愚经》卷一)

⑧9洗手既竟，次当咒愿。(元魏·慧觉等译《贤愚经》卷二)

⑨0作愿适竟，余处悉断。唯雨宫里，七日七夜。(元魏·慧觉等译《贤愚经》卷一三)

⑨1发言已讫，合境皆获自然之食。(元魏·慧觉等译《贤愚经》卷八)

㉜明教适毕,即捐国土,于此庐地树下,除须发著法服作沙门。(吴·康僧会译《六度集经》卷八)

㉝劝合众人供养众僧,偿罪已毕,复遭我世,蒙得过度。(元魏·慧觉等译《贤愚经》卷六)

㉞告下遍已,七日头到。(元魏·慧觉等译《贤愚经》卷八)

这说明魏晋南北朝的 B 类结构确实有继承先秦两汉的一面。

但是,也应该看到,从东汉到魏晋南北朝,这种结构也发生了新的变化。在拙作(2001)一文中说过,先秦到西汉的文献中,"已"都放在持续动词后面,可以说是表示"完结",即发生在一个时段中的动作过程的完结。而在东汉魏晋南北朝的佛典译文中,"已"可以放在非持续动词后面,可以说表示"完成"。因为非持续动词没有过程可言,"已"只能表示发生在一个时点的动作的完成。表示持续动词完结的"已"可以在前面加副词,在语法上可以说是做谓语。但表示非持续动词完成的"已"在前面不能加副词。如下列例句:

㉟觉已惊怖,向王说之。(元魏·慧觉等译《贤愚经》卷一)

㊱到竹林已,问诸比丘。(元魏·慧觉等译《贤愚经》卷四)

㊲舍是身已,当生梵天,长受快乐。(齐·求那毗地译《百喻经》)

㊳驼既死已,即剥其皮。(齐·求那毗地译《百喻经》)

我们无法想象"觉已""到竹林已""舍是身已""死已"的"已"前面加"适、方、既"等副词,因为这在语义上是不许可的。这种"已",我认为是受梵文"绝对动词"的影响,是表示"做完一事再做另一事,或某一情况出现后再出现另一情况"。在语法上,它只能是表示动相的补语。

受这种“已”的影响，魏晋南北朝有一些“讫/竟/毕”也可以用在非持续动词后面，表示“完成”。这种“讫/竟/毕”前面也不能加上副词。这样的例子不很多，但毕竟是有的。上述“还主人竟”就是一例。再举几个例子：

(99)余妇语曰：“汝不须言。汝夫状貌，正似株杌。若汝昼见，足使汝惊。”株杌妇闻，忆之在心。豫掩一灯，藏著屏处。伺夫卧讫，发灯来著。见其形体，甚用恐怖。（元魏·慧觉等译《贤愚经》卷二）

(100)食饱已讫，便命令坐，为其说法。（元魏·慧觉等译《贤愚经》卷七）

(101)王与夫人相可已讫，俱共来前。（元魏·慧觉等译《贤愚经》卷九）

(102)时驳足王即许之，言：“当取诸王，令满一千，与汝曹辈，以为宴会。”许之已讫，一一往取，闭著深山。（元魏·慧觉等译《贤愚经》卷一一）

(103)王博戏已，问诸臣言：“向者罪人。今何所在？我欲断决。”臣白王言：“随国法治，今已杀竟。”（元魏·慧觉等译《贤愚经》卷五）

(104)自伺大家一切卧竟，密开其户，于户曲内，敷净草座。（元魏·慧觉等译《贤愚经》卷五）

(105)尔时树神语太子言：“波婆伽梨是汝之贼，刺汝眼竟，持汝珠去。”（元魏·慧觉等译《贤愚经》卷九）

(106)太子闻语，而答之言：“若有此事。我能为之。”共相可竟，即往为守。（元魏·慧觉等译《贤愚经》卷九）

这种“已/讫/竟/毕”都只能看作动相补语。如果“已/讫/竟/

毕"前面是个述宾结构"V＋N"，那么整个"V＋N＋已/讫/竟/毕"是分用式的述补结构。

在后代的文献中，还可以看到"V＋讫/竟/毕＋N"这样的形式①。如：

⑩便以此夜诵竟之。(《冥报记》卷中)

⑱歌竟其一阕。(《宣室志·补遗》)

⑲循虎迹，十余里溪边，奴已食讫一半，其衣服及巾鞋皆迭折置于草上。(《太平广记·原化记》)

⑩圣王、景王二太子拜毕三王。(《前汉书平话续集》卷下)

"V＋竟＋N"很少见，"V＋讫＋N"在《元典章》里大量使用，"V＋毕＋N"在明清以后比较常用。这种"竟/讫/毕"只能看作动相补语，它们和"V＋N＋竟/讫/毕"中的"竟/讫/毕"性质是一样的。

从唐代开始，在"V＋N＋完成动词"格式中，"了"取代了"已/竟/讫/毕"的位置，形成了"V＋N＋了"，随后又演变为"V＋了＋N"，"了"成为一个动态助词。众所周知，动态助词"了"是经由"动词—动相补语—动态助词"这样一个过程发展来的。如果魏晋南北朝"V＋N＋竟/讫/毕"都是主谓结构，"竟/讫/毕"都是谓语动词而不是补语，那么，取代它们的"了"也就只能说是动词。从动词直接发展为动态助词，这不符合动态助词形成的规律。有的学者认为，魏晋南北朝的"V＋完成动词"应该看作动补结构的一种，"如果否认这类完成动词的补语资格，我们将难以解释完成体动词

---

① 例句引自石锓(2000)。

的产生过程"。① 这说得很对,尤其对非持续动词后面的完成动词来说,更是如此。但是,既然"到已"是述补结构,那么,为什么"到竹林已"就不是述补结构呢?难道这两个"已"的性质不一样吗?所以,从动态助词形成的过程来看,也应该说魏晋南北朝的"竟/讫/毕"至少有一些(放在非持续动词后面的一些)已经发展为补语。那么,魏晋南北朝由"V(非持续动词)+N+已/竟/讫/毕"构成的 B 式,就应该是分用式的述补结构。

三

C 类较简单,大家都认为这是能性的述补结构。这种述补结构最早的例子是:

⑪今壹受诏如此,且使妾摇手不得。(《汉书・外戚传》)

魏晋南北朝的例句如:

⑫各自唱言:"我能读解此之二偈。"及至龙边,读偈不得。(隋・阇那崛多译《佛本行集经》卷三七)

"不得"原是放在动词前面的助动词,为什么会移到动词后面呢?请看下面例句:

⑬先王之使其民,若御良马,轻任新节,欲走不得,故致千里。(《吕氏春秋・适威》)

⑭主父欲出不得,又不得食,探爵鷇而食之。(《史记・赵世家》)

这种结构的来源是"欲 V 而不得 V","不得"还是放在动词前

---

① 见吴福祥(1999)。

面的。但是,当后面一个动词因重复而删除,中间的"而"也删除,就成了"欲V不得",表示想做某事而不能。"想做某事"的意思可以用"欲"表示,也可以通过语境来表示,用后一种表示法,就成了"摇手不得",表示某种意愿不能实现。

这种"V+O+不得"的格式,到宋代宾语移到"不得"后面,变成"V不得O",如:

⑮禁止不得泪,忍管不得闷。(黄庭坚《卜算子》)

这种变化过程,在拙作(1995)中已经说过,这里不重复。这里所要说的是:拿"V不得O"和"V+O+不得"对比,那么,前者可以说是合用式的述补结构,后者可以说是分用式的述补结构。分用式的述补结构后来都统一为合用式的述补结构,这是汉语语法史的发展规律。如果说魏晋南北朝时期的"打头破"和"还主人竟"都不是分用式的述补结构,那么,分用式的述补结构就只有"V+O+不得"这一种,这种发展规律也就表现得不那么清楚了。

附带说一下,魏晋南北朝时期还有一种"V+O+得"的形式,这在本文第一部分已经提到过:

⑱比丘挽索,羂其手得,系著床脚。(吴·支谦译《撰集百缘经》卷三)

这里再补充一个例句:

⑯耆域白佛:此般特四月之中不能诵扫帚名得,行道放牛牧羊人皆诵得此偈。(姚秦·竺佛念译《出曜经》卷一九)

这种"V+N+得"中的"得"是动相补语,表示动作的完成,而不表示可能,所以这种结构不属于C类。它也不属于A、B和D类,是特殊的一类。因为数量很少,所以本文没有单列一类加以讨论。这里要讨论的是它的来源。在本文第一部分已经说过,这种较少见的"V+O+得"是较常见的"V+得+O"的变形。有没有另一种可能:这种"V+O+得"是由否定形式"V+O+不得"类推而来的?我想不可能。因为"V+O+不得"的"得"是表可能的,这种"V+O+得"的"得"是表实现的。表可能的"得"由上古的助动词"得"后移而来,表实现的"得"由上古的动词"得"虚化而来,两者的发展途径不一样。表可能的否定形式"V+O+不得"不能类推出表实现的肯定形式"V+O+得"。

四

D类不多见。下面大概是魏晋南北朝唯一的例子。

⑰寡妇哭城颓,此情非虚假。(《乐府诗集·懊侬歌》)东晋隆安初民谣

"哭城颓"无疑是分用式的述补结构。这类在魏晋南北朝也有相应的合用式,如:

⑱啼枯湘水竹,哭坏杞梁城。(庾信《拟咏怀》)

只不过"枯"是形容词而不是动词。

到唐五代,可以见到这样的例句:

⑲玘良圣妇,哭烈长城。(《敦煌变文·王昭君变文》)

⑳六宫送处皆垂泪,三殿辞时哭断肠。(《敦煌变文·欢喜国王缘》)

㉑余则为渠说,抚掌笑破口。(《祖堂集》卷四)

后来,这种分用式的述补结构消失了,合用式的述补结构继续存在。这和其他分用式的述补结构的发展是同一个趋势。直到现代汉语中,这种合用式的述补结构还很常见,如"哭湿了手绢""走

坏了两双鞋"之类。

要讨论的问题是:"哭城颓"(Vi＋O＋C)这种格式是怎么来的?既然"哭"是不及物动词,为什么能以"城"为宾语?合用式也有同样的问题:"啼枯"(Vi＋C)为什么能带宾语?

通常的回答是:"哭城颓"(Vi＋O＋C)是由"Vt＋O＋C"类推而产生的。但是,类推能不能使不合语法的形式(不及物动词带宾语)成为合语法的形式?我们知道,一种不合语法的形式要变成合语法的形式,要经过很长时间的语法演变。先秦的连动式"$V_1＋V_2＋N$"中,两个动词都必须是及物动词,Vi 插在"V_1-N"中间直接带宾语是不可能的。只有经过长期的语法化过程,原来在"V_1-N"中间的"V_2"由及物动词虚化为不及物动词,才出现在"V-O"之间可以插入不及物动词的语法地位,从而出现魏晋南北朝的"V＋C＋O"。说由类推就使得"哭"之类的不及物动词在"哭城颓"这样的格式里带宾语,恐怕有些简单。

那么,"哭城颓"(Vi＋O＋C)这种格式是怎么来的?《论衡》中的这些例句或许对我们有些启发:

⑫行事至诚,若邹衍之呼天而霜降,杞梁妻哭而城崩,何天气之不能动乎?(《论衡·变动》)

⑬夫以杞梁妻哭而城崩,襄子军有哭者乎?(《论衡·变动》)

⑭(女)然缟素而哭河,河流通,信哭城崩,固其宜也。(《论衡·变动》)①

例⑫⑬都是"哭而城崩","哭"是原因,"城崩"是结果,但"哭"

---

① 这几个例句是北京大学中文系胡敕瑞副教授提供的。

魏晋南北朝的"述宾补"式述补结构

和"城崩"还是作为两件事情来叙述的,中间有"而"隔开。例⑫的"哭城崩",中间"而"去掉了,形式上和庾信诗的"哭城颓"完全一样。但"哭城崩"和"哭而城崩"出现在《论衡》的同一篇文章里,而且《论衡》中还有"杞梁之妻哭而城崩"二见,"杞梁妻哭而城崩"一见,"此复一哭崩城"一见,所以我们不能说《论衡》中的"哭城崩"是"述+宾+补"式,它只是连动式"哭而城崩"的紧缩。但这种形式进一步发展,到魏晋南北朝时,随着"打头破"类"述宾补"式的形成和广泛使用,就重新分析为"述+宾+补"式的述补结构了。怎么知道《论衡》中的"信哭城崩,固其宜也"是紧缩的连动式,而东晋民谣的"寡妇哭城颓,此情非虚假"是分用式的述补结构?因为前者的"哭城崩"是两个事件,后者的"哭城颓"是一个事件。这从上下文的语义可以判断:前者说的是相信"哭—城崩"这种因果关系,后者说的是"此情",即能"哭城颓"这种感情。这也可以从结构上判断:前者可以插进"而",后者不能。而且,在《论衡》时代,不及物动词"哭"是不能带宾语的,所以"哭城崩"不可能是"述+宾+补"。只有到了魏晋南北朝,出现了"打破头"这种"Vt+Vi+O"的语法格式,稍晚还出现了例⑬"啼枯湘水竹,哭坏杞梁城"那种用"Vi+A/Vi"构成述补结构再带宾语的格式,说明不及物动词不能带宾语的规则已经打破,在这种大的语法背景下,"哭城颓"才有可能从连动式重新分析为"述+宾+补"式的述补结构。

从"哭(而)城崩"到"哭城颓",我们看到的是这样一个发展过程:"哭"和"城V"本来是两个先后发生的动作,"哭"和"城"不直接发生语义关系。但是后来两个动作凝缩成一个结构,原来的边界消失了,"城V"从一个独立发生的过程变成"哭"产生的结果,"哭"和"城"也就形成了某种语义联系。这过程和"叩头且破"发展

505

为"打头破"有点相似。当然,在这过程中,已有的"打头破"之类的述补结构对它也会有一些影响:要表示"打"这个动作使"头"产生"破"的结果,可以用"打头破";那么,要表达"哭"这个动作使"城"产生"颓"的结果,也可以用"哭城颓"。这也可以说是"类推"。我不否认这种类推作用,但是,我认为,光是类推,不可能使"Vt＋O＋C"中的"Vt"换成"Vi",必须先有"V(而)城崩"这样的句式,然后类推才能起作用,通过重新分析而使连动式变为"述宾补"式的述补结构。

至于"啼枯""哭裂"之类的结构,其产生的途径又有所不同。这种由不及物动词加上动作结果构成的形式早就有了,如:

㉕减食主父,百日而饿死。(《战国策·秦策》)

㉖就而握之,明日枯死。(《论衡·自然》)

只是它们还不是述补结构,更不能带宾语。这种形式凝固成述补结构和带宾语是在魏晋南北朝时期的事情,这应该说是受了当时日益增多的"Vt＋C＋O"式的述补结构的影响:因为"啼枯"之类也是表示动作及其结果,所以受"打破"之类的影响而形成了述补结构;既然是述补结构,作为一个整体,就可以带宾语。述补结构带宾语,并没有违反当时的语法规则。在这一点上,它是和"哭城颓"不同的。

五

以上我们论证了魏晋南北朝存在"动＋宾＋补"式的述补结构,并把它们分为A、B、C、D四种格式。这四种格式都有相应的"动＋补＋宾"式。

A.动+宾+补:打头破—动+补+宾:打破头

这一类是由不及物动词或形容词充当结果补语。两种格式都在魏晋南北朝产生,但来源不同。到宋代统一为后一种格式。

B.动+宾+补:还主人竟—动+补+宾:诵竟之

这一类是由完成动词充当动相补语。前一种格式产生在魏晋南北朝,做补语的主要是"已/竟/讫/毕";到唐代,用"了"做补语的大量出现。后一种格式产生在唐代,以"竟/讫/毕"做补语的例子不多;从晚唐五代开始产生了"V+了+O"式,"了"已由动相补语发展为动态助词。宋代以后,前一种格式逐渐消失。

C.动+宾+补:读偈不得—动+补+宾:禁止不得泪

这一类是用"不得"充当能性补语。前一种格式产生在东汉,后一种格式到宋代才产生。后来逐渐统一为后一种格式。

D.动+宾+补:哭城颓—动+补+宾:啼枯湘水竹

这一类动词是不及物动词,补语和A类一样,是结果补语。两种格式都在魏晋南北朝出现。后来统一为后一种格式。

从补语的性质来看,A、B、C、D四式的补语可分成三类:(1)结果补语:A和D式。(2)动相补语:B式。(3)否定的能性补语:C式。从历史发展来看,后来这些补语都从宾语后移到了宾语前。

前移的原因是什么?这需要各类分开讨论。

1.结果补语。结果补语的"动+宾+补"的词序,是符合认知的"像似原则"的:先是动作施加于某个物件,然后产生某种结果。而"动+补+宾"的词序,却是与符合认知的"像似原则"不一致的:不可能在动作施加于某个对象之前,就产生某种结果。那么,为什么这种符合认知的"像似原则"的"动+宾+补"式词序反而被那种与认知的"像似原则"不一致的"动+补+宾"式词序所取代了呢?

这和补语的虚化有关。在汉语中,如果句子的各个成分都是实词,其词序一般是按"像似原则"的顺序来排列的。(这里说的是"一般"。词序还和信息的焦点等因素有关,这里不能细说。)如连动式带宾语,总是先发生的动作在前,后发生的动作次之,动作的对象在最后;比如"击破沛公军",是先"击(之)",然后"破(之)",最后才是这两个动作的对象"沛公军"。兼语式也是这样,先是动作施加于对象,然后对象(兼语)发出另一个动作;比如"助苗长",先是动作"助",其次是对象"苗",最后才是"苗"产生的动作"长"。但是,如果句子中有虚词,情况就会比较复杂。比如,由"於/于"构成的介词结构,一般都放在动词的后面,而不按时间顺序排列。又如"尽食其肉"和"食尽其肉",两个"尽"的语义指向都是"其肉",但一个放在动词前面,一个放在动词后面。当然,这也可以从认知的角度解释:前一个"尽"是副词,副词说明用什么方式进行动作,所以在动词前面;后一个"尽"是补语,补语说明动作的结果,所以在动词后面出现。不过,从汉语史的事实来看,在魏晋南北朝以前只有"尽食",从魏晋南北朝开始才有"食尽"。为什么会这样?这就不能用直接用认知来解释,而只能从语言的演变来解释。可见,涉及虚词的问题,就需要较多地考虑到语言结构本身,至少要把认知的解释和语言结构本身的解释结合起来。现在回到"动+宾+补"式的述补结构后来统一为"动+补+宾"式的问题上来。在这里,补语的前移,显然与补语虚化程度的加深有关。吕叔湘(1944)在讨论动词后面的"得"、动结词(结果补语)和宾语的位置时,就已经指出:"由此可知此三者与动词之吸力,以'得'为最强,次则动结词,而宾语最弱。"又说,从历史上看,动结词超越宾语而前,"表示其依附动词之趋势之增盛,亦即其虚词化之程度之加深也"。历史上述补结构的产生和发展是一个过程,在这个过程中,补语的虚化程度是逐渐加深的。在开始时,补语的动词性还比较强,所以可以作为一个相对独立的句子成分,按照"像似原则"来组成句子,这就是"动+宾+补"式的述补结构。随着述补结构的发展,补语的虚化程度逐步加深,而它对动词的依附性也越来越强,所以,就逐渐前移而紧贴在动词后面了。当然,从认知的角度,也可以说"述语+补语"是一个"完形"(gestalt),是一个单一的心理意象,所以补语要和述语紧贴着。但这只能说明"述语+补语"的性质,而不能说明它为什么形成,不能说明为什么在历史上曾有过"动+宾+补"式的动结式,以及为什么这种"动+宾+补"式的动结式还保留在一些现代汉语的方言中。也就是说,"动+宾+补"式的动结式是符合认知的"像似原则"的,"动+补+宾"式的动结式是符合认知的"完形原则"的,但历史上为什么"像似原则"会被"完形原则"取代,现代方言中为什么"像似原则"会和"完形原则"并存,这些还要结合语言的演变来加以解释。

2. 动相补语。准确地说,如果就"动+宾+已/竟/讫/毕"而言,这种格式并没有被"动+已/竟/讫/毕+宾"取代,因为后代的"动+已/竟/讫/毕+宾"只有少数例子,不是语言演变的主流。"动+宾+已/竟/讫/毕"的历史演变是:"已/竟/讫/毕"被"了"取代,形成"动+宾+了",然后变为"动+了+宾","了"发展为动态助词。这个问题学界已讨论得很多,无须赘述。这里要讨论的问题是,"动+宾+已/竟/讫/毕/了"这种格式,是符合认知的"像似原则"的:先说"动+宾"这样一个事件,然后说这个事件已经完毕。那么,"动+宾+了"为什么会被"动+了+宾"取代呢?其原因和结果补语一样,是"了"的逐步虚化,使它和动词贴近。当"了"演变成动态助词之后,它既然是表示动词的"体"的,当然要紧贴在动词后面,这更是符合"完形原则"。但从"动+宾+了"到"动+了+宾"的演变过程,还应当结合整个语言系统的变化细致地加以说明。

3. 否定的能性补语。"动+宾+不得",也是符合"像似原则"的:想做某件事,但没有可能。所以"动+宾"在前,"不得"在后。当然,上古汉语的表达法"不得+动+宾"也是符合"像似原则"的。倒是后来通行的"动+不得+宾"难以用"像似原则"说明。为什么后来统一于这种"动+不得+宾"的格式呢?答案还是:"不得"逐步虚化,所以要贴近动词。但"不得"从宾语后面移到宾语前面从而贴近动词,显然还有一个重要因素:受到"动+得+宾"的类化。这个问题学界也已讨论得很多,无须赘述。不过这再一次告诉我们:在讨论语言演变的机制和动因的时候,从认知角度考虑可以扩大我们的视野,但它不能代替对语言系统本身的诸因素相互关系的考察;这两者应该很好地结合起来。

参考文献

曹广顺　2000　《试论汉语动态助词的形成过程》,《汉语史研究集刊》第二辑。
何乐士　1984　《史记语法特点研究》,《两汉汉语研究》,山东教育出版社。
黄伯荣主编　1996　《汉语方言语法类编》,青岛出版社。
蒋绍愚　1994　《近代汉语研究概况》,北京大学出版社。
蒋绍愚　1995　《内部构拟法在近代汉语语法研究中的运用》,《中国语文》第3期。
蒋绍愚　1999　《汉语动结式产生的时代》,《国学研究》第六卷。
蒋绍愚　2001　《〈世说新语〉〈齐民要术〉〈洛阳伽蓝记〉〈贤愚经〉〈杂宝藏经〉中的"已""竟""讫""毕"》,《语言研究》第1期。
梁银峰　2001　《先秦汉语的新兼语式——兼谈结果补语的来源》,《中国语文》第4期。

刘承慧　1999　《试论使成式的来源及其成因》,《国学研究》第六卷。
刘承慧　2002　《汉语动补结构历史发展》,瀚芦图书出版有限公司。
吕叔湘　1944　《与动词后"得"与"不"有关之词序问题》,《汉语语法论文集》,商务印书馆,1984。
梅祖麟　1991　《从汉代的"动杀"和"动死"来看动补结构的发展》,《语言学论丛》第16辑。
梅祖麟　1999　《先秦两汉的一种完成貌句式》,《中国语文》第4期。
石　锓　2000　《浅谈助词"了"语法化过程中的几个问题》,《汉语史研究集刊》第二辑。
宋绍年　1994　《汉语结果补语式的起源再探讨》,《古汉语研究》第2期。
太田辰夫　1958/1987　《中国语历史文法》,蒋绍愚、徐昌华译,北大出版社。
王　力　1958　《汉语史稿》,科学出版社。
魏培泉　2001　《说中古汉语的使成结构》,《史语所集刊》71本第四分。
吴福祥　1999　《试论现代汉语动补结构的来源》,《汉语现状与历史的研究》,中国社会科学出版社。
吴福祥　2000　《关于动补结构"V死O"的来源》,《古汉语研究》第3期。
杨伯峻、何乐士　1992　《古汉语语法及其发展》,语文出版社。
张显成　1994　《从简帛文献看使成式的形成》,《古汉语研究》第1期。
赵长才　2002　《能性述补结构否定形式"V(O)不得"和"V不得(O)"的产生和发展》,《汉语史研究集刊》第五辑。
志村良治　1964　《中国中世语法史研究》,三冬社。江蓝生、白维国译,中华书局,1995。
周迟明　1958　《汉语的使动性复式动词》,《文史哲》第4期。

　　　　　　　　(原载《国学研究》第十二卷,2003年12月)

《世说新语》《齐民要术》《洛阳伽蓝记》《贤愚经》《百喻经》中的"已""竟""讫""毕"

在谈到动词语缀"了"的来源时,人们常常说到"已""竟""讫""毕",认为它们都是完成动词,可以构成"V+(O)+CV"的格式,后来被"了"代替,成为"V+(O)+了"。但是,"已""竟""讫""毕"的性质是否完全一样?本文根据《世说新语》《齐民要术》《洛阳伽蓝记》《贤愚经》《百喻经》五部书中的材料来讨论这个问题。

一、"已""竟""讫""毕"的不同。

(一)出现频率的不同。在上述五部书中,这四个词出现的频率很不一样。见下表:[只统计处在"V+(O)+X"格式中的次数]

	已	竟	讫	毕
世说新语	0	15	5	21
齐民要术	0	3	102	13
洛阳伽蓝记	0	0	3	0
贤愚经	296	70	90	4
百喻经	43	4	1	0

(《贤愚经》中的296次"已"包括"竟已"1次,"讫已"5次,"毕已"2次。70次"竟"包括"毕竟"2次,"讫竟"2次。90次"讫"包括"毕讫"15次,"讫已"5次,"讫竟"2次。《百喻经》的统计方法同,数字不一一说明。)

显然,在汉译佛典中"已"用得很多,在中土文献中"已"用得很

《世说新语》《齐民要术》《洛阳伽蓝记》《贤愚经》《百喻经》中的"已""竟""讫""毕"

少。在我们调查过的三部中土文献中,《世说新语》这样比较接近口语的作品中没有"已",《齐民要术》这样篇幅较大的作品中没有"已",《洛阳伽蓝记》是一部关于佛教的书,但不是佛典的翻译,而是中土人士的著作。这是一个很明显的差别。

(二) 更重要的是用法的差别。

1. "竟""讫""毕"前面可以加时间副词。如:

①作愿适竟,余处悉断。唯雨宫里,七日七夜。(贤十三 64)

②行食与佛并僧遍讫,食乃还下,各在其前。(贤二 14)

③帝甚不平,食未毕,便丢。(世 汰侈)

"已"前面一般不能加副词("不已"是"不停止"的意思,不是这里讨论的"已"),如果有副词必须放在动词前。这说明"已"的性质已经不是做谓语的动词。如:

④既闻是已,复心念难。(贤十二 57)

又如下面所引例㉓㉜㉝㊱。

也有少数例外,见下文例㊽。

2. "竟""讫""毕"可以用在一个句子的终了,后面不再接另一小句。如:

一人观瓶,而作是言:"待我看讫。"如是渐冉,乃至日没,观瓶不已。(百 50)

"已"或是用在一个小句之末,后面再接另一小句,或者用在句中,后面再跟一个动词词组。(例见下)而未见用在一个句子的终了,后面不再接另一小句的用法。

3. "竟""讫""毕"前面的动词必须是可持续的动词;如果前面是一个动词词组,则是表示一个持续的动作。如:

⑤言誓已竟,身即平复。(贤一7)

⑥洗手既竟,次当咒愿。(贤二14)

⑦众僧食讫,重为其蛇广为说法。(贤三18)

⑧发言已讫,合境皆获自然之食。(贤八39)

⑨到作礼毕,共白之言。(贤一1)

也有少数例外,详见下文例㊾—㊺。

"已"前面的动词(动词词组)也可以是可持续的动词,但也有很多是不可持续的瞬间动词、状态动词。用得最多的是"见(O)已""闻(O)已"。其他如:

⑩夜叉得已,于高座上众会之中取而食之。(贤一1)

⑪得王教已,忧愁愦愦,无复方计。(贤三15)

⑫觉已惊怖,向王说之。(贤一2)

⑬蒙佛可已,于时金财即剃须发,身著袈裟,便成沙弥。(贤二9)

⑭其儿生已,家内自然天雨众华,积满舍内。(贤二10)

⑮其一山上,有柔软之草,肥瘦甘美,以俟畜生。须者往噉,饱已情欢。(贤二14)

⑯散阇起已,泣泪而言。(贤三21)

⑰我成佛已,自调其心,亦当调伏一切众生。(贤三21)

⑱城南泉水,取用作墼。其墼成已,皆成黄金。(贤十一52)

⑲城西泉水,取用作墼。墼成就已,变成为银。(贤十一52)

⑳急疾还家,到已问婢大家所在。(贤四22)

㉑到竹林已,问诸比丘。(贤四23)

㉒至佛所已,即言:"瞿昙沙门及诸弟子,当受我请,明日舍食。"(贤四22)

《世说新语》《齐民要术》《洛阳伽蓝记》《贤愚经》《百喻经》中的"已""竟""讫""毕"

㉓既取肉已,合诸药草,煮以为羹,送疾比丘。(贤四 22)

㉔欲求善法,除佛法已,更无胜故。(贤四 23)

㉕舍此头已,檀便满具。(贤六 31)

㉖施七宝床,让之令坐。坐已具食,种种美味。(贤八 40)

㉗值一木工口衔斫斤,褰衣垂越。时檀腻羇问彼人曰:"何处可渡?"应声答处,其口开已,斫斤堕水。(贤十一 53)

㉘是王舍城王大健斗将。以猛勇故,身处前锋,或以刀剑矛稍伤克物命,故受此报。于是死已,堕大地狱,受苦长久。(贤四 23)

㉙阿难灭已,此耶贳羇奉持佛法,游化世间。(贤十三 67)

㉚我灭度已,一百岁中,此婆罗门,而当深化。(贤十三 67)

㉛舍是身已,当生梵天,长受快乐。(百 29)

㉜驼既死已,即剥其皮。(百 42)

㉝彼既来已,愁其如是,复捉其人所按之脚,寻复打折。(百 53)

㉞时树上人至天明已,见此群贼死在树下,诈以刀箭斫射死尸,收其鞍马,驱向彼国。(百 65)

㉟尔时远人既受敕已,坚强其意,向师子所。(百 65)

㊱既捉之已,老母即便舍熊而走。(百 93)

"已"和"讫""竟""毕"的这种差别值得注意。"讫""竟""毕"都是"决定动词",表示一个动作过程的结束,它们前面必须是持续动词,这是由它们的意义特点决定的,"V/讫/竟/毕"都可以翻译成现代汉语的"完"。"已"本来和"讫""竟""毕"一样,根据它的语义特点,前面也应该是持续动词。但是在上述例句中,我们看到有"死

515

已""觉已""成已""至天明已"等说法,"已"前面不是持续动词,"死已""觉已""成已""至天明已"不能读作"死完""觉完""成完""至天明完",这说明"已"的性质已经和"讫""竟""毕"不一样了,也和用在持续动词后的"已"不一样了。

二、这样,我们必须考虑"已"的性质。

有的学者如 Cheung, Samuel Hung-nin(张洪年)(1977)早已说过,"V+O+了"中的"了"是受梵文的影响而产生的。Harbsmeier, Christoph(何莫邪)(1989)也说,"V+O+已"中的"已"是受梵文的影响而产生的。辛岛静志(2000)说得更清楚,他说:

在汉译佛典里,在句末用"已"的例子十分常见。这种用法相当于现代汉语"看见了他就开始哭"的"了",是一种时态助词。例如:西晋竺法护译《正法华经》"五百亿百千梵天……适见佛已,寻时即往"(《大正藏》第九卷 90b16);"贤者阿难……心念此已,发愿乙密,即从座起,稽首佛足"(同97c29);"比丘尼见说此颂已,白世尊曰:'唯然,大圣!'"(同106c13)等等不胜枚举。但在佛典文献以外的中土文献里这种"已"的用例极为罕见,这一事实就使人联想到与原典有直接关系。在梵汉对比时,我们就发现这种"已"大多数与梵语的绝对分词(或叫独立式;Absolutive, Gerund)相对应。上面所举的"适见(佛)已"与梵语 dṛṣṭvā(H. Kern and B. Nanjio, *Sanddharmapuṇḍarīka*, St, Pertersburg 1980—12 [*Bibliotheca.-Budaahica X*]第 169 页,第 3 行)相对应;"念(此)已"与 cintaitvā(同 215.2)相对应;"说(此颂)已"与 bhāṣitvā(同 270.5)相对应。在梵语里绝对分词一般表示同一行为者

《世说新语》《齐民要术》《洛阳伽蓝记》《贤愚经》《百喻经》中的"已""竟""讫""毕"

所做的两个行为的第一个("……了以后"),相当于汉译佛典的"已"。

这种看法用来解释"死已""觉已""成已""至天明已"的"已"很合适。既然这种"已"是用来翻译梵文的绝对分词的,而绝对分词是表示同一行为者所做的两个行为的第一个"了……以后",那么,用"死已""觉已""成已""至天明已"来表示"死了以后""觉了以后""成了以后""到天亮了以后",就很顺理成章;也就是说这种"已"前面的动词可以是非持续动词。"已"的另两个特点也可以由此得到说明:这种"已"是用来翻译梵文的绝对分词的,所以后面必须再跟一个动词词组或一个小句;它不是汉语中原有的完成动词,所以前面不能加副词。只是辛岛说"已"是"一种时态助词",似乎不妥。

不过当时的佛典译者也不会用汉语中一个毫不相干的词来翻译梵文的"绝对分词"的。梅祖麟先生(1999)曾指出战国末期就有"V(O)已",如《战国纵横家书》中的"攻齐已,魏为□国,重楚为□□□重不在梁(梁)西矣"是个完成动词。他还举出西汉的若干例子,如《史记·龟策列传》:"钻中已,又灼龟首。"钟兆华(1955)还举出《墨子·号令》中的一例:"开门已,辄复上爇。"我们检查这些例句,看到"已"前面的动词都是持续动词。关于东汉到魏晋南北朝的完成动词,梅先生说,东汉多用"已",用"讫、毕、竟"的不多,南北朝"已、讫、毕、竟"并用。文中都举了一些例子。我们看到,这些例子中的"已"前面绝大多数也是持续动词,这些"已"和"讫、毕、竟"是可以通用的。也有一些例子(东汉4例,南北朝1例;东汉4例见下)中"已"前是非持续动词,但都是在佛典译文中。现将这6例抄录在下面:

㊲是菩萨摩诃萨于梦中觉已,若见城郭火起时,便作是

517

念。(支娄迦谶译《道行般若经》)

㊳成就作佛已,当度脱十方天下人。(支娄迦谶译《道行般若经》)

㊴既闻经已,无有狐疑大如毛发。(支娄迦谶译《道行般若经》)

㊵闻是言已,恍惚不知其处。(支娄迦谶译《文殊师利问菩萨署经》)

㊶佛饭去已,迦叶念曰……(竺昙果共康孟祥译《中本起经》)

㊷诸比丘从如来闻已,便当受持。(僧迦菩提译《增壹阿含经》)

在本文所调查的《贤愚经》《百喻经》中,也有一些"已"前面是持续动词,"已"可以和"讫""毕""竟"通用。如:

㊸作是语已,寻时平复。(贤一1)

作是语竟,飞还山中。(贤十一52)

㊹佛说此已,诸在会者,信敬欢喜,顶受奉行。(贤一6)

佛说法讫,举国男女得度者众,不可称计。(贤六34)

㊺语已辞还所止。(贤四22)

导师语竟,气绝命终。(贤九42)

㊻供养已,即便过去。(贤六34)

供养毕讫,即时过去。(贤六34)

㊼食已,徐问所以来意。(贤八40)

食讫,谈叙行路恤耗。(贤八40)

"已"前有副词的在《贤愚经》中仅有1例,这一例的"已"前就是持续动词:

㊽告下遍已,七日头到。(贤八40)

《世说新语》《齐民要术》《洛阳伽蓝记》《贤愚经》《百喻经》中的"已""竟""讫""毕"

这种完成动词"已"是和战国末期、西汉的"已"一脉相承的,是汉语原有的。它和梵文的"绝对分词"有相似之处:汉语原有的"V(O)已"的"已"表示动作的完成,梵文的"绝对分词"表示做完一事再做另一事,或某一情况出现后再出现另一情况。所以佛典译者用这个"已"来翻译梵文的"绝对分词"。

但两者毕竟不完全一样:"觉已""成已""死已""至天明已"的"已"原来在汉语中是不会有的。证据是:"攻齐已""钻中已"的"已"完全可以换成"竟""讫""毕",而"觉已""成已""死已""至天明已"的"已"不能换成"竟""讫""毕"。所以,魏晋南北朝的"V(O)已"的"已"应分为两部分:A. 一部分是"V_1+(O)+已"中的"已^1"(V_1是持续动词),这种"已"是在佛教传入前就已存在的、汉语中原有的"已"。B. 另一部分是"V_2+(O)+已"中的"已^2"(V_2是非持续动词),这种"已"是用来翻译梵文的"绝对分词"的。在佛典译文中,"已^2"用得比"已^1"多。在《贤愚经》中 296 个"已"中有 161 个"已^2",占 54.4%。在《百喻经》中,43 个"已"中有 40 个"已^2",占 93.0%。

这两种"已"在语法上应做不同的分析。从句子成分来说,两者都是补语,而且都是指动补语。从性质来说,"已^1"是动词(完成动词),"已^2"已高度虚化,只起语法作用,已经不能看作动词。从作用来说,"已^1"表示动作的完结;"已^2"本是梵文绝对分词的翻译,表示做了一件事再做另一事,或某一情况后出现另一情况,进入汉语后,也可以表示动作的完成。"完结"和"完成"仅一字之差,但在语法作用上是不一样的。"完结"表示一个动作过程的结束,所以前面必须是持续动词(吃完)。"完成"是一种体貌,表示动作或状态的实现,前面可以是非持续动词(死了),也可以是持续动词(吃了);在后一种情况下,正如梅祖麟先生(1994)所说,是"把这些动作动词的时间幅度压缩成一个点"。所以,"吃完"和"吃了"的"吃"不一样,"吃完"的"吃"表示一个时段,"吃了"的"吃"表示一个时点。这样,我们可以看到,"V+O+已"中的"已",在佛典传入并且有了汉译以后,有了一个很重要的变化。这种"已"原来是汉语固有的,它只能放在持续动词(或持续动词组成的词组)后面,表示动作的完结(即"已[1]")。佛典传入后,译经者用它来翻译梵文的"绝对分词"。"绝对分词"既可以放在持续动词后面,表示动作的完结,也可以放在非持续动词后面,表示动作的完成(或实现)。由于"完结"和"完成"相近,所以人们可以用汉语中固有的"已"("已[1]")来翻译梵文的绝对分词。但"完结"和"完成"毕竟还是有区别的,所以,在佛典译文中用"已"("已[1]")来翻译梵文的绝对分词之后,"已"的性质就起了变化,它产生了一种新的语法功能:表示动作的完成(或实现)。换句话说,就是产生了"已[2]"。这种功能是原来汉语所没有的,是受梵文的影响而产生的。但由于"已[2]"的频繁使用,它逐渐地"汉化"了,不但在佛典译文中使用,而且在口语中也使用。"已[2]"在口语中使用的历史情况还有待于进一步考察。据初步的印象,应该说初唐时期"已"已经是口语词了(见下)。

在《贤愚经》《百喻经》中,"竟""讫"也有少数放在非持续动词后面("毕"没有放在非持续动词后面的)。现将全部例句列在下面:

㊾余妇语曰:"汝不须言。汝夫状貌,正似株杌。若汝昼见,足使汝惊。"株杌妇闻,忆之在心。豫掩一灯,藏著屏处。伺夫卧讫,发灯来着。见其形体,甚用恐怖。(贤二 14)

㊿食饱已讫,便命令坐,为其说法。(贤七 37)

㊀王与夫人相可已讫,俱共来前。(贤九 42)

《世说新语》《齐民要术》《洛阳伽蓝记》《贤愚经》《百喻经》中的"已""竟""讫""毕"

㊷时驳足王即许之,言:"当取诸王,令满一千,与汝曹辈,以为宴会。"许之已讫,一一往取,闭著深山。(贤十一 52)

㊳王博戏已,问诸臣言:"向者罪人。今何所在?我欲断决。"臣白王言:"随国法治,今已杀竟。"(贤五 23)

㊴自伺大家一切卧竟,密开其户,于户曲内,敷净草座。(贤五 27)

㊵尔时树神语太子言:"波婆伽梨是汝之贼,刺汝眼竟,持汝珠去。"(贤九 42)

㊶太子闻语,而答之言:"若有此事。我能为之。"共相可竟,即往为守。(贤九 42)

《百喻经》中的"讫""竟""毕"没有用在非持续动词后面的。

上述八个例句,有几个例句单看"讫"前面的动词,应该说是非持续动词。但联系上下文看,说的还是一个持续的动作过程。如例㊽㊴的"卧讫""卧竟",相当于"睡着",指一个入睡过程的完成。例㊶㊶的"相可已讫""共相可竟",相当于"商量完毕"。例㊷的"许之已讫"指答应他的一番话说完了。真正特殊的用法只有例㊵㊳㊵三例。即使把八例都算上,也只占《贤愚经》160 个"讫""竟"的 5%。这和《贤愚经》中用于非持续动词之后的"已"占 50%以上的情况是大不相同的。这些"讫""竟"的特殊用法可以认为是受了"已"的影响。但这不妨碍我们前面对"已"和"讫""竟""毕"的区别的论断。

三、魏晋南北朝的"已"和后来的"了"有很密切的关系。所以,上述对"已"的看法,也会影响到对"了"的分析。

魏晋南北朝时期"已""竟""讫""毕"的分布大概持续到唐代。《游仙窟》中还是没有"已",只有"竟"(1 例)、"讫"(3 例)、"毕"(2

例)。也没有"了"。而《六祖坛经》中的"已"有7次,其中前面是非持续动词的4次:"闻已(2次)""悔已""得教授已"。已有"VO了"和"V了",其中1例是"闻了原自除迷"。这里有两点值得注意:(1)《六祖坛经》虽然是宣讲佛教教义的,但不是佛典译文,而是惠能讲说的记录,可见其中的"已²"已经是口语中用的词。(《游仙窟》中没有"已",可能和作者的个人风格有关。)(2)其中既有"闻已",又有"闻了"。"了"已经开始逐步代替"已"。

到晚唐,和佛教有关的文献中还有"已",但更多的是被"了"代替。

"V(O)了"中的"了"怎样分析?

梅祖麟先生(1994)说:《敦煌变文集》中"V了"的"了"有两种:

在下列句子中,"了"处在动作动词(偿、食、祭等)后面,是状态补语:

我是天女,见君行孝,天遣我借君偿债。今既偿了,不得久住。(变,887)

兵马既至江头,便须宴设兵士。官军食了,便即渡江。(变,20)

子胥祭了,发声大哭。(变,21)

在下列句子中,"了"处在成就动词(知、见、迷等)后面,是完成貌词尾:

王陵只是不知,若或王陵知了,星夜倍程入楚救其慈母。(变,44)

迷了,菩提多谏断。(变,521)

圣君才见了,流泪两三行。(变,772)

他说:"'知''见''迷'是没有时间幅度的成就动词,后面的

《世说新语》《齐民要术》《洛阳伽蓝记》《贤愚经》《百喻经》中的"已""竟""讫""毕"

'了'不能读作'完'义的状态补语,只能读作表示完成貌的词尾。"

他的术语和本文不同,但应该说,这两种"了"的区分和性质与本文所说的"已^1"和"已^2"是一脉相承的。据此,也可以把"了"分为"了^1"和"了^2"。〔注意:本文所说的"了^1"是指持续动词后面的"了","了^2"是指非持续动词后面的"了",和通常所说的现代汉语中的"了^1"(即完成貌词尾)和"了^2"(即句末语气词)不是一回事。〕

把"V 了^2"中的"了^2"看作完成貌词尾毫无问题。但是问题在于,这种"了^2"有时出现在宾语后面。如《祖堂集》:"又上大树望见江西了,云:'奈许是你婆。'"如果说"圣君才见了"的"了"是完成貌词尾,那么"望见江西了"的"了"又如何分析呢?

这种"了^2"在性质上是和"已^2"完全相同的。梅祖麟先生上述对"见了"的"了"的分析,完全可以用在"见已"的"已"上。那么,也就可以把"见已"的"已"看作完成貌词尾。但这遇到一个很大的困难:如果前面的动词带宾语,"已"永远是出现在宾语之后的。因此,尽管"已^2"不能读作"完"义的状态补语,但不能说"已^2"是表示完成貌的词尾。

反过来说,在分析"了"的时候,似乎也不能仅仅根据它"不能读作'完'义的状态补语",就断定它是完成貌的词尾。

吴福祥(1998)把"食了"的"了"叫作"结果补语",把"迷了""死了"的"了"叫作动相补语。他有他的术语。但根据赵元任(1979)的定义,这两种"了"应该都属于动相补语(phase complement)。我认为动相补语可以分两种:A. 表示完结。前面是持续动词。就是我前面所说的"已^1"和"了^1"。B. 表示完成。前面是非持续动词。就是我前面所说的"已^2"和"了^2"。

B类动相补语离完成貌词尾已经很近了,但它要发展成完成貌词尾还必须再跨进一步:紧贴在动词后面,即使出现宾语,也不被宾语隔开。所以,“见了”的“了”,只有到《敦煌变文集》“见了师兄便入来”这样的句子里才是完成貌词尾。“迷了”“死了”一般不带宾语(宋代才有“万秀娘死了丈夫”这样的例句),无法用这个方法检验。但语法发展是有规律性的,既然晚唐已出现了完成貌词尾“了”,我们可以认为,同时期和以后的“迷了”“死了”的“了”也发展成了完成貌词尾,而在此以前的“死了”还是动相补语。“死了”在《贤愚经》中有一例:

(57)王语彼人:“二俱不是。卿父已死,以檀腻羁与汝作公。”其人白王:“父已死了,我终不用此婆罗门以为父也。”(贤十一53,檀腻羁品第四十六)

这个“了”显然也是不能读作“完”义的状态补语,但如果据此就认为是完成貌词尾,说完成貌词尾在北魏时已经出现,那大概时间太早了吧。

在追溯完成貌词尾“了”的来源时,人们常常说,“了”的前身是“已”“讫”“竟”“毕”。但是根据上面的分析,更准确地说,“了”的前身只是“已”。所谓“完成貌词尾”,第一是说它表完成貌,第二是说它紧贴在动词后面。表完成这种语法功能不是从“了”才开始有的,我们所说的“已^{2}”就具备这种功能了(而“讫”“竟”“毕”却不具备这种功能),梅祖麟先生(1999)所举的东汉支娄迦谶等译经中的例句,也许是我们目前看到的最早的“已^{2}”。

后来“了”兴起并逐渐取代“已”,“了^{2}”也具备表完成貌的功能。但“V+O+已^{2}”和“V+O+了^{2}”中的“已^{2}”和“了^{2}”还都是被宾语隔开的,还不是词尾;只有到"V＋了＋O"出现后,汉语中才产生了完成貌词尾。

参考文献

梅祖麟　1981　《现代汉语完成貌句式和词尾的来源》,《语言研究》第 1 期。
梅祖麟　1994　《唐代、宋代共同语的语法和现代方言的语法》,《中国境内语言暨语言学》第二辑。
梅祖麟　1999　《先秦两汉的一种完成貌句式》,《中国语文》第 4 期。
吴福祥　1998　《重谈"动＋了＋宾"格式的来源和完成体助词"了"的产生》,《中国语文》第 6 期。
辛岛静志　2000　《汉译佛典的语言研究》,《文化的馈赠——汉学研究国际会议论文集》,北京大学出版社。
赵元任　1979　《汉语口语语法》,吕叔湘译,商务印书馆。
钟兆华　1955　《近代汉语完成态动词的历史沿革》,《语言研究》第 1 期。
Cheung, Samuel Hung-nin 1977 Perfective Particles in the Bian Wen Language. *Journal of Chinese Linguistics*. 5, 1. pp. 55-74.
Harbsmeier, Christoph 1989 The Classical Chinese Modal Particle yi, proceedings of the Second International Conference on Sinology, Section on Linguistics and Paleography, Taipei, Academia Sinica, pp. 475-504.

(原载《语言研究》2001 年第 1 期)

汉语"广义处置式"的来源

——兼论"词汇替换"

一　问题的提出

1.0 汉语处置式是一种十分复杂的句式,它经过了长期的历史发展,在历史上出现过的各种处置式所用的语法标记不同,结构形式和表达功能也不同。这些不同的处置式是否有同一来源？对此学者们持有不同的看法。

1.1 梅祖麟(1990)说:"处置式是一种多元性的句式,本身包括几个小类,而且从历时的角度看,产生的方式也是层层积累。"他把处置式分为三类:

(甲)双宾语结构　　VB+O_1+V(+于/与)+O_2

(乙)动词前后带其他成分

(丙)单纯动词居末位　　VB+O+V

他认为这三类产生的时间和产生的方法都不相同。

1.2 冯春田(2000)持另一种意见。他说:"用同一个处置介词的'将'或'把'字处置句式,认为它有两种以上的来源或形成途径,这是很有问题的。"他认为汉语处置式"是同一基本类型的处置式本身的嬗变"。

1.3 吴福祥(2003)赞同冯春田的这种意见,他把处置式的发展"一以贯之"。他说,"连动式＞工具式＞广义处置式＞狭义处置式＞致使义处置式"是一个连续发展过程。"连动式＞工具式＞广义处置式"是重新分析,连动式的前一动词虚化就成了表工具的介词,工具式重新分析就成为广义处置式。"以""持""将""捉""把"等都同时兼有表工具和表处置的用法,可见从工具式很容易重新分析为广义处置式。"广义处置式＞狭义处置式＞致使义处置式"是功能扩展,广义处置式中的动词是三价动词,狭义处置式中的动词是二价动词,致使义处置式中的动词是一价动词。动词从三价扩展到二价再到一价,处置式就从广义处置式到狭义处置式再到致使义处置式。

1.4 这个问题确实比较复杂。我认为,要弄清这个问题,需要对处置式不同的类别一类一类地做深入研究,弄清各类处置式的历史来源,然后才能对这个问题做出正确的回答。答案产生在研究之后,而不是产生在研究之前。处置式的类别也比较复杂,各人的分法不同。梅祖麟(1990)分为三类,吴福祥(1996)也分为三类,但类别和梅祖麟(1990)不同,他的三类是:

(1)广义处置式 即梅祖麟(1990)所说的"甲型处置式"。

(2)狭义处置式 即梅祖麟(1990)所说的"乙型处置式"和"丙型处置式"。

(3)致使义处置式 这类处置式在结构上,"去掉介词后,所剩的部分是可以独立的一般施事句";在语义上,"与由使役动词构成的兼语式语义相近"。

本文按照吴福祥(1996)的分类。其中"狭义处置式"的来源已讨论得比较多,"致使义处置式"的来源我原先曾做过讨论(见蒋绍愚 1999),但我自己也还觉得还没有完全弄清楚,这两类在此都不打算讨论,本文将集中讨论"广义处置式"(即梅祖麟1990所说的"甲型处置式")的来源。"广义处置式"有用"以"字做标记的和用"将/把"字做标记的两类,这两类是同一来源,还是不同来源?这是本文讨论的重点。

二 当代学者对"广义处置式"的讨论

2.0"广义处置式"的特点是处置式中有两个宾语。梅祖麟(1990)把这种处置式又分为三类:

(1)处置(给):把 O_1 给 O_2

(2)处置(作):把 O_1 当作 O_2

(3)处置(到):把 O_1 放到或放在某处

2.1最早谈到"广义处置式"的是太田辰夫(1958)。他在《中国语历史文法》第二部17.12"处置"一节中说"处置句可以分为六类",即:

(1)有两个宾语(直接、间接)的 这种处置句在古代汉语中也有,是用"以"来代替"把"的。

(2)表示认定、充当的 这种处置句古代汉语中也有,也用"以"。

(3)比较、比喻

(4)改变

(5)命名

(6)一般的处置句

上面所讲的(1)—(5)都是带两个宾语的,是有点特殊的东西。普通处置句不像这样带两个宾语,而是在动词后面带补语或后助动词,或者动词重复使用。

(太田辰夫《中国语历史文法》,修订译本,241—243页)

但他对这六类都只列举了例句,而没有详细讨论,更没有论述古代用"以"的处置句和后来用"将/把"的处置句之间的关系。

2.2 P. A. Bennett(1981)明确提出:古代汉语中的"以"字结构是把字句(处置式)的前身。他说:

古代汉语的"以"字结构可以用在双宾语结构中,可以放在动词前或动词后,如:

  教人以善。 尧以天下与舜。

"以"字结构也可以用来表示动作的工具,同样可以放在动词前或动词后。如:

  文王以民力为台。 杀人以梃与刃。

像"尧以天下与舜"这样的句子就和后来的处置式"尧把天下给舜"很接近。

在《史记》中,"以"字结构也可以用在双宾语结构中:

  良数以太公兵法说沛公。

到了《世说新语》中,出现了一种新的形式:用"以"字结构把宾语提前,而动词后面跟的是处所词:

  家人常以琴置灵床上。 以百钱挂杖头。

P. A. Bennett 的意见影响很大,学界一般都接受他的说法,把先秦的"以"字句看作最早的处置式。有的研究者还把《尚书·盘庚》"盘庚作,惟涉河以民迁"和"今予将试以汝迁,永建乃家"看作处置式。如果是这样的话,那么,处置式在中国最早的传世文献中就已经出现了。

2.3 陈初生(1983)认为金文中已经有"以"字处置式,而且认为这种处置式的词序"似是上承远古和上古前期的宾语前置而来",在前置宾语"加一个介词'以'为语法标志",就产生了"以"字处置式。他对后代的"将/把"字处置式是由连动式演变而来的看法表示怀疑,认为后来的"将/把"字处置式是在"以"字处置式的基础上,"随着语言的不断发展,介词的替换(当然不是简单替换)"而形成的。

2.4 关于通常所说的先秦的"以"字处置式及其和后代的"将/把"处置式的关系,有两个关键的问题,这在 P. A. Bennett(1981)中都没有解决好:

(1)先秦的"以"字句最常见的用法是表工具,这和通常所说的先秦的"以"字处置式是什么关系? 通常所说的先秦的"以"字处置式和后代的"将/把"字句究竟是不是同一种语法结构?

P. A. Bennett(1981)只说了"像'尧以天下与舜'这样的句子就和后来的处置式'尧把天下给舜'很接近",而没有明确说先秦的"以"字句和后代的"把"字句究竟是语义相似,还是结构相同。同时,他也说到了"'以'字结构也可以用来表示动作的工具",但没有说明表工具的"以"字句和表处置的"以"字句是什么关系。

(2)通常所说的先秦的"以"字处置式是怎样发展为后代的"将/把"字句的?

P. A. Bennett(1981)认为"把"字句的产生是重新分析(reanalysis)的结果。他认为,"把(将)"从表示"持"的动词虚化为表示工具的介词以及处置式中的宾语标志(object marker),都是不难理解的。"因为'把(将)'处在连动式中前一个动词的位置上,但后面那个动词在意义上比它重要;而正如洛德(C. Lord "Serial Verb in Transition"Studies in African Linguistics 4. 1973)所说'意义上不大重要的成分常常变得在句法上也不太重要',所以它虚化为表示工具的介词……而'把(将)'虚化为宾语标志,则是因为在这种句式中'把(将)'的宾语和后一个动词的宾语是同一个,后一个动词的宾语往往被删去,只保留前一个宾语;而'把(将)'又不如后一个动词重要,所以失去了实义而变为宾语的标志。"照他的这种说法,后代的"把/将"字句是由"把(将)"表示"持"义的连动式演变而来的,而不是从先秦的"以"字句发展而来的。

2.5 梅祖麟(1990)对"甲型处置式"做了进一步的研究。他把"甲型处置式"分为三类,把"处置(到)"出现的时间提前到《史记》,而且,在上述两个问题上做了明确的回答。

(1)他说:"先秦最常见的'以'字用法是作为介词引出工具语,意思是'用''拿'……处置(到)用'以'字把宾语提前,是一种新兴的语法功能。"又说:"处置(到)里'以'字的用法是从'用''拿'义的'以'字引申出来的……引出工具和引出受事这两种语法关系密切,前一种用法很容易转变成后一种用法。"这就是说,汉代表处置(到)的"以"字是从先秦表工具的"以"发展来的,发展的原因是"引出工具和引出受事这两种语法关系密切"。

(2)他在叙述处置式中介词的变化时说:"从先秦到隋代,处置(给)只有两种演变:一是'将''把''持'替代了'以'字,一是'给'义单音节动词复词化而变成'V 与'。""处置(作)……到了隋代,'将'开始替代'以'字。""到了隋代,处置(到)句式里'以''将'通用。"又说:"处置(给)、处置(作)、处置(到)这三种句式都是结构继承先秦、西汉,体现 V_B 的词汇前后不同。"那么词汇的变化又是怎样发生的呢?他说:"'以'字是介词,'将'开始是动词。在处置(给)、处置(作)、处置(到)三式里'以''将'通用的情况下,'将'字受到了

531

'以'字的沾染,就开始虚化为介词。"这是他对于"甲型处置式"从先秦的"以"字句到后代的"将/把"字句的演变过程的说明。至于"乙型处置式"和"丙型处置式",他认为另有来源。

2.6 冯春田(2000)对这两个问题也提出了自己的看法。他认为:"处置介词'以'同样是来源于动词'以'('用'义)的,它与表示工具的'以'其实是同一介词,只是由于句子语义关系的制约,才有表工具或表处置对象等的不同。""以"字句只限于处置"给""作""到"三类,"但汉语的处置句式在古代汉语里已基本形成"。后来的"将""捉""把""拿"等,"在一定程度上是汉语不同时期内处置介词的替换"。"进入唐代以后,'将'字处置句的语法意义扩大,突破了处置给、作、到的范围。"简言之,他认为所有的处置式都是由"以"字句发展来的,只是经过了处置介词的词汇替换和处置式的功能扩展。他不赞成"'将/把'为连动式前一动词虚化说",他说:"自上古到近代处置介词就有'以''将''捉''把''拿'等",如果说这些介词都由连动式前一动词虚化而来,"事实上似乎不可能这样一律"。

2.7 吴福祥(2003)的意见已见前述。他认为"连动式＞工具式＞广义处置式"是重新分析,连动式的前一动词虚化就成了表工具的介词,工具式重新分析就成为广义处置式。他说,很多汉语方言来自"执持"义的处置介词都可以同时用作工具介词,很多西非语言源自"take"义动词的功能词可以同时用作工具标记和受事标记,可见工具式很容易重新分析为广义处置式。至于从广义处置式发展为狭义处置式则是功能扩展的结果,广义处置式中的动词是三价动词,狭义处置式中的动词是二价动词,致使义处置式中的动词是一价动词。动词从三价扩展到二价再到一价,处置式就从广义处置式到狭义处置式再到致使义处置式。但他主要以"将"字句为例,没有太多地涉及从"以"字句到"将/把"字句的问题。

2.8 刘子瑜(2002)的看法和上述几位学者有较大的不同。她认为:

(1)表处置的"将"是由连动式直接虚化而来,中间并不存在一个由工具语—表处置的虚化过程。处置式语法化的途径是:1.首先在"动(将)+宾+动+处所语/处所介词组"中"将"虚化为介词,处置式萌芽。2."将"引出受事宾语的功能扩展,促使连动式"动(将)+宾$_1$+动+宾$_2$(之)"重新分析,产生"介(将)+宾$_1$+动+宾$_2$(之)"处置式。3."宾$_2$(之)"脱落。4."介(将)+宾$_1$+动"结构复杂化。

(2)"以"字结构不是处置式,"以"字结构与"将/把"处置式不是一种结构,无论是语法意义还是句法结构,二者都有相当大的差异。

语法意义上的差异是:

《孟子》里表"处置(给)""处置(到)"的"以"字结构中,"以"的宾语均为无生的事物,并且都是泛义宾语,是不定指的。

结构上的差异是:

A."以"字结构在动词前后的位置灵活,既可放在动词前,也可放在动词后,如:

陈子以时子之言告孟子。(孟子 103)

子路,人告之以有过,则喜。(孟子 82)

B."以"的宾语常常省略,如:

小人有母,皆尝小人之食矣,未尝君之羹,请以遗之。(左传 15)

C."以"的宾语可以前置,如:

君若以力,楚国方城以为城,汉水以为池,虽众,无所用之。(左传292)

D."以"字结构中不仅可以省略直接宾语,还能省略间接宾语,如:

明日,子路行,以告。(论语203)

E.有时连动词都可以省略,如:

书曰"崔氏",非其罪也;且告以族,不以名。(左传706)

这些特点一直保存到六朝和唐五代时期的"以"字句中,例如:

王获器喜,以赐小女。(六度46)

其心和悦,安详雅步,受其毁辱,不以为恨。(生经93)

两儿以惠人,宜急舍彼果可一相见。(六度9)

奉加载官,授以帝位。(六度18)

龙王见之,用一切故,勤劳入海,欲济穷士,即以珠与。(生经75)

赐之以七宝百珍,赏之以绫罗锦彩。(变774)

若在大臣,大臣中尊,教以正法。(变574)

就是汉代产生的"处置(到)",也有与之相应的"以"字结构置于动词之后的例子。如:

树吾墓上以梓,令可为器。(史记1472)

必树吾墓上以梓,令可以为器。(史记2180)

不仅如此,"以"的宾语仍然可以省略,同时,宾语的位置也可以居前,如:

臣曰:"斯杀不酷,唯以投大海中。"(六度28)

其城纵广四百八十里,皆以七宝作城,其城七重,其间皆

有七宝琦树,城上皆有七宝,罗縠缇缦以覆城上。(道行471)

上述学者的意见都使我们对处置式形成的途径和机制做进一步的思考,使处置式的研究更加深入。下面,我们在学者们研究的基础上,讨论"广义处置式"的来源。

三 "广义处置式"的来源

3.0 前面说过,"广义处置式"有两种:用"以"字做标记的和用"将/把"字做标记的。我认为,这两种句式不是同一来源。下面分别讨论。

3.1 先讨论用"以"字做标记的处置式。

3.1.1 首先,对这种句式的性质怎么看?

通常所说的"以"字处置式都是"广义处置式",包括"处置(给)""处置(作)""处置(到)"三种格式。其中"处置(作)"比较特殊①,这里暂不讨论。这里先讨论表"处置(给)"的"以"字句。这种格式中"以+N₁"是放在动词前面的,但是在古汉语中,同样是"给"类动词的"以"字句,"以+N₁"也有放在动词后面的。这一点,刘子瑜(2002)已经举了一些例子,并因此而认为"以"字结构不是处置式。冯春田(2000)虽然很明确地把表示处置"给""作""到"的"以"字句看作处置式,但他也说"处置介词'以'……与表示工具的'以'其实是同一介词",而且举出了一些相应的例句。如:

---

① 除了"致使义处置式"以外,早期处置式中的介词(包括"以"和"将""把"等)的语法作用都是引进动词的受事。但有不少"处置(作)"中"以"字的作用不是这样。如"以仲子为巨擘",不能说"以"的作用是引进"为"的受事"巨擘"。关于"以"字"处置(作)"的性质问题,刘子瑜(2002)也已谈到。

以其女妻伯比。(《左传·宣公四年》)

秦妻子围以宗女。(《史记·秦本纪》)

且饮食人以不洁净,小过也……人误以不洁净饮食人,人不知而食之耳。(《论衡·雷虚》)

我还可以补充一些例子:

庄公通焉,骤如崔氏,以崔子之冠赐人。(《左传·襄公二十五年》)

太子曰:"君赐我以偏衣、金玦,何也?"(《国语·晋语一》)

主不积务于兵者,以其国予人也。(《管子·参患》)

毋予人以壤,毋授人以财。(《管子·山至数》)

天子不能以天下与人。(《孟子·万章上》)

故君子之富也,与民以财,故士民乐之。(贾谊《新书·大政上》)

《论衡·雷虚》的例子最有启发。这是紧接着的两个小句,两句中有同样的动宾词组"饮食人",同样的介宾词组"以不洁净"。第一句"以不洁净"在"饮食人"之后,肯定是表工具的,"以"是表工具的介词,"不洁净"是动作"饮食"的工具。而第二句就是通常所说的"处置(给)"。为什么在第二句中"以不洁净"在"饮食人"之前,就不是表工具,"以"就不是表工具的介词,"不洁净"就不是动作"饮食"的工具了呢?应该说,介宾词组"以不洁净"在动词前和动词后有语用上的差别,但在表工具这一点上,是没有差别的。所以,通常所说的表"处置(给)"的"以"字句和工具式"以"字句实质上没有差别。

不过,这种"以"字结构放在"给"类动词前面的句子,如 P. A. Bennett(1981)所举的"尧以天下与舜",确实和后代的"将/把"处置式"尧把天下给舜"很相近,其中的"以"字也可以看作引进受事的。这本来是一种只在某种特定的语境中才有的用法(见下),但随着这种格式在语言中的长期使用,这种用法会逐渐凝固下来。到汉代,出现了"处置(到)""以"字句。和"处置(给)"相比,"处置(到)"有一点不同:句中的"以"字结构绝大多数在动词前面,而且不能移到动词后面去。这说明"处置(到)"中的"以"引进工具的作用减弱,而引进受事的作用加强了。但"以"字结构放在动词后面的例子也不是没有,而且也有"以"字放在动词前面,"以"的宾语省略的。如刘子瑜(2002)所举的例子:

  树吾墓上以梓,令可为器。(史记 1472)

  臣曰:"斯杀不酷,唯以投大海中。"(六度 28)

这是后代的"将/把"字处置式所不可能出现的形式,而恰恰是工具式"以"字句的特点。这说明表"复以弟子一人投河中"这类句子虽然处置性加强,但还保留一些工具式的特点,可以看作保留了从工具式演变为处置式的痕迹。

3.1.2 但这只是对"以"字功能演变的描写,而不是对"以"字功能演变的解释。现在要讨论的是:"以"的作用本是引进工具,为什么能发展为表示处置(引进受事)?工具式和处置式究竟是什么关系?

  工具式和处置式都由连动式发展而来,"以""持""将""捉""把"等原来都是动词,后来又都有表工具和表处置的用法,这是很明显的事实。但工具式和连动式有一个重要的区别:在工具式"P+N_1+V+N_2"中,必须是"$N_1 \neq N_2$"[①],如"以戈逐子犯","逐"的

[①] 工具句也有"以物易物""以暴易暴""以水济水""以水投水"等句子,但 N_1 和 N_2 虽是同一概念,却是不同的所指,因此,仍然是 $N_1 \neq N_2$。

是"子犯",不是"戈";而在处置式"P+N$_1$+V+N$_2$"中,必须是"N$_1$=N$_2$"①,如"当持是经典为诸沙门一切说之","说"的受事是"之",也就是"经典"。两种句式中的 N$_2$ 都可以不出现(处置式以不出现为常),在这种情况下,两者还是有区别的:在工具式"以+N$_1$+V"中,V 的受事(accusative)绝不是 N$_1$,"以釜甑爨,以铁耕","耕"的是田,不是"铁"。而在处置式"以+N$_1$+V"中,V 的受事(accusative)必须是 N$_1$,"但愿春官把卷看","看"的就是"卷"。所以,在 V 的受事(accusative)出现,或者虽不出现但显然隐含着的情况下,工具式和处置式的区别是很清楚的,工具式无法重新分析为处置式。

那么,"以"字处置式中的"以"表处置的功能是怎样发展来的呢?

这里仍不讨论"处置(作)",只讨论"处置(给)"和"处置(到)"。上面说过,"处置(给)"中的"以"和工具式中的"以"实质上没有差别,"处置(到)"中的"以"也是从表工具的"以"发展来的。但这两种格式有这样的特点:(1)从结构看,在"以+N$_1$+V+N$_2$"中,动词后面的宾语,都不是动词的受事(accusative),在"以"字"处置(给)"句中,动词后面的宾语是与事(dative),在"以"字"处置(到)"句中,动词后面的宾语是处所(locative)。这是由"给予"类动词和"放置"类动词的语义特点决定的,"给"类动词可以带与事宾语,"放置"类动词可以带处所宾语。因为动词后面不是受事,所以工具式和处置式的区别不明显,人们既可以把它们看作工具式,也可以把它们看作处置式。(2)从语义看,"给予"类动词和"放置"类动

---

① 致使义处置式除外。关于致使义处置式和工具式的关系,本文不讨论。

词都需要一个受事论元。如果在"以"字句中受事论元和工具论元同时出现，则两者绝不相混，这个句子很清楚地是工具句。如"以丝绸换粮食"，"以黄沙铺路"，都只能是工具句，而不可能转变为处置句。如果动词后面不出现受事，而只出现与事/处所，那么，这个受事论元就是隐含着的；如果动词后面只有与事/处所，同时动词前面有用"以"做标记的工具论元，那么这个工具论元就可能被看作受事论元。因为，用来给人的东西就是给人的对象，用来放置在某处的东西就是放置的对象。比如"以丝绸送人"，意思和"送人丝绸"一样；"以黄沙铺在上面"，意思和"在上面铺黄沙"一样。所以，在"以＋工具＋V＋D/L"的句式中，"以"的宾语原来是表示动作的工具的，但也可以理解为动作的受事。这样，"以"的功能就从引进工具变为引进受事，和后代表处置的"将/把"的功能一样了。

所以，能够表示处置义的"以"字句范围是有限的，只限于动词是"给予"类、"放置"类的"以"字句，而且动词后面不能是受事，只能是与事或处所，也就是说，只能从工具式转成"处置(给)"和"处置(到)"，而不能转成狭义处置式。笼统地说"引出工具和引出受事这两种语法关系密切，前一种用法很容易转变成后一种用法"是不妥当的，说"工具式'以'字句重新分析就成为处置式'以'字句"也失之宽泛。冯春田(2000)说："这些'以'字处置句能否扩展为其他语法类型(不限于处置"给""作""到"三类)的处置式呢？从理论上说这应该是可能的……不过，实际上的例子却极为难得。"我认为，根据上面所说，除了这三类以外，工具式和处置式的区别相当明显，超出这三类的范围，"以"字句就只能是工具式，不可能是处置式。找不到三类以外的例子，这不是由于文献不足，而正好是证明了没有这种可能性。

上面所说的工具式和处置式的区别以及工具式转变为处置式的条件是十分清楚的,这可以用学者们举过的例句来检验。梅祖麟(1990)引了《述异记》的一段文字:

> 王瑶宋大明三年,在都病亡。瑶亡后,有一鬼细长黑色,袒著犊鼻裈,恒来其家。或歌啸或学人语,常以粪秽投人食中。又于东邻庾家犯触人,不异王家时。庾语鬼:"以土石投我,了非所畏,若以钱见掷,此真见困。"鬼便以新钱数十,正掷庾额。庾复言:"新钱不能令痛,唯畏乌钱耳!"鬼便以乌钱掷之,前后六七过,合得百余钱。(《太平广记》卷三二五引《述异记》,《古小说钩沉》,156)

这段文字中共有五个"以"字句。其中"以土石投我""以钱见掷""以乌钱掷之"一定是工具式,这是因为$N_1 \neq N_2$,而且N_2是受事,所以无法转变为处置式。"以粪秽投人食中"本来也是工具式,但可以理解为处置式,这是因为N_2(人食中)是处所,V(投)的受事在后面没有出现,所以人们可以把前面的"粪秽"看作受事,于是"以"的功能就从引进工具变成了引进受事。"鬼便以新钱数十,正掷庾额"介乎两者之间,这是因为"额"应是受事(这就是工具式),但也可看作处所"额上"(这就是处置式)。

3.2 然后讨论后代用"将/把"字做标记的"广义处置式"。

3.2.1 这些句式和"以"字处置式有什么关系?有的学者认为,后代用"将/把"字做标记的"广义处置式"是在"以"字处置式形成之后,由"将/把"替换了"以"而形成的,是处置介词替换的结果。这种看法值得商榷。

这里有必要对"词汇替换"的问题进行讨论。梅祖麟(1981)提出了"词汇兴替和结构变化",说的是语法史上出现的两种变化:一

汉语"广义处置式"的来源——兼论"词汇替换"

是"结构变化",出现了新的语法结构;一是"词汇兴替",语法结构的框子没有变,但填框子的词汇发生了变化。这两种变化都是值得注意的,但比较而言,"结构变化"是更本质的变化。这一看法对于语法史的研究很重要,它告诉我们,研究语法史不仅要看到虚词的变化,还需要再深入一步,考察语法结构的变化。但是,对"词汇兴替"(或"词汇替换")要正确理解。按照梅祖麟的说法,"词汇兴替"(或"词汇替换")是语法演变的结果,而不是语法演变的动因。前面曾引述梅祖麟(1990)说"'将''把''持'替代了'以'字","'将'开始替代'以'字",都是把这种"替代"作为语法演变的结果而不是作为语法演变的动因来说的。那么"词汇兴替"(或"词汇替换")这种结果又是什么原因形成的呢?"词汇兴替"(或"词汇替换")前提必须是几个词的词义或语法意义相同(至少是很相近),才能替换。原来说"天晴盖却屋,乘时刈却禾",后来说"趁晴盖了屋,乘时刈了禾",这是词汇替换。但这种替换只能发生在"了"演变成动态助词之后,如果"了"还是动词,它的语法意义和"却"根本不同,绝不可能替换"却"。原来说"鱼与熊掌",后来说"鱼和熊掌",这是词汇替换。但这种替换只能发生在"和"演变成连词之后,如果"和"还是动词"掺和",它的词义和"与"根本不同,绝不可能替换"与"。原来说"为人害",后来说"被人害""给人害",这是词汇替换。但这种替换只能发生在"被""给"演变成被动标记之后,如果"被""给"还是动词,也绝不可能替换"为"。"了""和""被""给"等必须先完成词义或语法意义的演变,才能替换"却""与""为",而绝不可能倒过来,"了""和""被""给"等先替换了"却""与""为",然后引起词义或语法意义的演变。

对"词汇替换"的正确的理解是:几个原义相同或相近的实词,

先后经过相同的语法化途径，从相同的起点达到了相同的终点，成为语法功能相同的语言单位，从而进入了同一个语法框架；而且，变化在后的那个语言单位逐渐取代了变化在前的语言单位。如处置式中的"将"被"把"取代就是如此。或者，是几个原义不同的实词，先后经过不同的语法化途径，从不同的起点达到了相同的终点，成为语法功能相同的语言单位，从而进入了同一个语法框架；而且，变化在后的那个语言单位逐渐取代了变化在前的语言单位。如被动句中的"为"被"被"取代就是如此。按照这种理解，推动语法变化的主要是语法化，而不是"词汇替换"；"词汇替换"是词义演变或语法化的结果，而不会是词义演变或语法化的原因。我赞同贝罗贝的观点："我不相信词汇替换可以很好地解释汉语历史上的新形式的出现。"当然，语法化本身又有自己的动因，而且各种不同类型的语法化的动因各不相同，比如，"把"字语法化的动因，如P. A. Bennett(1981)所说，是"把"在连动式中处于次要动词的位置，而"以"语法化的动因，如本文所说，是"以＋N＋给予类动词＋D"和"以＋N＋放置类动词＋L"这种句式的结构特点和语义特点。（"以"从工具介词演变为处置标记，处置标记比工具介词更虚，所以也是语法化。）

3.2.2 现在回到后代"将/把"字"广义处置式"的来源问题。如上所说，这个问题不可能用"词汇替换"来回答。如果"将/把"不表示处置，就不可能替换"以"。如果说"将/把"已经表示处置，所以能替换"以"，那么，问题又回到了原处："将/把"为什么能表处置？什么是它的来源？可见，"词汇替换"说解决不了"将/把"字"广义处置式"的来源问题。

前引梅祖麟(1990)对"将"的虚化有一个解释："'以'字是介

词,'将'开始是动词。在处置(给)、处置(作)、处置(到)三式里'以''将'通用的情况下,'将'字受了'以'字的沾染,就开始虚化变成介词。"这个说法还值得商榷:既然"将"原来是个动词,那它为什么能用在处置(给)、处置(作)、处置(到)三式里和'以'通用?究竟是"通用"导致"虚化",还是"虚化"导致"通用"?据我看,应该是"虚化"导致"通用"。既然"通用"不能作为"虚化"的原因,那么,还需要对"将"虚化的原因做出解释。

那么,后代"将/把"字"广义处置式"的来源究竟是什么?"将/把"字"广义处置式"会不会像"以"字处置式一样,由"将/把"字工具式演变而来?从理论上讲,这是可能的,"以"字的演变途径,"将/把"可能再走一遍。而且,"将"和"把"确实也都有引进工具的用法。但是,研究历史语法,必须注意语法演变的时间问题。从现有研究成果来看,"将/把"字"广义处置式"在西晋就出现了,刘宋也有一些例子。如:

将一大牛,肥盛有力,卖与城中人。(《生经》卷三)
我今可将此女与彼沙门。(《增壹阿含经》卷四一)
将灵母弟置城上,诱呼灵。(《三国志·徐晃传》裴注)

而"将"引进工具的用法直到六朝晚期才出现。① 如:

雁持一足倚,猿将两臂飞。(庾信《和宇文内史春日游山》诗)
奴以斧斫我背,将帽塞口。(颜之推《还冤志》)
唯将角枕卧,自影啼妆久。(江总《病妇行》)

---

① 魏培泉(1997)认为《荀子·王霸》"百工将时斩伐"中的"将"是表工具的介词。但他也说:战国时期以及从汉到隋,"将"用于工具式"十分罕见"。

"把"也是如此。"把"字句初唐就有，而"把"引进工具的用法直到中唐才出现。如：

　　直把春偿酒，都将命乞花。(韩愈《游城南·嘲少年》)
　　轻将玉杖敲花片，旋把金鞭敲柳丝。(张祜《公子行》)

所以，说"将/把"字"广义处置式"由"将/把"字工具式演变而来，在时间上遇到了困难。退一步说，就算在处置式产生之前就有个别的"将"字用于工具式的例子，但由于"十分罕见"，也不可能成为重新分析的基础。

那么"将/把"字"广义处置式"是怎样产生的呢？我赞同刘子瑜(2002)的意见：是从连动式演变而来。刘子瑜(2002)中找到的从东汉到六朝的一些"将"字句，其中有些"将"字都不可能是表工具的介词，但是，既可以看作"持"或"携带"义的动词，又可以看作表处置的标记，这正是从"连动—处置"的重新分析。

　　令数吏将建弃市，莫敢近者。(《汉书·赵广汉传》)
　　遂将后杀之。(《三国志·武帝纪》裴注)
　　三年春，可将荚、叶卖之。(《齐民要术》卷五 243)
　　汉道士从外国来，将子于山西脚下种，极高大。(《齐民要术》卷一○)

"将"的"持"或"携带"义汉代就有了，而且用得相当普遍。所以"将"字句由"连动"到"处置"的演变是完全可能的。这种"将/把"字句由连动式到处置式(包括狭义处置式和广义处置式)的演变途径，祝敏彻、王力、P. A. Bennett、贝罗贝等学者都已经讲得很清楚，这里不必重复。而且，现在对历史上不同时期出现的各种处置式研究得比较充分，"取""持""捉"等处置式都受到了关注。而这些表处置的虚词，原来都是有"握持"义，或者与"握持"义相关的，它们都以动词的身份进入连动式，而且是作为连动式中的第一动词，然后逐渐语法化，由动词变为表处置的标记。这确实是非常一律，而这正说明这些用"取""持""将""把""捉"等做标记的处置式的形成有共同的语法化的途径。"将/把"字广义处置式和"将/把"字狭义处置式的形成途径应该是一致的，即都是由连动式演变而来，而且"将/把"都是由"持"或"携带"义的动词演变为处置的标记。

这里需要强调的是："将/把"字处置式有"将/把＋N＋V＋N"和"将/把＋N＋V"两种形式，这是它和"以"字处置式不同的地方。为什么会有这种不同呢？这正是因为它们的来源不同。"将/把"处置式由连动式演变而来，"将/把＋N_1＋V＋N_2"中的 N_1 和 N_2 可能是两个不同的东西（$N_1 \neq N_2$），也可能是同一个东西（$N_1 = N_2$）。当"将/把"句由连动句演变为处置式后，如果 $N_1 \neq N_2$，就成了"将一大牛，肥盛有力，卖与城中人"之类的"将/把＋N＋V＋N"型的处置式（广义处置式）；如果 $N_1 = N_2$，就成了"将符依法焚之"→"将符焚"之类的"将/把＋N＋V"型的处置式（狭义处置式）。而"以"字处置式是从工具句演变来的，工具句"以＋N_1＋V＋N_2"中的 N_1绝不可能等于 N_2，所以它演变成处置式后只能是"将/把＋N＋V＋N"型的处置式（广义处置式）。反过来说，"将/把"字处置式有"将/把＋N＋V"（狭义处置式）这种形式，特别是"把"字句，最初都是"把＋N＋V"式，后来才有"把＋N＋V＋N"式，这就说明了"将/把"字处置式不可能是由工具句演变而来，因为从工具句演变而来，就不可能是 $N_1 = N_2$，也就不可能删除 N_2 而成为"将/把＋N＋V"式。

四　结　论

我同意梅祖麟(1990)的意见:"处置式是一种多元性的句式,本身包括几个小类,而且从历时的角度看,产生的方式也是层层积累。"处置式作为一种常用的、历时久远的语法格式,有不同的形成途径,这是不奇怪的。但是,我认为,从来源或"产生的方法"来看,不是梅祖麟(1990)所说的三类各有自己的来源,而是"以"字处置式(都是"广义处置式")为一类,由工具式演变而来;"将/把"字为一类(包括用"将/把"字为标记的"广义处置式"和"狭义处置式"),由连动式演变而来。至于"致使义处置式"的来源,现在还不很清楚,需要继续研究。

参考文献

贝罗贝　1989　《早期把字句的几个问题》,《语文研究》第 1 期。
曹广顺、遇笑容　2000　《中古译经中的处置式》,《中国语文》第 6 期。
曹广顺、龙国富　2005　《再谈中古汉语处置式》,《中国语文》第 4 期。
陈初生　1983　《早期处置式略论》,《中国语文》第 3 期。
冯春田　2000　《近代汉语语法研究》,山东教育出版社。
蒋绍愚　1999　《元曲选中的把字句》,《语言研究》第 1 期。
刘子瑜　2002　《再谈唐宋处置式的来源》,《语言学论丛》第 25 辑。
梅祖麟　1981　《现代汉语完成貌句式和词尾的来源》,《语言研究》第 1 期。
梅祖麟　1990　《唐宋处置式的来源》,《中国语文》第 3 期。
太田辰夫　1958/1987　《中国语历史文法》,蒋绍愚、徐昌华译,北京大学出版社。
王　力　1958　《汉语史稿》,科学出版社。
魏培泉　1997　《论古代汉语中几种处置式在发展中的分与合》,《中国境内语言暨语言学》第 4 辑。

汉语"广义处置式"的来源——兼论"词汇替换"

吴福祥　1996　《敦煌变文语法研究》,岳麓书社。
吴福祥　2003　《再论处置式的来源》,《语言研究》第 3 期。
章　也　1992　《汉语处置式探源》,《内蒙古师大学报》第 4 期。
朱冠明　2002　《中古译经中的"持"字处置式》,《汉语史学报》第 2 辑。
祝敏彻　1957　《论初期处置式》,《语言学论丛》第 1 辑。
Bennett, P. A.　1981　The Evolution of Passive and Disposal Sentences, *Journal of Chinese Linguistics*, Vol. 9, pp. 61-90.

(原载《历史语言学研究》第 1 辑,2008 年 3 月)

把字句功能的历史演变

一 对把字句功能的讨论

把字句的语义功能是什么？这是一个学术界讨论得很热烈，意见也很分歧的问题。概括起来，对把字句的功能有两种看法：表处置和表致使。

王力(1943/1944)称把字句为"处置式"。

薛凤生(1989)认为把字句的语义是：在 A 把＋BC 中，由于 A 的关系，B 变成 C 所描述的状态。

郭锐(2003)认为把字句的语法意义是"致使"，其语义构造可表示为：致使者（NPa）＋把＋被致使者（NPb）＋致使事件谓词（V_1）＋被使事件谓词（V_2）。

不过，薛凤生和郭锐以及其他主张把字句表致使的学者的分析主要是基于现代汉语。本文从汉语的历史发展来看把字句的功能究竟是处置还是致使。

首先要说明，究竟什么叫作"表处置"，什么叫作"表致使"。

"处置式"是王力先生提出来的。在王力(1943)中说："大致说来，'把'字所介绍者乃是一种'做'的行为，是一种'施行'（execution），是一种处置。"在王力(1944)中，先举了（A）—（J）10 个例句，然后说："处置式是把人怎样安排（A、H），怎样支使（G），怎样对付(B、I),或把物怎样处理(C、E、F、J),或把事情怎样进行(D)。它既然专为处置而设,如果行为不带处置性质,就不能用处置式。"哪些行为不带处置性质呢?王力(1943)列举了5项不能用"把"字的情况:

(1)叙述词所表示者系一种精神行为。(如不能说"我把他爱"。)

(2)叙述词所表示者系一种感受现象。(如不能说"我把他看见"。)

(3)叙述词所表示的行为并不能使目的语所表示的事物变更其状况。(如不能说"我把楼上"。)

(4)叙述词所表示的行为系一种意外的遭遇。(如不能说"我把一块手帕拾了"。)

(5)叙述词系"有""在"一类字者。(如不能说"我把钱有","他把家在"。)

而像"谁知接接连连许多事情,就把你忘了"、"偏又把凤丫头病了"一类句子,他称为"继事式","继事式并不表示一种处置,只表示此事是受另一事影响而产生的结果"。继事式可以表示精神行为、感受现象、意外的遭遇,可以用不及物动词(王力1943)。他把"继事式"看作"处置式"的"转化"或"活用"(王力1943/1944)。

对王力先生这种看法,吕叔湘(1948)有过一个评论,这里就不引述了。

按照王力先生这种看法,用动作动词(打、推等)、附着动词(挂、放等)表示对对象(人、物、事情)施行一种有目的的行为,使对象的状况(形状、性质、处所、地位等)发生变化,这才叫作"处置"。而且,只有表示处置的把字句才叫"处置式"。

但是，在王力（1943/1944）中，也把下列句子作为处置式的例句：

要把一先的韵都用尽了。

他把书老拿着。

才把心里烦难告诉你听。

狐狸把老虎给骗了。

那一日不把"宝玉"二字叫二百遍？

怨不得不把我搁在眼里。

由着奴才们把一族中的主子都得罪了。

把这些句子看作处置式是合理的。所以，我们可以把"处置"的范围扩大一点：不限于动作动词和附着动词，也可以是言说动词（告诉、叫、说）；不限于用动作动词使对象的状况发生变化，也可以是用动作动词而对象的状况不发生变化（用、拿着、抱、摸）；不限于把人怎样安排、怎样支使、怎样对付，也可以是把人怎样对待（欺骗、得罪、轻视、夸奖）。但是，精神行为、感受现象、意外的遭遇，仍然不包括在"处置"的范围内。

王力（1958）的说法略有不同。书中说：处置式"主要作用在于表示一种有目的的行为，一种处置"。并且加注说："正如动词不都表示动作一样，处置式不都表示处置。但是，在现代汉语里，这一种结构的主要作用是表示处置……我们认为：抓住一种结构的主要作用给它一个名称是合理的。"照这种看法，"处置式"的范围扩大了，把字句都是处置式；处置式主要表示处置，但有的不表处置。

表"致使"，薛凤生和郭锐的说法不完全一样。

薛凤生没有明确说把字句的功能是表致使，但他所说的把字句中 A 和 BC 的关系实际上是致使关系。他所说的把字句的语义是和"处置"对立的。(1)"上述公式中的 C 必须是对某种动作造成的 B 的状态性的描述性词语……描写在某一时刻 B 所处的状态或情形,而不是描写对 B 采取的行动或处置过程。"(2)A 在把字句中承担的语义角色是:"B 之所以成为 C 所描述的状态,是与它有关系的。"关系有深有浅,深的可以"是 A 直接造成 B 的状态",浅的是"A 没有主动也无意造成 B 的状态"。关系浅的当然不是处置,关系深的,照他的看法也不是处置,因为公式中的 C 表示的是 B 的状态,而不是 A 对 B 采取的行动或处置。

薛凤生所说的把字句的这种语义确实是存在的,前面引述的王力所说的"继事式""表示此事是受另一事影响而产生的结果"就是这种把字句,这种句子的语义不能看作处置,只能看作致使。但这种解释不能概括所有把字句,因为有不少把字句中的 C(VP)不能看作 B 的状态,只能看作 A 对 B 采取的行动或处置;因此,不能看作致使,只能看作处置。当然,实际上也有不少把字句既可以看作 A 对 B 采取的行动或处置,也可以看作 B 的状态,所以,既可以看作表处置,也可以看作表状态。具体分析见下。

郭锐所说的"致使"主要着眼于把字句中的 V_1(致使事件谓词)和 V_2(被使事件谓词)的关系。他将把字句分成两种类型:

(1)分析型把字句。句中包含表达致使事件的谓词 V_1 和被使事件的谓词 V_2。由于致使事件导致被使事件产生,所以是一个致使情景。如:

  他把衣服洗干净了。[致使事件:他洗衣服。→被使事件:衣服干净。]

(2)综合型把字句。有的把字句只有一个动词,仍然是一个致使情景。他用"隐含被使事件谓词"和"隐含致使事件谓词"来加以解释。如：

> 她……把针椎在头皮上刮了一下。
>
> [她在头皮上刮针→针椎滑溜]　　隐含被使事件谓词
>
> 我把钱包丢了。
>
> [我不小心→钱包丢了]　　隐含致使事件谓词

他所说的"致使"有时和"处置"并不矛盾：(V_1)可以是对(NPb)的处置，但从(V_1)和(V_2)的关系看，(V_1)导致(V_2)，所以仍然是表示致使语义。他说："'处置'实际上是一种特殊的'致使'：有意志力的(volitive)主动的(initiative)施行性的(agentive)致使。"而不能用"处置"解释的把字句也是致使。他认为"致使性"可以将把字句表达的各种语义统一起来。

薛凤生强调"C 必须是对某种动作造成的 B 的状态性的描述性词语"，就是说 C(即 N 后面的整个 VP)都必须是描述 B(即"把"后面的 N)的状态。他自己举的例句"这班学生把王老师教惨了"是符合这一要求的，"C(教惨了)"确实是"B(王老师)"的状态。但如果把他的例句稍改一改，成为"王老师把这班学生管苦了"，就不好用他的定义解释："管"显然是"王老师"发出的动作，而不是"学生"的状态。郭锐并不要求整个 VP 都是描述 N 的状态，而是把"致使事件"和"被使事件"分开，这样，"王老师把这班学生管苦了"就容易解释："(王老师)管"是致使事件，"(学生)苦"是被使事件，"管"是 S 发出的动作，"苦"才是 N 的状态。不过，按郭锐的说法，"王老师把这班学生管苦了"也可以是处置。而按薛凤生的说法，把字句的 C"不是描写对 B 采取的行动或处置过程"，也就是说，把字句不能表处置，只能表致使。

郭锐的说法，对于那些具有(V_1)和(V_2)的把字句当然十分适合,对于那些只有一个动词的把字句,他用"隐含被使事件谓词"和"隐含致使事件谓词"来解释,也有一定的道理。但是,是否真如他所说"'致使性'可以将把字句表达的各种语义统一起来"呢？恐怕未必。薛文和郭文都是立足于现代汉语所做的分析。郭文中已经提到现代汉语中的把字句有些例外,如果考察历史,不能用"致使性"来解释的就更多。具体分析见下。而且,按照郭文那样分析把字句的语义,使得大部分现代汉语的把字句有一个统一的解释,固然是他的长处；但是,如果着眼于考察把字句的历史演变,那么,忽视了表"处置"和不表"处置"的差别,只看到它们的共同点(都表示郭文所说的"致使"),那又会忽略把字句语义功能的一个重大的历史变化:从表处置为主,到表致使为主。

这里还有一个问题应当说明。"处置"和"致使"这两个语义范畴,彼此间是有关联的。典型的处置,既要说出施行的动作,又要表明对象的变化,动作导致对象的变化,这确实包含着致使关系。这一点,对于把字句的功能从以表处置为主演变为以表致使为主,是十分重要的。这在下面将详细论述。但我们说把字句究竟是表处置还是表致使,主要指的是这种句式表示的是哪一种语义关系,构成这种句式的关键标记"把"起什么作用。如果整个句式(如"我们把敌人赶跑了")是表示 S 对 N 施行 V 或 VC 这种处置,"把"的作用是标记处置的对象,那就应当认为这种把字句的句式是表处置；尽管谓语中的 VC(赶跑)可以看作致使关系,仍然不把这些把字句称为表致使。如果整个句式(如"你怎么把特务跑了")是表示 S 使 N 产生了 V 或 VC 这种状态,"把"的作用不是标记处置对象,而是表示 S 和[N+V/VC]之间的致使关系(大致相当于

553

"使"），那就应当认为这种把字句的句式是表致使。说"我们把敌人赶跑了"这个句子中的"赶跑"表致使关系，这固然不错。但如果因为一个句子中包含"赶跑"这个表致使关系成分，就把这个句子的功能看作表致使，那么，"我们赶跑了敌人"，"我们把敌人赶跑了"，"敌人被我们赶跑了"，这些句子的功能就都成了表致使，这样就使得一般动宾句、把字句、被字句这三种不同句式的功能混为一谈了。所以，我们在分析把字句这种句式的功能时，不把"我们把敌人赶跑了"的功能说成表致使。

二　几种历史文献中的把字句

本文的意图在于考察把字句语义功能的历史变化。本文选取《敦煌变文校注》《祖堂集》《全唐诗》《元刊全相平话五种》《儿女英雄传》五种历史文献，全面分析其中的把字句，用以反映唐五代、元代、清末三个历史时期的把字句的面貌，以此为基础，对把字句语义功能的历史变化加以考察。

在考察这些历史文献时，我们将把字句的语义功能分成四类：
（1）只能看作处置，不能看作致使。

本文所说的"处置"的定义如上所述，是扩大了的"处置"，即：在把字句[S＋把＋N＋VP]中，V是S施加于N的动作，可以是动作动词、附着动词、言说动词等，但不能是精神行为、感受现象、意外的遭遇和不及物动词。N的状况通常发生了改变，但也可以不改变。整个句子大致可以理解为"S＋VP＋N"。

这类句子之所以不能看作致使，是因为句中的VP无法看作N的状态，其中的"把"不能读作"使"。

(2)只能看作致使,不能看作处置。

本文所说的表"致使",限于这样一些把字句的功能:在把字句[把+N+VP]中,

A. VP 表示 N 的状态,N 和 VP 构成主谓关系;

B. "把"字可以用"使"字替换,整个句子可以读作"S 使 N 产生 VP 的状态"。

这类句子之所以不能看作处置,是因为句中的 VP 无法看作施加于 N 的动作,其中的"把"只能读作"使"。

此外,像"把安老爷哭的没了主意"(详下)这样的句子,也属于这一类。分析见下。

(3)既能看作处置,又能看作致使。

这类句子的 VP 既可以看作 S 施加于 N 的动作,也可以看作 S 使 N 产生的状态。整句理解为"S+VP+N"和读作"S 使 N 产生 VP 的状态"都可以。

(4)既不能看作处置,又不能看作致使。

这类句子中的 V 是精神行为、感受现象、意外的遭遇和不及物动词,所以不是处置。但 VP 不是 N 的状态,N 和 VP 不构成主谓关系,"把"不能读作"使",所以也不是致使。(如"我把他忘了。")

以上对四类的分析只是一个概说,详细的分析见下文。

下面是对几种历史文献中把字句的统计和分析。有一点必须说明:对于历史文献中哪些是把字句,哪些不是把字句(比如,是使用动词"把"的连动句或使用介词"把"的工具句),有时不易区分,对于把字句是表处置还是表致使有时也难以确定。所以下面的统计和分析只是我个人主观的看法,只能供参考。

(一)《敦煌变文校注》

把字句共 35 句。从形式分,以动词结尾的 21 次(单音 13,双音 8),以 VC 结尾的 0 次,V 后面还有一个 N 的("处置给""处置作""处置到")13 次,"V+之"1 次。从语义分,其类别如下:

(1)只能看作处置:20 次。其中以施行性动词结尾的 14 次,"V+之"1 次,"处置作"5 次。

却思城外花台礼,不把庭前竹马骑。(《维摩诘经讲经文四》)

莫遣违心于弟误,莫教失事把兄猜。(《双恩记》)

阿郎把数都计算,计算钱物千匹强。(《董永变文》)

上来说喻要君知,还把身心细认之。(《维摩诘经讲经文三》)

莫把娇奢为究竟,莫耽富贵不修行。(《维摩诘经讲经文五》)

(2)只能看作致使:4 次。N 是 VP 的施事或当事。

断除邪见绝施为,莫把经文起违逆。(《维摩诘经讲经文一》)

如斯数满长无倦,能把因缘更转精。(《维摩诘经讲经文三》)

忽然只把这身心,自然不久抛生老。(《维摩诘经讲经文四》)

众生尽把真心,还似莲花未坼。(《维摩诘经讲经文三》)

(3)看作处置和致使均可:11 次。其中兼表动作和状态的动词结尾的 6 次,"处置到""处置给"5 次。

把字句功能的历史演变

乾坤似把红罗展,世界如铺锦绣堆。(《维摩诘经讲经文一》)

能向老亲行孝足,便同终日把经开。(《维摩诘经讲经文一》)

数数频将业剪除,时时好把心调伏。(《维摩诘经讲经文三》)

把舜子头发悬在中庭树地。(《舜子变》)

莫将天女施沙门,休把娇姿与菩萨。(《维摩诘经讲经文五》)

(二)《祖堂集》

把字句共 9 次。从形式分,以单个动词结尾的 3 次,以 VC 结尾的 5 次,"V+之"1 次。从语义分,其类别如下:

(1)只能看作处置:8 次。其中单个 V 结尾 2 次,"V+之"1 次,"VC"5 次。V 的施行性都很强。

大师把政上座耳拽。(卷一五)

师便把枕子当面抛之。(卷四)

师便把火筯放下。(卷一四)

沩山把一枝木吹两三下。(卷一四)

(2)只能看作致使:N 是 VP 的施事或当事,1 次。

莫把三乘相匹配。(卷一一)

(3)看作处置和致使均可:0 次。

(三)《全唐诗》

《全唐诗》作为语言研究的资料,不如敦煌变文和《祖堂集》可靠,但也有参考价值。

《全唐诗》中能确定的把字句共 158 句。从形式分,其中以单个动词结尾的 91 句(单音动词 86,双音动词 5),VC 结尾的 5 句,V 后面还有一个 N 的(包括"处置给""处置作""处置比""处置到")62 句。从语义分,其类别如下:

(1)只能看作表处置的:82 句。

以单个动词结尾的(包括单音动词和复音动词)大多只能看作表处置(73 句)。如:

欲知求友心,先把黄金炼。(孟郊《求友》)

貔貅睡稳蛟龙渴,犹把烧残朽铁磨。(司空图《狂题十八首》)

金舆远幸无人见,偷把邠王小管吹。(张祜《邠王小管》)

爱君气坚风骨峭,文章真把江淹笑。(李涉《岳阳别张祜》)

贫穷子,发誓切,待把凡流尽提接。(吕岩《敲爻歌》)

VC 或 V 了结尾,而且 V 的施行性很强(5 句)。如:

图把一春皆占断,固留三月始教开。(秦韬玉《牡丹》)

劝年少,把家缘弃了,海上来游。(吕岩《沁园春》)

"处置作"只能看作表处置(4 句)。如:

有人把椿树,唤作白栴檀。(寒山诗)

谁把相思号此河,塞垣车马往来多。(令狐楚《相思河》)

(2)只能看作表致使的 11 句。N 是 VP 的施事或当事。如:

闲吟料得三更尽,始把孤灯背竹窗。(陆龟蒙《闲吟》)

翻把壮心轻尺组,却烦商皓正皇储。(崔涂《读留侯传》)

(3)看作处置和致使均可:64 句。

"处置给""处置比""处置到"(51句)。如:

今朝林下忘言说,强把新诗寄谪仙。(李山甫《禅林寺作寄刘书记》)

莫把新诗题别处,谢家临水有池台。(秦韬玉《送友人罢举授南陵令》)

不把丹心比玄石,惟将浊水况清尘。(骆宾王《代女道士王灵妃赠道士李荣》)

兼表动作和状态的单音动词结尾(13句)。如:

予家药鼎分明在,好把仙方次第传。(翁承赞《寄示儿孙》)

若把白衣轻易脱,却成青桂偶然攀。(杜荀鹤《恩门致书远及山居因献之》)

(4)既非处置,也非致使(1句):

洞庭云水潇湘雨,好把寒更一一知。(黄滔《雁》)

(四)《元刊全相平话五种》

把字句共68次。从形式分,其中以单个动词结尾的5句(单音动词2,双音动词3),"V+N"2句,"一V"5句,"V+之"4句,"VC"28句,"V了"19句,"把"后面是个施事/当事主语句的5句。从语义分,其类别如下:

(1)只能看作处置:53次。

"把+N"后面是施行性的单个动词。

把咸阳城内尽行戮诛。(《秦并六国平话》下)

把黄皓街市万刀。(《三国志平话》下)

"把+N"后面是"V+之"。

大王把此剑去深宫之内壁上挂之。(《武王伐纣平话》上)

遂把比干心肝食之。(《武王伐纣平话》中)

"把＋N"后面是施行性的"V 了"。

张飞把妇人杀了。(《三国志平话》上)

把安魂定魄汤饮了。(《秦并六国平话》中)

"把＋N"后面是施行性的"一 V"。

蒙恬把刀一举。(《秦并六国平话》中)

被鬼谷手中把旗一摇。(《七国春秋平话》中)

"把＋N"后面是施行性的"VC"。

复把金族拦住。(《三国志平话》下)

把一少年后生推出来。(《秦并六国平话》下)

张松把西川图献与荆王。(《三国志平话》下)

把太子赶出燕国。(《七国春秋平话》上)

(2) 只能看作致使：5 次。都是"把"后面是个施事/当事主语句。

把众仙都加官位。(《七国春秋平话》中)

把固游太子交游东海。(《七国春秋平话》中)

把咸阳宫室不问官民将一炬火烧荡一空。(《秦并六国平话》下)

把武吉蒙宣前去。(《武王伐纣平话》下)

妲己教把箕子剪发为奴。(《武王伐纣平话》中)

(3) 看作处置和致使均可：8 次。

"把＋N"后面是既可表施行也可表状态的单个动词或 V 了或 VC。

妲己自把乌云鬓䰂。(《武王伐纣平话》上)

把齐王藏了。(《七国春秋平话》中)

娘娘便把头发乱了。(《武王伐纣平话》上)

把袁达迷了出不来。(《七国春秋平话》中)

懒把兵书再展开。(《前汉书平话》中)

把水放尽。(《三国志平话》中)

把那秦王的尸骸撒放荒郊。(《秦并六国平话》下)

把长安变为尸山血海。(《三国志平话》下)

(4)既非处置,也非致使:2次。

王贡把风一嗅。(《秦并六国平话》下)

把俺等尸首不埋。(《武王伐纣平话》上)

(五)《儿女英雄传》

《儿女英雄传》把字句共约1400句,只能看作处置的约280句,看作处置和致使均可的约620句,只能看作致使的约480句,既不是处置又不是致使的约20句。

(1)只能看作处置:

①"把+N"后面是单个的双音节动词,而且施行性很强。

那谈尔音被御史参了一本,朝廷差了一位甚么吴大人来把他拿问。(一五回)

那一个老羞成怒,就假公济私把他参革。(一六回)

②"把+N"后面是VV或V了V或一V,而且施行性很强。

便叫长姐儿道:"你过来,把师老爷的烟点点。"(三七回)

给你新大奶奶湿个手巾来,把粉匀匀。(二七回)

张金凤道:"姐姐这就为难了?等我再把我那为过的难说说。"(二六回)

那女子走到跟前,把那块石头端相了端相。(四回)

只见那女子左手把弓靶一托,右手将弓梢一按。(六回)

就这个一杯,那个一盏,冷的热的轮流把我一灌。(一五回)

半跪半坐的把他一搂搂在怀里,"儿呀""肉"的哭起来。(二〇回)

③"把+N"后面是"VC""V了""V了+量词",V是施行性动词,N是有生的,是V的对象。

那陀头一时气忿,把妇人用刀砍死。(一一回)

就让你这时候一刀把他杀了,这件事难道就算明白了?(一八回)

如今你要放他,正是君子不见小人过,"得放手时须放手,得饶人处且饶人",咱们就把他放了罢。(三二回)

又把儿子着实责了一顿。(一八回)

那大师傅就把我推推搡搡推到那间柴炭房里去。(七回)

说着,把张姑娘搀起,送到东间暂避。(一〇回)

却见褚大娘子把灵前跪的那个穿孝的少妇搀起来。(二〇回)

便是褚大娘子,把他搀了一把,说:"姑娘,起来朝上谢客。"(一七回)

不曾打寅初,便把公子叫醒。(三四回)

安老爷因命他:"你把大爷叫来。"(一五回)

那大人便点手把他叫到公案前。(三四回)

有的N是无生的,V是施行性动词,"把+N+VC"也是表处置。如:

站住!搁下筐子,把衣裳解开!(三四回)

只见他把那馒头合芝麻酱推开。(二一回)

④V前有"给我""给他""遣人"等词语,或V后面有复指代词"他",表明V不是N的状态,而是S施行的动作。

把你读的十三部经书,以至《论》《孟》都给我理出来。(三三回)

却说褚大娘子把姑娘的眉梢鬓角略给他缴了几线,修整了修整,妆饰起来。(二八回)

你尚且有那胆量智谋把你尊翁的骸骨遣人送到故乡,你母女自去全身远祸。(一九回)

你让我把这只底子给姑娘纳完了他罢。(二四回)

⑤"把"前面有状语,表明把字句中的"VC"是施行的动作而不是呈现的状态。

公子见问,便从靴掖里把自己记下的个底儿掏出来。(一三回)

(2)只能看作致使:

①V是"乐/急/羞/喜欢"等表示感情的词,或是"忙/热"等表示状况的词,"V得C"表示N的状态。

把他乐得手舞足蹈。(一八回)

把个安太太急得烧子时香。(一回)

把他羞得面起红云。(八回)

把安太太喜欢的,拉着他的手说道。(三二回)

把位安太太忙得头脸也不曾好生梳洗得。(一回)

因此就把这位小爷热得十分高兴。(四〇回)

把个公子应酬得没些空闲。(三八回)

②"把+N"后面是"一 A/Vi"。

只见他把脸一红,低着头说道。(四〇回)

老爷听了这话,把脸一沉,问道:"阿哥!"(一二回)

③"把"后面的[N+VP]是个受事主语句。VP是描述N的状态,句中的"把"可以用"使"替换。这又分几种情况:

A. VP是"V在/V给/V成/V作+N_2"等。

只见他忙忙的把那张弹弓挂在北墙一个钉儿上。(六回)

我两个同张老大、女婿、大侄子都在这厢房里鸦默雀静儿的把饭吃在肚子里了。(二七回)

把匣子交给叶通。(三九回)

参见:那头乌云盖雪的驴儿便交给华忠。(二三回)

说看妹子分上才把这弹弓借给我们。(二六回)

把那肘子切作两盘分开。(九回)

他登时把一段风肠化作柔肠,一腔侠气融成和气。(一九回)

这类句子,是通常所说的"处置到""处置给""处置作",原先是表处置的,由于"V在/V给/V成/V作"凝固程度逐渐加深,"N_1+V在/V给/V成/V作+N_2"逐渐形成受事主语句,而且不能再说成"挂弹弓在北墙""借弹弓给我们""化风肠作柔肠"等,所以这类把字句应该看作表致使。

B. "V了/VC"只出现在N后面,不出现在N前面[①]。

[①] 《儿女英雄传》中只有"我只说了句'咱们这就等跟着小子到外头享福去罢'",没有"我只说了句'咱们这就等跟着小子到外头享福去罢'的话"。《红楼梦》中只有"说了贾母的话",没有"说了贾母……的话"。两部书中都没有"说出来……的话""诉说一遍……的话""说远了……的话"。

把字句功能的历史演变

公子连忙站起来,把两个媳妇都现在有喜不能上路的话说了。(四〇回)

公子便把失了那块砚台的话说出来。(一三回)

才要把方才的话诉说一遍,安老爷道:"我在那边都听见了。"(二二回)

怎的只顾把话儿说远了?(三〇回)

C. VP 是表状态的"V 得 C"或"V+得/的来 C""V 了个 C"。

把你我的两间屋子给收拾得一模一样。(二九回)

如今他把我的行藏说的来如亲眼见的一般。(五回)

把一碗面忒儿喽忒儿喽吃了个干净。(六回)

D. VP 是"V+N$_2$"。

张姑娘便把那一双包了个包儿。(二七回)

金、玉姊妹见他把方才的话如云过天空,更不提起一字。(三一回)

原来姑娘被张金凤一席话,把他久已付之度外的一肚子事由儿给提起魂儿来。(二六回)

便叫把手下的酒果挪开了几样。(三九回)

E. VP 前有"都/也/一概"等副词。

他还是把一肚子话可桶儿的都倒出来!(二五回)

便把那两个小丫头子也支使开。(四〇回)

回来且把饮旨酒、赏名花、对美人的这些风雅事儿,以至那些言情遣兴的诗词、弄月吟风的勾当,一切无益身心的事,一概丢开。(三〇回)

④"把"后面是个施事/当事主语句;或"把"后面是个被动句。

至于安公子,空吧嗒了几个月的嘴,今日之下,把只煮熟

565

的鸭子飞了。(二五回)

参见:倘然这一翻脸,要眼睁睁儿的把只煮熟了的鸭子给闹飞了。(四〇回)

把自己相处了一年多的一个同衾共枕的人,也不知"是几时孟光接了梁鸿案",这么两天儿的工夫,会偷偷儿的爬到人家那头儿去了!(三〇回)

一时把安太太婆媳笑个不住。(三四回)

知道谁去谁不去呢,就先把你哭的这么个样儿!(四〇回)

那水直串到本工的土泊岸里,刷成了浪窝子,把个不曾奉宪查收的新工,排山也似价坍了下来。(二回)

我一时大意,就随着大家出来,不想把那块砚台落在那庙里,这便如何是好?(一〇回)

才一欠身儿,左边儿那个孩子早把个咂儿从嘴里脱落出来。(三九回)

再不想这套话倒把位见过世面的舅太太听进去了。(二八回)

只见他从头至尾看了一遍,撂在桌儿上,把张一团青白煞气的脸,渐渐的红晕过来。(一八回)

只见他把这许多年憋成的一张冷森森煞气横纵的面孔,早连腮带耳红晕上来。(一九回)

再加自己家里的老底儿,人家比自己还知道,索性把小时候拉青屎的根儿都叫人刨着了。(一九回)

不想我的干女儿没得认成,倒把个亲女儿叫弟夫人拐了去了!(三二回)

就把个孩子养在裤裆里了。(三九回)

⑤[S+把+N+V+(得)+C]。V 是 S 的动作,但处置性不强,或不是对 N 的处置;C 是 N 的状态。整句意思是:SV,使 N 成了 C 的状态。

他便望着那银子大哭起来。这一哭,倒把安老爷哭的没了主意。(三九回)

他婆媳……重新又哭起来。这一哭,可把舅太太哭急了。(四〇回)

一句话,把邓九公问急了。(一六回)

问来问去,把个邓九公问烦了,说道。(一七回)

及至把我家问得牙白口清,千肯万肯,人家这才不要了!(二六回)

一句话,倒把金、玉两个问的笑将起来。(三一回)

何小姐道:……把个戴勤问的闭口无言,只低下头。(三六回)

果然把个姑娘说急了,只见他拉住褚大娘子说道。(二六回)

一桩桩一件件,都把他说答应了。(二三回)

莫若容媳妇设个法儿,先澈底澄清把他说个心肯意肯。(二三回)

这一阵穿插,倒把个姑娘的眼泪穿插回去了。(二〇回)

不上几年,倒把座能仁寺募化的重修庙宇,再塑金身。(一一回)

6. 把+N+不+VP。

所以才把他家不曾留得一个完人,道着一句好话。(三四

回)

(3)看作处置和致使均可:

①"把+N"后面是"V了""一V""VC""V得C",既可表示施行于N的动作,也可表示N呈现的状态。

  我的爷,你要把老爷的大事误了,这可怎么好!(一四回)
  那殿头官又把旗儿一展。(序)
  那两三个笨汉见他进去,随即把门关上。(一四回)
  轮起大巴掌来,把桌子拍得山响。(一六回)

②N是身体的一部分,V既可表示人(S)施行的动作,也可表示身体的一部分(N)的状态。

  那女子就把身子一扭,甩开左脚,一回身,噔的一声,正踢在那和尚右肋上。(六回)
  不想他把拳头虚幌了一幌,蓦回身去就走。(六回)
  在那里把头碰的山响,口中不住讨饶。(六回)

(4)既不是处置,也不是致使(不能理解为"使+N+VP",也没有隐含致使谓词):

①V是心理动词、感受动词、不及物动词。

  把前后的话一想。(一九回)
  玉凤姑娘一面吃饭,把他这段话听了半日。(二一回)
  因此要趁着今日,把这一腔离恨哭个痛快,便算合他作别。(二一回)

②N不是V的受事。

  我方才把这庙里走了个遍,怎的不曾见个人来?(七回)

③V不是有目的的行为。

  谁想那天我们老爷子在我何亲家爹祠堂里,才说得句叫

我们这位小姑奶奶叫二叔、二婶声"父母",就把他惹翻了,把我也吓住了。(三二回)

忙的他把个绳头儿不曾拴好,一失手,连钩子掉在屋里地下。(三一回)

三 把字句功能的历史变化

从上面对语料的调查来看,把字句的语义功能在历史上是有变化的。把字句在初期以表处置为主,后来表致使的逐渐增多,最后以表致使为主。这种变化是怎样发生的呢?

(一) 演变的趋势:从表处置为主到表致使为主

从敦煌变文、《祖堂集》和《全唐诗》来看,唐五代的把字句以表处置为主,有部分表处置的把字句看作表致使也可以(主要是"处置给""处置到""处置比",少量是以既可表施行也可表状态的单个动词结尾),只能看作表致使的很少(三种语料共 16 句)。这和唐五代把字句的句子结构有关。唐五代把字句的谓语主要是单个动词(单音很多,双音很少),而且多数动词施行性较强,可以表状态的不多。有一些是 V+N("处置给""处置到""处置作""处置比"),谓语是 VC 的在这三种语料中总共才 10 句,而且 V 的施行性都很强。这种结构决定了当时的把字句以表处置为主。

这里要讨论一下郭锐(2003)的一个看法:在把字句中,不但包含 V_1(致使事件谓词)和 V_2(被使事件谓词)的可以看作表致使,而且只有一个 V 的也应该看作表致使,因为,虽然只有一个动词,但这个动词会使对象发生变化,只是这种变化是隐含着的,在句中没有出现而已,他称之为"隐含被使事件谓词"。他认为这样的解释,就可以将把字句的语义统一起来:把字句全都是表示致使。这样的看法是否符合事实呢?换句话说,是否所有的把字句都包含或隐含对象的变化呢?事实并非如此。在初期把字句中,有很多处于句尾的单个动词只表示向对象施加的动作,找不出任何隐含的对象的变化。在《全唐诗》中,这样的把字句有 40 句(单音 38 句,双音 2 句)。在《敦煌变文校注》中,这样的把字句有 11 句(单音 7 句,双音 4 句)。这些动词是:

《全唐诗》:看 10,吟 4,说 2,读 2,夸 2,欺 2,掬 2,笑,吹,轻,咏,辱,摸,试,矜,量,撚,行,知,宽,定,倚赖,拈弄。

《敦煌变文校注》:搦,骑,攀,猜,跪,撼,玩,计算,寻觅,供奉,毁辱。

下面举一些例句:

纵把书看未省勤,一生生计只长贫。(贾岛《咏怀》)
思君一见如琼树,空把新诗尽日吟。(许浑《寄殷尧藩》)
把君诗句高声读,想得天高也合闻。(杜荀鹤《哭山友》)
悠然放吾兴,欲把青天摸。(皮日休《初夏游楞伽精舍》)
莫把少年空倚赖,须知孤立易蹉跎。(罗邺《秋夕寄友人》)
却思城外花台礼,不把庭前竹马骑。(《维摩诘经讲经文四》)
若要上方膳帝释,出门轻把白榆攀。(《长兴四年中兴殿应圣节讲经文》)
望儿孙,嘱神鬼,把阎王橙子千回跪。(《长兴四年中兴殿应圣节讲经文》)
阿郎把数都计算,计算钱物千匹强。(《董永变文》)

把字句功能的历史演变

所以,在初期处置式中,即使按郭锐的看法也不能解释为"致使"的把字句是很多的。

把字句在初期以表处置为主,也和把字句的起源有关。把字句是从连动式"把(动词)＋N＋V"演变来的。在唐诗中,有些"把＋N＋V"的句子究竟是连动式还是把字句很难分辨。例如:

> 明年此会知谁健,醉把茱萸子细看。(杜甫《九日蓝田崔氏庄》)

> 报我楼成秋望月,把君诗读夜回灯。(白居易《酬微之开拆新楼初毕相报末联见戏之作》)

> 落花如雪鬓如霜,醉把花看益自伤。(白居易《花前有感,兼呈崔相公刘郎中》)

应该说,上面第一句是连动句,第三句是把字句,第二句介乎两者之间。但不管是连动式还是把字句,其中"看"的对象都是"把"字后面的N。从这个角度看,说把字句[S＋把＋N＋V]的语义大致相当于动宾句[S＋V＋N]的语义是可以的,也就是说,把字句[S＋把＋N＋V]和动宾句[S＋V＋N]一样,V是S施加于N的动作,而不是N呈现的状态。初期处置式的"把＋N＋V＋之"可以证明这一点。

到了明清时期,把字句的谓语变得复杂了,很常见的是"VC"或"V了",但这种把字句仍有不少表处置而不表致使。如上面引的《儿女英雄传》中的一些例句:

> 那陀头一时气忿,把妇人用刀砍死。(一一回)

> 就让你这时候一刀把他杀了,这件事难道就算明白了?(一八回)

> 不曾打寅初,便把公子叫醒。(三四回)

究竟是理解为"用刀砍死妇人"、"一刀杀了他"、"叫醒公子"（即理解为表处置）好呢？还是理解为"使妇人用刀砍死"、"一刀使他杀了"、"使公子叫醒"（即理解为表致使）好呢？显然应该理解为表处置。当然，郭锐所说的"致使"是着眼于"VC"或"V了"既有动作又有结果，但我们从整个句式来看，还应该说这些句子是表处置而不是表致使。

尽管如此，从本文对《儿女英雄传》的统计可以看出，到明清时期，把字句虽然还有不少是表处置的（约280句），但表致使的大大增加（约480句），还有很多既可以看作表处置也可以看作表致使（约620句）。所以，把字句历史演变的总趋势是：初期以表处置为主，后来表致使的逐渐增多，最后以表致使为主。

演变的原因有两个：1.处置与致使有关联。2.汉语语法的历史发展。

（二）演变的原因之一：处置与致使有关联

我们说处置和致使是两个不同的语义范畴，不能把它们混为一谈，但同时，也应该看到，处置和致使是有关联的。

在前面第二部分，我们将把字句的语义功能分为四类，在那里曾经说过：只能表处置的把字句，整个句子大致可以理解为"S＋VP＋N"。那只是一种大致的说法。严格地说，不能说把字句[S＋把＋N＋V]的语义就等同于动宾句[S＋V＋N]的语义。王力（1944）说："假如处置式的意义和普通主动句的意义完全相同，则中国语何必有这两种不同的形式？"这话说得很对。即使是以单音动词结尾的初期把字句[S＋把＋N＋V]，其语义和动宾句[S＋V＋N]的语义也是有区别的。区别在于：(1)把字句是强调N，动宾句是强调 V。(2)把字句的 V 大多数是表处置义的,不能是表精神行为、感受现象、意外遭遇的动词;动宾句的 V 不一定有处置义,可以是表精神行为、感受现象、意外遭遇的动词。这两点又互相关联:正因为把字句是强调 N,是表示"把人怎样安排、怎样支使、怎样对付,或把物怎样处理,或把事情怎样进行",所以 V 一般要有处置义。

什么是"处置义"?前面说过,典型的处置义应该是对对象(人、物、事情)施行一种有目的的行为,使对象的状况(形状、性质、处所、地位等)发生变化。"处置"有强弱之分。"摇""掷""弹""烧"等动词是强的处置义。"看""说""夸""欺(轻视)"等动词是弱的处置义。在敦煌变文、《祖堂集》和《全唐诗》的把字句中,动词也可以是"看""说""夸""欺(轻视)"等弱的处置义,而且数量不算少[①]。但作为一种和普通动宾句有区别的句式,处置式把字句主要还是要求 V 是有处置义的,即这个动作会使对象的状况发生变化。而述补结构是最能表达动作及其引起的对象的变化的,所以,越到后来,把字句中以述补结构结尾的越多。

纵观把字句的历史发展,初期把字句以单个 V 结尾为主,后来单个 V 逐渐减少,用"VC""V 了""V 得 C"的越来越多,这是不争的历史事实。造成这种变化的原因是什么?一般认为是由于述补结构的发展。这样说当然没有错,但仅仅说到这一点还不够,还应在把字句本身的发展中找原因。一般认为述补结构在六朝时产生,到唐代已经是一种很能产的语法格式了,为什么在唐代的把字

[①] 在《全唐诗》中有不少弱处置义的动词处于把字句的末尾,"把+N+看"就有 10 句,如"柳营时把阵图看"。这可能与诗歌的韵律有关。

句中 VC 还那么少见？这就不能不说是与把字句本身的发展有关。因为把字句是从连动式"S＋把＋N＋V"演变来的，而这种连动式中的 V 多数是单个动词，所以，初期把字句也大多是单个动词结尾。而后来把字句中的 VC 越来越多，固然与述补结构的发展有关，但更主要的是由于把字句这种句式语义上的要求：处置式既然是表达动作对对象的处置，就既要说出施行的动作，又要表明对象的变化。在初期，这种对象的变化是隐含的，到后来，就用补语来表达。述补结构适合处置式语义表达的要求，所以后来大量进入把字句。

把字句这种句式语义上的要求(既要说出施行的动作，又要表明对象的变化)，是很值得注意的。这说明"处置"和"致使"两个语义范畴之间有关联。这是把字句的语义功能从以表处置为主演变为以表致使为主的第一个关键因素。如果"处置"和"致使"是两个毫不相干的语义范畴，就不可能有这种历史演变。

（三）演变的原因之二：汉语语法的历史发展

形成这种历史演变的另一个重要因素，是汉语语法(特别是述补结构和受事主语句)的历史发展以及由此而造成的把字句结构的变化。

把字句的结构大体可以写作[S＋把＋N＋VP]。在表示处置的把字句中，N 是处置的对象，VP 是对 N 施行的动作；N 可以看作 VP 的前置宾语。其结构可以写作：

[S＋把＋N(处置对象)＋VP(对 N 施行的动作)]

而在表示致使的把字句中，N 是陈述的对象，VP 是 N 呈现的状态；N 是 VP 的主语。其结构可以写作：

[S＋把＋N(陈述对象)＋VP(N 呈现的状态)]

把字句要由表处置变为表致使,就需要:1.VP 由表施行的动作变为呈现的状态。2.N 由处置对象变为陈述对象,即 N 成为动作的施事、当事,更多的是成为动作的受事主语。这就牵涉到受事主语句的历史发展。

这两项变化是怎样发生的呢?下面分别讨论。

1.VP 由表施行的动作变为表呈现的状态。

汉语中有些 VP(V、VC、V 了、V 得 C)既可以表示施行的动作,也可以表示呈现的状态。这在汉语发展的不同阶段情况是不同的。总的趋势是:越到后来,表示呈现的状态的越多。

早期的把字句[S＋把＋N＋V],很多以单个动词结尾,V 是 S 施行的动作,N 是 V 施行的对象。这些把字句都是表处置的。但也有的 V,本身就既可以表示施行的动作,也可以表示呈现的状态。如:

【开】先秦常见的用法是"开＋N",但也有"N＋开"。如:

天门开阖,能为雌?(《老子》)

门开,公召而入。(《晏子春秋·内篇·杂下》)

【藏】先秦既有"藏＋N",也有"N＋藏"。如:

藏金于山。(《庄子·天地》)

稼生于野而藏于仓。(《吕氏春秋·审己》)

【传】先秦既有"传＋N",但也有"N＋传"。如:

古之圣王,欲传其道于后世。(《墨子·贵义》)

功名传于后世。(《吕氏春秋·当染》)

如果这种 V 出现在把字句的句尾,构成[把＋N＋V]的句式,那么,这种把字句就既可以看作表处置,也可以看作表致使。敦煌

变文和唐诗中的一些把字句就是这样:

能向老亲行孝足,便同终日把经开。(《二十四孝押座文》)

予家药鼎分明在,好把仙方次第传。(翁承赞《寄示儿孙》)

天应不许人全见,长把云藏一半来。(孙鲂《湖上望庐山》)

有的 V 原先只有"V+N"的形式,"N(受事)+V"是后来出现的。如下列动词:

【脱】原先只有"脱+N",到唐代出现"N+脱"。如:

脱衣就功。(《国语·齐语》)

见牝狐死穴中,衣服脱卸如蜕,脚上著锦袜。(《广异记·李麐》)

【展】原先只有"展+N",到唐代出现"N+展"。如:

展其臂。(《战国策·燕策》)

江铺满槽水,帆展半樯风。(白居易《江夜舟行》)

既然唐代已经有了"N+脱"和"N+展"的形式,那么,下列把字句也可以看作表致使:

乾坤似把红罗展,世界如铺锦绣堆。(《维摩诘经讲经文一》)

若把白衣轻易脱,却成青桂偶然攀。(杜荀鹤《恩门致书远及山居因献之》)

不过,这种单个动词可以表状态的毕竟为数不多。后来,把字句以单个动词结尾的逐渐减少,"VC""V 得 C"和"V 了"逐渐增多。据杨平(2002)统计,在《朱子语类》中,"动词后带表结果的修饰语"的把字句和"以单纯动词居末"的把字句大约是 2∶1。据本文统计,在《元刊平话五种》中,以"VC""V了"结尾的和以单个动词结尾的比例大约是 9∶1。"VC""V 得 C"和"V 了"适合于表状态,这种结构的变化,就使得[S+把+N+VP]中的 VP 表示 N 的状态的可能性大大增加了。

但是,把字句中的 VP(V、VC、V 了、V 得 C)究竟哪些是表示施行的动作,哪些是表示呈现的状态,还需要具体分析。

首先是取决于其中 V 的性质。一般来说,如果 V 的施行性很强,那么,VC 就不大可能表状态,也不大可能构成"N(受事)+VC"。比如,在历代的文献中,没有看到"N(受事)+推开"的形式,也没有"N(受事)+推到+L"的形式,这说明"推开"和"推到"不适合表状态。所以,上面《儿女英雄传》的"只见他把那馒头合芝麻酱推开"(二一回)和"那大师傅就把我推推搡搡推到那间柴炭房里去"(七回),我们归入"只能表处置"一类。但有些施行性很强的V(如"吃"),前面或后面加上修饰语或补语以后,也可以表状态(见下)。结果补语 V 得 C 一般是表状态的,但有些既可以表状态,也可以表施行。如"拍得 C",既有"惊堂木拍得仿佛旺鞭似的响"(《最近官场秘密史》卷九),当然是表 N(惊堂木)的状态;又有"拍得门山响"(《红楼梦》三〇回),还是侧重在施加于 N(门)的动作。所以,上面《儿女英雄传》的"轮起大巴掌来,把桌子拍得山响"(一六回),我们归入"看作处置和致使均可"一类。还有些 V 得C,如"收拾得 C",只见到"N+收拾得 C"的例句,没有见到"收拾得+N+C"的例句,说明只能表状态,不能表施行。所以,上面《儿女英雄传》的"把你我的两间屋子给收拾得一模一样"(二九回),我们归入"只能表致使"一类。究竟哪些"VC""V 了"和"V 得 C"能表状态,哪些不能,这个问题还需深入研究。

2. 受事主语句的历史发展。①

我们看到这样的情况:同一个 VC,在早先没有"N(受事)＋VC",到后来出现了"N(受事)＋VC"。如:

【展开】在唐宋时只有"展开＋N",到元代才见到"N(受事)＋展开"。如:

展开一卷读一首,四顾特地无涯垠。(唐顾云《池阳醉歌赠匡庐处士》)

粉筝才撒罢,锦笺初展开。(元张可久《梅友元帅席上》)

【放尽】在宋代只有"放尽＋N",到明代才见到"N(受事)＋放尽"。如:

放尽穷鳞看围围。(苏轼《蝶恋花》)

三日晴和放尽梅,雾笼窗晓暗香来。(宋《四朝闻见录·附录》)

必俟二月上旬河水融泮,闸水放尽。(明毕自严《度支奏议》云南司卷一〇)

正因为看到了这些文献资料,所以我们才说《元刊全相平话五种》中的例句可以看作表致使:

懒把兵书再展开。(《前汉书平话》中)

把水放尽。(《三国志平话》中)

---

① 既然表致使的把字句中的 N 是陈述的对象,VP 是 N 呈现的状态,那么也可以说 N 的语义角色是当事,[N＋VP]的关系是"当事＋陈述"的关系。不过,本节所讨论的这类把字句是从表处置的把字句演变来的,在表处置的把字句中,N 是 VP 的受事。考虑到这种历史演变关系,我们仍把这里讨论的 N 的语义角色看作受事,把[N＋VP]的关系看作"受事＋陈述"的关系,并把它和受事主语句的历史发展联系起来讨论。

把字句功能的历史演变

为什么同一个 VC,在早先没有"N(受事)+VC",到后来能出现"N(受事)+VC"?这是由于汉语受事主语句的历史发展。汉语受事主语句先秦就有,但后代不断发展,形式和数量都有很大变化。这是汉语语法发展的一个大问题,需要做专题研究,本文只能就把字句涉及的例句做一些具体的分析。

比如,《儿女英雄传》中的例句:

只见他忙忙的把那张弹弓挂在北墙一个钉儿上。(六回)

这个句子也可以看作表达的是"挂那张弹弓在北墙一个钉儿上"的意思,是一种处置。确实,在六朝时是有这种句子结构的。如:

仲容以竿挂大布犊鼻(裈)于中庭。(《世说新语·任诞》)

在宋代时也还偶尔见到:

挂搭衣服冥钱在上焚之。(《梦华录》卷八)

但在《全唐诗》中,已经都是"N 挂在 L"了。只有卷二五有一句:

藕丝挂身在虚空。(顾况《行路难》)

但卷二六五载同一首诗,就作"N 挂在 L":

藕丝挂在虚空中。

再如下面的例句也都是"N 挂在 L":

笠子挂在树头上。(《朝野佥载》)

敕书挂在凤皇楼。(《古尊宿语录》卷六五)

可见从唐代开始,"N 挂在 L"这种受事主语句就已经形成而且定型。因此,《儿女英雄传》中的"把那张弹弓挂在北墙一个钉儿上"应该看作[把+受事主语句],是表致使的把字句。

在《儿女英雄传》中也能见到这样的句子:

579

早各各的把兵器揢在手里。(一一回)

揢那把刀在手里。(一八回)

但(一八回)例应该看作仿古的句式,从历史发展的总趋势看,这种[V+N+在+L]的结构早已消失了。又如:

把一碗面忒儿喽忒儿喽吃了个干净。(六回)

我两个同张老大、女婿、大侄子都在这厢房里鸦默雀静儿的把饭吃在肚子里了。(二七回)

"面"和"饭"当然是"吃"的受事。那么,上述例句中的"面"和"饭"究竟是"吃"的前置宾语呢?抑或是"吃了个干净"的受事主语呢?这也要从受事主语句的历史发展来考察。确实,"N(食物)+VP(以"吃"为主要动词)"的形式,在明代以前似乎没有见到,但明代以后就有了。如:

活跳跳的金鱼儿,吃在嗉儿里。(《时调集·霓裳续谱》卷七)

饭儿是吃在肚子里了。(《儿女英雄传》九回)

热酒一盅吃在肚内。(《刘墉传奇》五五回)

你身子住在房里,茶饭吃在肚。(《五凤吟》一〇回)

两盘肉已吃得干干净净。(《白牡丹》二〇回)

却剩了一段鱼脊骨吃不干净。(《二十年目睹之怪现状》二〇回)

一众匪友酒毕饭饱,连五爷家的锅巴都吃得干干净净。(《清风闸》四〇回)

虽然"吃"施行性很强,但前面加上了修饰语,后面加上了补语,整个结构就可以表示状态,也就可以做受事主语句的描写性谓语了。所以上述《儿女英雄传》的两例,是表致使的把字句。

又如:《儿女英雄传》的"只能表致使"的3之B:

把两个媳妇都现在有喜不能上路的话说了。(四〇回)

为什么说只能表致使呢?这是因为:前面已经说过,在《红楼梦》和《儿女英雄传》中,没有"说＋C/了……的话"的形式,无法把"……的话"看作"说"的前置宾语,而只能把[N(……的话)＋说＋C/了]看作受事主语句,"说＋C/了"表"N(……的话)"的状态。这种[N(……的话)＋说＋C/了]的受事主语句在明代以前没有,但明清时期就有了,《儿女英雄传》中就有不少。如:

我一句话还不曾说出来。(《东堂老》一折)

两个淫声艳语,无般言语不说出来。(《金瓶梅》七八回)

这段话文若说出来时:直教铁汉也心酸,总是石人亦泪洒!(《醒世恒言·李玉英》)

鲍文卿正待要说,又忍住道:"不说罢。这话说了,恐怕惹老爹怪。"(《儒林外史》二五回)

我的话到底说了没有?(《红楼梦》六〇回)

那知珍哥弃故迎新,绝无往日之意,不疼不热的话说了几句。(《醒世姻缘》四三回)

你那一路不要见外人的这句话,便不枉说了。(《儿女英雄传》二〇回)

周兄弟,你这话说远了。(《儿女英雄传》二一回)

他老人家这话说了可不是一遭儿了。(《儿女英雄传》二七回)

一句话不曾说出来,他便说道。(《儿女英雄传》三五回)

可见,汉语的受事主语句是逐步发展的,其结构形式和具体的构成(如以"食物"为"吃"的受事主语,以"话"为"说"的受事主语),

都是越到后来越丰富多样。受事主语句的这种发展,也是把字句越来越多地表示致使的一个重要原因。

受事主语句的发展,是汉语发展的总趋势,在现代汉语中,受事主语句肯定很多,所以,现代汉语的把字句有很多可以看作表致使。但我们研究历史上的把字句,就不能仅仅根据现代的语感,而要根据当时的语言资料。比如"解开",我们现在当然可以说"头发披散,衣服解开","解开"可以是表示N(受事)呈现的状态。但是,我们查检了历代的文献,都没有看到"N(受事)+解开"的形式,直到《儿女英雄传》中,5个"解开"还都是"解开+N",所以,直到晚清,"解开"只能表施行的动作,"把+N+解开"也就不能看作表致使。正因为如此,《儿女英雄传》的例句:

站住!搁下筐子,把衣裳解开!(三四回)

我们没有把它看作表致使,而还是看作表处置。

3. 把字句的新形式[把+N(施事/当事)+VP]的出现。

表处置的把字句中的N都是动作的受事。上面所说的由表处置演变为表致使的把字句,其中的N也是受事,只不过这个N充当的是VP的受事主语。但除此之外,把字句还有一种形式[把+N(施事/当事)+VP],这种形式的把字句只能表示致使。这种形式的把字句是新出现的,可以分为三小类,三类的形式不同,来源也不同。

(1)那顾肯堂重新和了弦弹起来,弹得一时金戈铁马破空而来,一时流水落花悠然而去。把他乐得手舞足蹈。(《儿女英雄传》一八回)

(2)只见他把脸一红,低着头说道。(《儿女英雄传》四〇回)

(3)至于安公子,空吧嗒了几个月的嘴,今日之下,把只煮熟的鸭子飞了。(《儿女英雄传》二五回)

第(1)类,句中的动词大多是表感情的,而且大多可用作使动,可以构成"V得+N+C"这样的形式。如《儿女英雄传》中就有这样的句子:

只乐得他手舞足蹈,眼笑眉飞。(一五回)

从"乐得他手舞足蹈"到"把他乐得手舞足蹈",很显然是用"把"字将"乐"的宾语"他"提前。但既然形成了"把他乐得手舞足蹈"这样的句子,从形式上分析,也可以看成是[把+当事主语句],句子的功能也可以说是表致使。当然,"把安太太喜欢的,拉着他的手说道"未必有相应的"喜欢得安太太拉着他的手说道"这样的句子,"把N喜欢得……"可能是从"把N乐得……"类推而来的。

第(2)类,"红"是形容词。把字句的谓词一般不能是形容词。这种句子是从"把头一抬""把身子一扭"类推而来的。但"把头一抬""把身子一扭"既可以看作致使也可以看作处置,"把脸一红"就只能看作表致使了。

第(3)类是通常所说的"致使义把字句"。这类句子产生得很早,在敦煌变文和唐诗中就有。初期把字句的结构一般都是"S把+N(受事)+VP",为什么会出现这种"把+N(施事)+VP"的把字句,其原因迄今未能很好地解释。晚唐五代时期的这种"致使义处置式"的语义和"使"字句没有什么不同,所以,从功能方面看,也说不出有什么不同于"使"字句的特别功用。在《元刊平话五种》中也是如此。但到明清时期,这种把字句的语义特点表现得十分明显:不仅是一般的表示致使,而且是表达一种对叙述者来说是不曾意想到的,甚或是不如意的结果。如上述《儿女英雄传》"只能看作

致使"第④类的句子,绝大部分都是这样。下面重复引其中两个典型的例句:

　　那水直串到本工的土泊岸里,刷成了浪窝子,把个不曾奉宪查收的新工,排山也似价坍了下来。(二回)

　　我一时大意,就随着大家出来,不想把那块砚台落在那庙里,这便如何是好?(一○回)

这就和一般"使"字句区分开来,起了一般"使"字句起不到的作用,所以,成了一种颇为能产的句式。这种把字句的存在和发展,也是明清以后的把字句以表致使为主的原因之一。

这种把字句还有进一步的发展。在表达一种意想不到的、不如意的结果时,说话者故意把致使的原因隐去不说,这就使得其结果看起来像是无因而至的,从而也就更加突出其结果来得突然,对于当事人来说是一种不幸的突发事件。这从下列例句的比较中可以看得很清楚:

　　谁承望马嵬坡尘土中,可惜把一朵海棠花零落了。(《梧桐雨》四折)

　　怎么把个晴雯姐姐没了!(《红楼梦》七九回)

　　贾老儿既把个大儿子死了,这二儿子便成了个宝贝,恐怕他劳神,书也不教他念了。(《老残游记》一五回)

其实第一例和第二例的原因都是可以说出的。如果把第一例改为"马嵬兵变,把一朵海棠花零落了",把第二例改为"抄检大观园,把个晴雯姐姐没了",这就是一般所谓的"致使义处置式"。而像现在这样,不说原因,就显得有点特殊。进一步发展,第三例的原因就无法说出了,这种把字句,不是要表达某种原因导致这种结果,而是表达某人遭受了一种不幸的突发事件,所以,其语义功能就不是表致使,而是表遭遇①;但这种把字句还是由表致使的把字句发展来的。

除了上述几种类型外,还有一种把字句也只能看作表致使,即上述《儿女英雄传》(2)"只能看作表致使"的第⑤类。如:

  他便望着那银子大哭起来。这一哭,倒把安老爷哭的没了主意。(三九回)

虽然这不是[把+施事/当事主语句],但其语义关系是"由于A(哭)的关系,B(安老爷)变成C(没了主意)所描述的状态",而且,"哭"不是施加于"安老爷"的动作,所以只能看作表致使。这种把字句可能是这样产生的:

首先有这样的句子:

  问来问去,把个邓九公问烦了,说道。(一七回)

这个句子是这样变换来的:

  问得邓九公烦了(V 得 OC,C 指向 O)→把个邓九公问(得)烦了

如果由于类推,把及物动词"问"换成"哭",就出现这样的变换:

  哭得安老爷没了主意(V 得 OC,C 指向 O)→把安老爷哭的没了主意

把字句从表处置到表致使,是其语义功能的发展。进一步说,同样是表致使,其语义功能也是有发展的。致使可以分为有意致使和无意致使两类。[S+把+N(受事主语)+VP]都是有意致

---

① 北京大学中文系博士生郭浩瑜的博士学位论文《汉语处置式的历史演变研究》把这一类把字句称为"遭遇义把字句",并对这类句子的特点以及和致使义把字句的关系做了详细论证。本文同意她的论点。

使,因为句中的 V 都是 S 发出的动作,N 呈现 VP 这种状态,是 S 有意造成的。[(S)＋把＋N(施事/当事主语)＋VP]以及"把安老爷哭的没了主意"一类都是无意致使,"把"前面的 S 往往不是某个人,而是某个事件或某种情景;不是某个人有意使这种状态出现,而是这个事件或这种情景的影响致使这种状态出现。如:

> 那水直串到本工的土泊岸里,刷成了浪窝子,把个不曾奉宪查收的新工,排山也似价坍了下来。(《儿女英雄传》二回)

即使"把"前面有表示人物的 S,也不是 S 有意导致了某种状况出现,而只是说 S 在无意中出现了某种状况。如:

> 才一欠身儿,左边儿那个孩子早把个啯儿从嘴里脱落出来。(《儿女英雄传》三九回)

而且有些句子致使的原因根本无法说出。如:

> 再加自己家里的老底儿,人家比自己还知道,索性把小时候拉青屎的根儿都叫人刨着了。(《儿女英雄传》一九回)

所以,这类把字句都是无意致使。

从有意致使到无意致使,再发展为表遭遇,这也是把字句功能的一种重要发展。

参考文献

崔希亮　1995　《"把"字句的若干句法语义问题》,《世界汉语教学》第 3 期。
郭浩瑜　2010　《汉语处置式的历史演变研究》(北京大学博士学位论文,未刊)。
郭　锐　2003　《把字句的语义构造和论元结构》,《语言学论丛》第 28 辑,商务印书馆。
吕叔湘　1948/1990　《把字用法研究》,《吕叔湘文集》第二卷,商务印书馆。
王　力　1943/1985　《中国现代语法》,《王力文集》第一卷,山东教育出版社。

王　力　1944/1985　《中国语法理论》,《王力文集》第二卷,山东教育出版社.

王　力　1958/1988　《汉语史稿》,《王力文集》第九卷,山东教育出版社.

薛凤生　1989/1994　《把字句和被字句的结构意义》,《功能主义和汉语语法》,北京语言学院出版社.

杨　平　2002　《朱子语类的"将"字句和"把"字句》,《汉语史论文集》,宋绍年、张猛、邵永海、刘子瑜编,武汉出版社.

(原载《梅祖麟教授八秩寿庆学术论文集》,首都师范大学出版社,2015年12月)

"给"字句、"教"字句表被动的来源*

——兼谈语法化、类推和功能扩展

本文通过"给"字句和"教"字句①的演变来讨论语法化、类推和功能扩展在语法演变中的作用。

一 "给"字句由表给予到表被动的发展

1.1 在现代汉语中,"给"既可以表示给予,又可表示被动。如:

我给了他一张票。(表给予)

衣服给雨淋湿了。(表被动)

在这两个例句中,"给"前面和后面都有一个名词。当"给"表示"给予"时,动作的方向是从 N_1(我)到 N_2(他);当"给"表示被动时,动作的方向是从 N_2(雨)到 N_1(衣服)。方向是恰好相反的。那么,为什么"给"字既可表示"给予"又可表示"被动"?显然,这不可能是"给"本身词义演变的结果。

---

* 本文曾在 2001 年 8 月于温哥华举行的第四届国际古汉语语法研讨会上宣读。

① 本文所说的"教"字句和"教"字都包括"交"和"叫"字。

"给"字句、"教"字句表被动的来源——兼谈语法化、类推和功能扩展

1.2 英国的语言学家 P. A. Bennett(1981)对此有一个解释。他引用赵元任的例子:"张三给李四打了。"在这个句子中,"给"既可理解为"把",也可理解为"被"。[Chao,Yuanren(赵元任)1948:193] P. A. Bennett 认为"给"用于处置式好解释:"John gave me a beating."意思等于"John beat me."这个句子在汉语中就可以用处置式表达。"给"用于被动式难以解释:"John gave me a beating."无法变为"John was beaten by me."他认为:"给"用于被动式是因为被动式的介词与处置式的介词关系密切。他举了三条理由:(1)同样源于"给予"义的介词,在有的方言里(如洛阳、开封以及若干云南方言)用于处置式,在有的方言里(如北京话)用于被动式。(2)表处置的介词"把"在元曲里可用于被动式:"倒把别人取了去。"(3)有的方言甚至用同一个介词表示处置和被动,如江西客家话的"挜",湖北浠水话的"把"。总之,他认为"给"从表示"给予"到表示"被动",中间是通过表示处置这个环节的。

我不同意 P. A. Bennett 的解释。(1)在汉语的历史资料中极少见到用"给"来表示处置的,下文《武王伐纣平话》中的"给"的用法有点像"把",但不很清楚,而且仅此一例。P. A. Bennett 所引洛阳、开封以及若干云南方言中源于"给予"义的介词为什么能表示处置,本身还需要研究,不宜用作论证的前提。(2)表处置的介词"把"用于表示被动式,在元曲中也很少见。引例"倒把别人取了去"见于《元曲选·杀狗劝夫》,其中的"把"意思未必是"被",也许是"给"(让),"把"有"给"(给予)义在近代汉语中较常见,从"给予"义可以发展为"让、叫"义(详下)。(3)浠水话表被动的"把",可能也是从"把"的"给予"义发展而来,未必和表处置的"把"是同一来源。总之,从汉语史的资料来看,说表示给予的"给"可以发展为表

示处置,以及说表处置的介词可以发展为表被动,都没有充足的事实根据。

1.3《现代汉语八百词》中,"给"有这样几个义项:

[动]1.使对方得到……可带双宾语,也可只带其中之一。(例略)

a)第二个名词宾语后面还可以再加动词,这个名词类似兼语。(给我一壶开水沏茶)

b)第二个名词是它后面的动词的受事。(给我一杯水喝)

3.容许;致使。用法与"叫、让"相近。(给他多休息几天/看着小鸟儿,别给飞了)

[介]6.表示被动;被。(衣服给雨淋湿了)

在现代汉语的共时平面上,看不出这几个义项之间的联系。但是,从历史上看,这几个意义是有发展关系的。我认为"给"从表示"给予"到表示"被动"是这样一种发展:"给^1"(给予)—"给^2"(让、叫)—"给^3"(被);然后再由类推而完成的。下面论述其间的发展关系。

A. 给^1:动词。给予。

表示"给予"的意思,在古汉语中用"与"表达,较晚才用"给"。据志村良治(1984),"给"在《武王伐纣平话》中仅有一例,其余都用"与":

左右蒙圣旨,将皇后尸首埋,给皇后腕上带着琼瑶宝钏咸皆埋了。(《武王伐纣平话》上)

这个"给"字的用法不清楚,从上下文看,似乎相当于"把"字。在《五代史平话·周史上》中有个"归"字表示"给予"义,如:

"给"字句、"教"字句表被动的来源——兼谈语法化、类推和功能扩展

①咱这剑也不卖归您。

②找个生活归您做。(转引自志村良治1984)

《老乞大谚解》《朴通事谚解》中有个"馈"(谚文注音的转写为gyi)字,出现次数较多。

《老乞大谚解》《朴通事谚解》中"馈"用作介词(相当于"为""替")的11例,构成"V馈"的18例,用作动词,表示"给予"义的14例,其中多数带名词宾语(单宾语或双宾语),如:

③你问他借时便馈你。(《朴通事谚解》)

④你只馈我一样的好银子。(《老乞大谚解》)

有两例在第二个名词宾语后面还有动词,第二个名词宾语是它后面动词的受事。如:

⑤一日三顿家馈他饱饭吃。(《朴通事谚解》)

⑥等一会儿馈些草吃。(《朴通事谚解》)

太田辰夫(1958)认为"归"和"馈"是"给"的前身。[①] 但"馈"字在《古本老乞大》中未见,可见表示"给予"的"馈"在元代还很少用。

在《红楼梦》中表"给予"的"给"已经大量出现。下面举两例:

⑦那四支给了凤哥罢。(七回)

⑧往常老太太又给他酒吃。(八回)

表"给予"的"给(归/馈)"出现在两种句式里。第一种是"给(归/馈)"只带名词宾语,如例①③④⑦。这种的句式是不可能发展为被动句的,因为以"给"为标记的被动句中除了"给"以外还必须有另一个动词。第二种是"给(归/馈)+N+V",如例②⑤⑥

[①] "给"的来源众说不一,详见志村良治(1984)。平山久雄(2000)赞同池田武雄的说法:"给"是"过与"的合音。这个问题这里不讨论。

⑧。这种句式就具备了这个条件:在动词"归/馈"的宾语后面还有另一个动词,如例②的"做"、例⑤⑥⑧的"吃"。这是表给予的动词"给(归/馈)"发展为被动标志的重要一步。

不过,这种句式不是直接发展为被动句,而是首先发展为使役句,然后再发展为被动句。使役句也是要求在使役动词之外还有另一个动词,第二种句式也符合这种要求。

这第二种句式我们称为句式 A,其句子结构和语义关系可以这样来表示:

句子结构:甲+给+乙+N+V

语义关系:甲给予乙 N,乙 VN。乙是 V 的施事,N 是 V 的受事;但语序上是"乙 NV"。

B. 给^2:动词。让。叫。

在《红楼梦》中除了表示"给予"的意思外,"给"还可用来表示"让""叫"的意思。"给^2"(让,叫)是从"给^1"(给予)发展来的,下面几个例句可以看出两者的联系:句中的"给"仍然可以看作"给予"的意思,但整个句子的意思已经和用"让/叫"的使役句非常接近。如:

(1)表示使对方做某件事。

⑨贾母忙拿出几个小杌子来,给赖大母亲等几个高年有体面的妈妈坐了。(四三回)

可比较:"叫平儿挪了张杌子放在床旁边,让袭人坐下。"(三八回)

(2)表示容许对方做某种动作。

⑩我的一件梯己,收到如今,没给宝玉看见过。(四二回)

可比较:又一个丫鬟笑道:"别叫宝玉看见。"(五六回)

"给"字句、"教"字句表被动的来源——兼谈语法化、类推和功能扩展

这种句式我们称为句式 B,它在《老乞大谚解》《朴通事谚解》中未曾见到,是在《红楼梦》中才出现的。其句子结构和语义关系可以这样来表示:

句子结构:(1)甲＋V_1＋N＋给＋乙＋V_2

(2)(甲)＋V_1＋N＋不给＋乙＋V_2

语义关系:甲转让 N 给乙,叫/让乙 V。

或:甲占有 N,不让乙 V。

由句式 A 发展到句式 B,为"给[1]"发展到"给[2]"提供了句法和语义方面的条件。从句法方面看,在句式 B 中,N 已经移到"给"的前面,后面的语序"给＋乙＋V"正好和使役句"让/叫＋兼语＋V"一样。而且,在语义上,乙是"给"的受事,又是 V 的施事,正和使役句中的兼语的地位一样。同时,在句式 B 中,甲后面有一"转让/占有"义动词,如例⑨"贾母"后面的"拿出",例⑩"我"(句中未出现)后面的"收",所以"给/不给"的"给予/不给予"义淡化,由表示"甲""乙"双方之间实际施行的动作(甲给予/不给予乙某物),淡化为表示"甲""乙"双方之间的关系(甲让/不让乙做某事)。所以,"给＋乙＋V"也可以看作"让/叫＋乙＋V"。这样,由句式 A 到句式 B,就由给予句变为使役句,"给"也就由"给[1]"(给予)变为"给[2]"(让,叫)。

由句式 A 发展到句式 B,也使"给"向表被动的方向更迈进了一步。句式 A 中虽然有了另一个动词(如例⑤的"吃"),但在"给"和 V 之间还有两个名词(乙和 N)隔开,其中乙是 V 的施事(如例⑤的"他"),N 是 V 的受事(如例⑤的"饱饭");或者只有一个名词 N,是 V 的受事(如例⑥的"草")。这就和被动句有较大的距离:被动句的被动标志词和动词之间只能有一个名词,这个名词只能是

593

谓语动词的施事。在句式 B 中，N 从句式 A 的"乙"与"V"之间的位置前移，使得"给"和"V"之间只有一个"乙"，这就离被动句又近了一步。

"给²"在《红楼梦》里比较多，下面再举几个例句：

⑪正经更还坐不上来，又弄个贼来给我们看。（六一回。看：看守）

可比较：这些粗笨货要他无用，还叫人看着。（六八回）

⑫芳官连要洗头也不给他洗。（五九回）

可比较：买了东西先叫我洗。（五九回）

⑬你先给你娘瞧瞧去再去。（五二回）

可比较：让我瞧瞧去。（四七回）

⑭连我们家也没有这些杂话给孩子们听见。（五四回）

⑮园里把咱们的宝玉叫了来，给这四个管家娘子瞧瞧。（五六回）

⑯因此开恩打发出去了，给他老子娘随便自己拣女婿去罢。（七二回）

C.给³：介词。表示被动。

使役句离被动句已经非常接近，下面我们将会看到，早在唐代就有使役句转为被动句。事实上，句式 B 中的例⑩"我的一件梯己，收到如今，没给宝玉看见过"中的"给"，既可以理解为"让"，也可以理解为"被"。此外，《红楼梦》还有一例也是这样：

⑰千万别给老太太、太太知道。（五二回）

可比较：贾琏笑道："你只好生收着罢，千万别叫他知道。"（二一回）此例系据 1982 年人民文学出版社以庚辰本为底本的《红楼梦》。在 1958 年人民文学出版社以戚序本为底本的

"给"字句、"教"字句表被动的来源——兼谈语法化、类推和功能扩展

《红楼梦》八十回校本中,作"千万别给他知道。"戚序本(1769)时代略晚于庚辰本(1760),可见在18世纪60年代时,人们已经认为"给"和"叫"可以通用了。而且,无论是"叫"还是"给"都可以理解为"被"。

这种两可的情况,正反映出从"给$_2$"到"给$_3$"的发展。

到《儿女英雄传》中,就出现了这样的句子:

⑱甘心卑污苟贱,给那恶僧支使。(七回)

⑲就是天,也是给气运使唤着。(三回)

例⑱和例⑩⑰同属一类,"给"既可以理解为"让"也可以理解为"被"。例⑲就只能理解为表被动的了,但在《儿女英雄传》中仅此一例。

这种句式我们称之为句式C,其句子结构和语义关系可以这样来表示:

句子结构:N+给+乙+V

语义关系:N是V的受事,乙是V的施事,"给"的作用相当于"被"。

为什么例⑩⑰⑱中的"给"既可以理解为"让"(给$_2$),又可以理解为"被"(给$_3$)呢?也就是说,为什么同一个句子,既可以理解为句式B,又可以理解为句式C呢?这是因为,句式B和句式C虽是两种不同的句式,但是有相同之处。

以句式B"甲+V_1+N+给$_2$+乙+V_2"的后面一部分"N+给$_2$+乙+V"和句式C"N+给$_3$+乙+V"相比,两者有共同之处:(1)几个成分的语序都一样。(2)N、乙和V的语义关系也大致一样:"乙"都是V的施事,句式C中的N都是V的受事,句式B中的N当V_2是及物动词时,也是V_2的受事。(3)如果是有形态的

595

语言,那么,使役句中的 V 应该是主动态,被动句中的 V 应该是被动态。例如,"给(=让)老太太、太太知道"的"知道"翻译成英语应当是"know","给(=被)老太太、太太知道"的"知道"翻译成英语应当是"be known"。但汉语动词主动和被动都是一个形式,使役句中的"知道"和被动句中的"知道"形式上没有区别。

两者也有不同之处:(1)句式 C 中的 V 必须是及物的。句式 B 中的 V_2 可以是及物的(如例⑩中的"看见"),也可以是不及物的(如例⑨中的"坐下")。V_2 是及物的可以转为句式 C,不及物的不能转为句式 C。(2)既然句式 B 是使役句,"给"前面就必然出现或隐含使役的施事"甲"。而句式 C 既然是被动句,"给"前面就只能出现动词的受事 N。这一点是使役句和被动句最根本的区别。

只有当这两点不同消失的时候,句式 B 才能转化为句式 C,"给^2"才能转化为"给^3"。

我们看到,在例⑩⑰⑱中,V(看见、知道、支使)都是及物动词,具备了转化的一个条件。

同时,在例⑩⑰⑱中,"给"前面紧挨着的位置上没有出现任何名词,是一个空位。这就造成了语义上的模糊性:可以理解"( )给"中的空位( )隐含着使役的施事"甲",这时就是句式 B;也可以理解"( )给"中的空位( )隐含着动词的受事 N,这时就是句式 C。例如:

⑩(我)没给宝玉看见过。——句式 B,使役。
　(我的梯己)没给宝玉看见过。——句式 C,被动。
⑰(你)千万别给老太太、太太知道。——句式 B,使役。
　(这件事)千万别给老太太、太太知道。——句式 C,被动。
⑱(你)给那恶僧支使(自己)。——句式 B,使役。

"给"字句、"教"字句表被动的来源——兼谈语法化、类推和功能扩展

(自己)给那恶僧支使。——句式 C,被动。

这就具备了转化的另一个条件。这个问题相当重要,我们在下面分析"教"字句由使役向被动转化的时候还要详细讨论。

但是,这种由句式 B(使役句)转化来的句式 C(被动句)和现代汉语中用"给"的被动句还有一点差别:句中的施动者是有限制的。因为使役句中的兼语"乙"通常只能是表人或动物的名词①,所以由此转化来的被动句中的施动者"乙"也只能是人或动物;而一般被动句"N+被+乙+V"中的"乙"可以是人或动物,也可以是无生命的事物。

这最后一点差别是通过类推而消除的:当这种由使役转化来的"给³"被动句使用得越来越多的时候,语言的使用者就逐渐忘记了它是由用"给²"的使役句转化而来的,而觉得它和一般的被动句一样。既然一般的被动句在被动标志词后面的施动者既可以是人或动物,也可以是无生命的事物,那么,用"给³"的被动句中为什么不能是这样呢?于是就出现了"给+无生命的事物+V"的句子。这时候,用"给³"的被动句才和一般的被动句相同,它和用"给²"的使役句也就分了家。这时,"给"字句才最后完成了功能扩展,由原来只表使役的功能扩展到兼表使役和被动。如例⑲,"给"后面的"气运"不是人或动物,所以它不可能是使役句中的兼语,因此,例⑲就不能是使役句,而只能是新产生的表被动的"给"字句,这种用"给"的被动句和一般的被动句已经基本上没有差别了。

"给"后面的施动者是无生命的事物的句子在《白姓官话》中出

---

① 只有像"让荒山变成良田"这样的少数使役句中,兼语是表示无生命事物的名词。

现得较多。《白姓官话》是在冲绳发现的一种官话课本,是清代山东登州府莱阳县的一个商人白瑞临出海遭风漂流到琉球后,于乾隆十五年(1750年)为通事汇纂的,后有人带到福州,经福州老儒林守超于乾隆十八年(1753年)校正而成。其成书时间虽然与《红楼梦》差不多,但可能比《红楼梦》更接近口语,所以其中的"给"字句比《红楼梦》甚至比《儿女英雄传》更接近现代汉语。《白姓官话》中有"给"的句子共36句,其中"给"表被动的共4句,而被动句中施动者是无生命的事物的就有3句:

㉑那些没丢的,也给海水打滥了。

㉑寡剩的几担豆子没丢吊,也给海水打滥上霉了。

㉒里头原是给雨打湿了的。

值得注意的还有一点:这三句中在谓语后面都有个"了",这就更明确地和使役句区分开来了。因为使役句是表示让某人做某事,"做某事"往往是未实现的,所以谓语后面一般不能用"了"。如"我让他摆好桌子",后面不能加"了";除非是对一种已经发生的使役的陈述,句末才能用"了",如"我昨天就让他摆好桌子了"。但这个"了"也是表示"我让他(我吩咐他)"这件事已经实现,而不是表示"摆好桌子"这件事已经实现。而被动句(特别是肯定性的被动句)往往是对一种已实现的事情的陈述,所以在现代汉语的被动句谓语后面常常加"了",如"桌子被摆好了"。这种"给+N(无生命)+V+了"的被动句在《白姓官话》中的出现,说明用"给"的被动句已完全成熟。

这个句末的"了"是怎样加上去的呢?这不可能是使役句进一步发展的结果,而是"给"字句被人们当作被动句使用后形成的。当时被动句的主流是"被"字句和"叫"字句,"被"字句早在宋代就

"给"字句、"教"字句表被动的来源——兼谈语法化、类推和功能扩展

可以在句末加"了","教"字句加"了"在《金瓶梅》中已能看到,到《红楼梦》中"被"字句、"叫"字句句末加"了"更是普遍。如:

㉓ 彦冲被此辈教坏了。(《大慧书·答刘宝学》)

㉔ 被利欲将这个心包了。(《朱子语类》卷八)

㉕ 原来平儿早被李纨拉入大观园去了。(《红楼梦》四四回)

㉖ 手中的扇子在地下,也半被落花埋了。(《红楼梦》六二回)

㉗ 教那西门庆听了,赶着孙寡妇只管打。(《金瓶梅词话》一五回)

㉘ 若叫人知道了,我就吃不了兜着走呢。(《红楼梦》二三回)

㉙ 这叫姨妈看见了,又说一个不清。(《红楼梦》六二回)

刚才说过,这是被动句的语义特点决定的。"给"字句虽然是从使役句发展而来,但一旦被人们当作被动句使用了,它就会服从一般被动句的表达规律,也会受主流被动句"被"字句、"叫"字句的影响,所以句末加上了"了"。

现在简要地回顾一下用"给"的被动句形成的过程。(1)从句式 A($给_1$:给予)到句式 B($给_2$:让,叫)到句式 C($给_3$:被)的发展,不是由于"给"的词义的变化带动句式的演变,而是相反,是由于句式的演变造成"给"的词义和功能的变化。(2)句式的演变是渐进的:句式 A 的一部分在某种条件下由于结构形式和语义关系和使役句相似,可以发展为句式 B;句式 B 的一部分在某种条件下由于结构形式和语义关系和被动句相似,可以发展为句式 C。(3)这样演变而来的句式 C($给_3$句),其来源是使役句,但已经具有了被动

句的功能。不过开始时"给³"句表示被动是有限制的,施动者只限于人或动物;而且这种句式究竟是表被动还是表使役也不容易清楚地分开。后来因为受到一般被动句的影响,施动者扩展到无生命的事物,"给³"句才完全取得了表被动的功能,并且比较清楚地和使役句分开。这一步是由类推的作用而实现的。

二 "教"字句由表使役到表被动的发展

上面说了"给"字句由给予句到使役句到被动句的发展。这种发展在汉语语法史中是出现得比较晚的,大约是在明代到清代。其实,从使役句到被动句的发展,早在唐代就已经发生过了,这就是"教"字句的发展。从唐代到明清有将近一千年,唐代的"教"字句从使役句发展为被动句,将近一千年后的"给"字句也从使役句发展为被动句,这绝不是偶然的巧合,应该说,在这种发展后面有一种共同的机制。所以,这个问题很值得深入讨论。

"教"表使役是很常见的,不用举例。在唐代,"教"由表使役发展为表被动,在开始时也是理解为使役和理解为被动两可的。如在唐诗中就有这样的例句:

㉚五月贩鲜鱼,莫教人笑汝。(寒山诗)

㉛舟触长松岸势回,潺湲一夜绕亭台。若教靖节先生见,不肯更吟归去来。(赵嘏《赠桐乡丞》)

㉜愿为化得红绶带,许教双凤一时衔。(李商隐《饮席代官妓赠两从事》)

㉝回无斜影教僧踏,免有闲枝引鹤栖。(皮日休《题瓦棺寺真上人院矮桧》)

"给"字句、"教"字句表被动的来源——兼谈语法化、类推和功能扩展

这种歧义,是使役句转化为被动句的起点。但是,并非所有的使役句都能具有这种歧义,因此,需要讨论的是:什么样的使役句可以有这种歧义?也就是说,使役句在什么条件下能够转化为被动句?这个问题,学术界曾有比较深入的讨论,如太田辰夫(1958)、蒋绍愚(1994,1997)、江蓝生(1999)、冯春田(2000)等都发表过自己的意见。归纳起来,主要有三条:

(1)汉语动词表主动和表被动在形式上没有区别。

(2)"教"字句的谓语动词是及物的。

(3)"教"字前面的不是施事主语,而是受事主语。

第(1)条是大前提,没有这个大前提,汉语的使役句不可能转化成被动句。第(2)条限定了只有一部分使役句能转化为被动句。第(3)条牵涉到使役句与被动句的一个根本性区别:主语是施事还是受事;只有主语是受事,才是被动句。这三条和本文在前面讨论"给"字句由使役句转化为被动句时所说的大致相同。

但是,这里还有一个问题需要深入讨论:既然使役句的主语一般是受事,那么,为什么会允许受事出现在使役句的主语位置上,从而使之具备了转化为被动句的条件?

这个问题,我在(1994)和(1997)中曾经涉及,但只说了"教"前面不出现主语,"教"字句的主语可以理解为施事,也可以理解为受事,因此产生了"教"字句从使役到被动的转化。这是说得不全面的。江蓝生(1999)对此做了补充,指出使役句有两类,一类是无主句,一类是受事主语句。这说得很对,把问题的讨论推进了一步。不过,文章举的第二类例子是:1."但雀儿之名为脑子,交被老乌趁急。"2."阿你浦逃落籍,不曾见你膺王役,终遣官人杖脊,流向儋崖象白。"(均见敦煌写本《燕子赋》[甲])并说:"很显然,当使役句的

主语为受事时,使役句就转化为被动句。"这还可以进一步讨论。

确实,这两个句子中的主语是受事主语。但这两个句子已经不是使役句,而是被动句。当我们探究"教"字句如何从使役句转化为被动句的时候,我们希望看到的是受事出现在使役句(而不是被动句)的主语位置上的例句;而且,要进一步追问:为什么受事会出现在使役句主语的位置上?

先让我们看几个例句:

㉞棹遣秃头奴子拨,茶教纤手侍儿煎。(白居易《池上逐凉》诗之二)

㉟泉遣狙公护,果教猿子供。(皮日休《奉和鲁望四明山九题》)

㊱军书羽檄教谁录?帝命王言待我成。(徐夤《咏笔》)

㊲蘘笠双童傍酒船,湖山相引到房前。团(一作巴)蕉何事教人见?暂借空床守坐禅。(秦系《奉寄昼公》)

这些例句都是受事出现在"教"字句的句首。很清楚,例㉞㉟句中"教"和"遣"对举,显然是个使役动词。两个"遣"字句和两个"教"字句受事都在句首,但它们都是使役句而不是被动句。如果不联系上下文,孤立地看两个"教"字句,"教"似乎也可以换作"被",但这是用今天的眼光来观察,唐代人绝不会这样理解。例㉞㉟中的"教"也还是个使役动词,不过,如果理解为"被",句子的意义也没有多少改变。总之,使役句的句首是受事,并不会立即变成被动句,但这种句式确实和被动句很相近,可以说,受事出现在使役句的句首,而且施事不出现,这就为使役句转化为被动句创造了条件。

那么,受事为什么可以出现在使役句的句首呢?

"给"字句、"教"字句表被动的来源——兼谈语法化、类推和功能扩展

既然是使役句,从语义上说,总是表示"甲(施事)让乙(兼语)做某事(VP)",VP可能是一个动宾结构(V+O),O是V的受事。所以,使役句的基本句式是"施事(主语)+教+兼语+动词+受事(宾语)"。但是,根据汉语的特点,主语往往可以隐去,而受事却可以作为话题出现在句首,这样,就成了"受事+(施事)+教+兼语+动词"的句式。例㉞—㊲其实都是这种句式:

㉞茶(我)教纤手侍儿煎。

㉟果(君)教猩子供。

㊱军书羽檄(将军)教谁录?

㊲团(一作巴)蕉(昼公)何事教人见?

上文在说"给"字句的时候引的一些例句,其实也应该这样理解。如:

⑩我的一件梯己(我)没给宝玉看见过。(按:"我的一件梯己"在原文中已经出现,只是在"没给"之前被"收到如今"隔开。)

⑰(这件事)(你)千万别给老太太、太太知道。

上述例㉞—㊲以及例⑩、例⑰都是一样的句式,为什么例㉞㉟只能理解为使役句,而其他的可以转化为被动句呢?这和它们的上下文(context)有关。例㉞㉟中"教"和"遣"对举,很明显地说明"教"是个使役动词,施事虽然没有出现,但根据语义是决不可少的,因此,受事虽然出现在句首,也只能是话题而不是主语。其他的例句没有这样的上下文环境,从语义上看,施事不是必需的,因此,处于句首的受事可以理解为话题(这时就是隐含施事主语的使役句),也可以理解为主语(这时就转化为被动句)。因为在汉语中

主语和话题都没有形式标志，在主语和话题不同时出现的时候，话题可以就是主语。

可见，"使役句—被动句"的转化，是以汉语的语法特点（主语可以不出现，受事可以作为话题或主语处于句首，主语有时就是话题）为基础的。

现在，我们回到用"教"字的被动句上来。上文说过，唐代的"教"字句，多数还处在"使役句—被动句"的转化过程中，往往理解为使役和被动是两可的。而且这些句子中，"教"后面的施动者也都是人或动物。施动者是无生命的事物的例句在《全唐诗》中很少，而且到晚唐才出现。如：

㊳ 以前虽被愁将去，向后须教醉（一作酒）领来。（皮日休《奉酬鲁望惜春见寄》）

㊴ 总得苔遮犹慰意，若教泥污更伤心。（韩偓《惜花》）

在敦煌写本中也有一例：

㊵ 疏野兑（免）交城市闹，清虚不共俗为邻。（《敦煌写本·卢山远公话》）

例㊳中的"醉（或酒）"是拟人化的，但"教"已和"被"对举，这一点很值得注意。例㊴㊵的"泥""城市"是无生命的，"教"看作使役动词不容易讲通，应该看作被动标志。

到《红楼梦》中，多写作"叫"，施动者可以是无生命的。如：

㊶ 叫雪滑倒了。（八回）

和上文讨论"给"字句时所说的道理一样，"教"后面施动者由有生命的扩展到无生命的，这是类推的结果，也是"教"字句功能扩展的最终完成。

"给"字句、"教"字句表被动的来源——兼谈语法化、类推和功能扩展

三 语法化、类推和功能扩展

在谈论语法的历史演变的时候,"语法化"是一个热门话题。像处置标记"把"、被动标志"被"的产生都是语法化的结果,本文讨论的被动标志"给""教"的产生也是语法化的结果。

但是,仔细分析,语法化的过程是不完全一样的。"把""被"的语法化和"给""教"的语法化属于两种类型。

"把""被"原来都是动词,当"把"处在连动结构的第一动词的位置上,"被"后面跟着动词宾语的时候,它们的性质逐渐虚化,最后变成了处置标记和被动标记;与此相应,"把+N+V+(N)"和"被+V"的表层结构虽然没有改变,但发生了重新分析,其深层结构起了变化。词语的虚化和语言结构的重新分析几乎是同时发生的,很难说出孰先孰后,是虚化引起了重新分析,还是重新分析引起了虚化。由于"把+N+V+(N)"和"被+V"的表层结构没有改变,而且作为动词的"把""被"和作为语法标记的"把""被"在语义上有一定的联系,所以它们的语法化过程很容易被人们认识,这就是人们熟知的"实词虚化"。

"给""教"原来都是一般动词,后来发展为使役动词,又虚化为被动标志。显然,这也是语法化。但是,"给""教"的语法化过程与"把""被"不同。(1)如本文第一部分所说,不是"给"的词义的虚化带动句式的演变,而是相反,是句式的演变造成"给"的词义和功能的变化;"教"的语法化也是如此。从语义上看,很难找到动词"给""教"和语法标志"给""教"之间的联系,所以也难以用"实词虚化"来解释;只有从句式的演变加以考察,才能找到它们的联系。(2)

605

这种句式的演变比较复杂,每一步的演变,其表层结构都出现了较大的变化。如:从用"给"的给予句演变为使役句,必须首先从"甲＋给＋乙＋N＋(V)"发展为"甲＋V_1＋N＋给＋乙＋V_2",出现和使役句的表层结构相同的部分"(甲)＋给＋乙＋V",才能进行重新分析,从而转化为使役句;不论是"给"字句还是"教"字句,要从使役句演变为被动句,必须是句首的施事"甲"不出现,而代之以受事 N,出现和被动句相同的表层结构"受事＋给＋乙＋V",才能进行重新分析,从而转化为被动句。"给予—使役""使役—被动"的转化,都首先要经过比较复杂的句式演变,出现"给予"和"使役"之间以及"使役"和"被动"之间的共同的表层结构,然后才能进行重新分析。这种"句式演变—重新分析"的过程,也和"把""被"的语法化过程有很大的不同。正因为这两点原因,它们的语法化过程不容易被人们认识。但这确实是汉语中实际存在的又一种语法化的类型,只是以往人们对此不太注意罢了。

"教"字句和"给"字句的演变还有一点和"把""被"不同:"教"字句和"给"字句的演变是一种功能扩展,"把"字句和"被"字句不是。

什么是"功能扩展"①?

本来,A 型句有 X 功能,B 型句有 Y 功能。后来,由于语法的演变,A 型句也逐渐取得了 Y 功能,它的功能由 X 扩展到兼表 X 和 Y,这就是功能扩展。

比如,本来"教"字句和"给"字句表使役,"被"字句表被动;后来"教"字句和"给"字句在保持其原有的功能(表使役)的同时,又

---

① 我在(1997)中谈过"功能扩展",和这里谈的不大一样,当以这里所说为准。

"给"字句、"教"字句表被动的来源——兼谈语法化、类推和功能扩展

发展出另一种新的功能(表被动),这就是功能扩展。

而"把"字句和"被"字句的情况与此不同。"把"和"被"原来是有具体词汇意义的动词,不是专用来表示语法关系的功能词。后来它们分别发展成"把"字句和"被"字句,它们的功能也是单一的(表处置和表被动),所以不是功能扩展。("把"字句后来又发展出表致使的功能,这是功能扩展。但这个问题不在本文讨论的范围之内。)

"教"字句和"给"字句的功能扩展是通过语法化和类推而实现的。

上文说过,表使役的"教"字句和"给"字句是通过句式本身的演变,发展到"教/给+乙+V"的时候,通过重新分析,而取得表被动的功能的。这是语法化的过程。但由于这种重新分析是在原来使役句的基础上进行的,而使役句"教/给+乙+V"中的"乙"一般只能限于是人或生物,所以,这样转化来的被动句"教/给+乙+V"中的"乙"也只能限于是人或生物。语法化(在句式演变基础上的重新分析)只能走到这一步。如果"教"字句和"给"字句只发展到这一步就停止了,它们就和"被"字句还有相当的距离,因为"被"字句是没有这种限制的。"教"字句和"给"字句只有去掉这种限制,才能和"被"字句一样具有不受限制地表被动的功能,也就是说,最终实现功能扩展。

使得表被动的"教"字句和"给"字句去掉这种限制的,是语言发展中另一种强大的动力:类推。既然"教"字句和"给"字句已局部地取得了表被动的功能,那么,随着这种句子使用得日益频繁,人们就会把它们和"被"字句等同起来,并且会忘掉它们是从使役句转化而来的,忘掉"教/给"字后面的名词只能是人和生物的限

制,人们会根据"被"字句类推:既然"教/给"等于"被",而"被"字后面可以是无生命的名词,那么,"教/给"字后面当然也可以是无生命的名词。这一类推的实际例子,我们在上文已经看到过了。

梅耶(A. Meillet)曾经说过:"语法形式的建立主要经由两个主要过程:(一)同类现象(analogy)(一个形式因类同于另一个形式而产生),(二)语法化,即是'一个本来独立的词转化为语法成分的功能'的过程。同类现象更新形式的细节,一般来说不会改变整个系统,而语法化则会制造新形式、新的词类而改变系统的整体性。"(*L'evolution des formes grammaticles*,1912,转引自贝罗贝1989)关于语法化在语法发展中的重要作用,梅耶说得很对,我们在本文对于"给"字句和"教"字句演变过程的分析中,可以清楚地看到语法化的作用,它确实创造了一种新的语法形式:用原来表使役的句式表示被动。但根据上文的分析,我认为,类推(analogy)在语法演变中的作用也应该得到充分的重视。当然,单纯的类推并不会创造新形式,但类推和语法化共同起作用,就可能创造新形式。在上面已经看到,只有语法化和类推这两股力量的共同推动,"教"字句和"给"字句的功能扩展才得以最终完成,成为和"被"字句一样的可以不受有生命无生命限制的被动句。准确地说,汉语史上一种新的语法形式:用原来表使役的句式表示的新的被动句,"教"字句和"给"字句,是由语法化和类推共同创造的,汉语的表被动的语法系统也由此而得到改变。所以,类推有时和语法化一样,也可以是改变语法系统的推动力。①

---

① 今按:关于从"给予""使役"到"被动"的演变,学术界有不少讨论,我的意见也有所改变。参见蒋绍愚《近代汉语研究概要》(修订本)第四章第五节之三:"教(叫)"字句和"给"字句。

"给"字句、"教"字句表被动的来源——兼谈语法化、类推和功能扩展

参考文献

贝罗贝　1989　《早期把字句的几个问题》,《语文研究》第 1 期。
冯春田　2000　《近代汉语语法研究》,山东教育出版社。
江蓝生　1999/2000　《汉语使役与被动兼用探源》,《近代汉语探源》,商务印书馆。
蒋绍愚　1994　《近代汉语研究概况》,北京大学出版社。
蒋绍愚　1997/2000　《把字句略论——兼论功能扩展》,《汉语词汇语法史论文集》,商务印书馆。
平山久雄　2000　《给の来源——过与に寄せて》,《中国语学》247 号。
太田辰夫　1958/1987　《中国语历史文法》,蒋绍愚、徐昌华译,北京大学出版社。
志村良治　1984/1995　《"与""馈""给"》,《中国中世语法史研究》,江蓝生、白维国译,中华书局。
Bennett, P. A.　1981　The Evolution of Passive and Disposal Sentences, *Journal of Chinese Linguistics*, Vol. 9, pp. 61-90.
Chao, Yuanren　1948　*Mandarin Primer*, Cambridge, Mass., Harvard University Press.

引书目录

《老乞大谚解》《朴通事谚解》,经联出版事业公司,1978。
《红楼梦》(以庚辰本为底本),人民文学出版社,1982。
《儿女英雄传》,人民文学出版社,1983。
《白姓官话全译》(据天理大学附属天理图书馆藏写本),濑户口律子著,明治书院,1994。
《全唐诗》,中华书局,1960。
《敦煌变文校注》,黄征、张涌泉校注,中华书局,1997。

上古汉语的作格动词

作格动词的问题,和词类、句法都有很大关系,在国外有很多讨论。上古汉语有没有作格动词?什么是上古汉语中的作格动词?这个问题,Cikoski(1978)、大西克也(2004)都有过讨论,宋亚云(2014)做了详细的讨论。Levin & Rappaport(1995)和孙志阳(2006)也和这问题有关。本文在此基础上谈我自己的一些看法。

1 什么是作格动词

1.1 什么是作格动词(ergative verb)?"作格"本是一种格标记,在有的语言中,及物动词的宾语和不及物动词的主语的格相同,这种语言被称为"作格语言"。但后来也用来称呼具有某种句法特点的一类动词,简单地说,如果同一个动词可以有两种句法表现:"X+V"和"Y+V+X";在语义关系上,在"X+V"中,V 是 X 的状态,在"Y+V+X"中,V 表示使 X 产生 V 的状态,这样的动词就是作格动词。

要说明一点:国外的研究者有的把作格动词包括在非宾格动词(unaccusative verb)中,有的把作格动词和非宾格动词分开。如在英语中,非宾格动词有 be、appear、arise、occur、happen、disappear、vanish、emerge、elapse、exist、remain、erupt、ensue、arrive、thrive、flourish 等,作格动词有 break、crack、crash、crush、shatter、 split、tear、abate、alter、burn、dry、sink、change、close、decrease、diminish 等。确实,这两者在句法表现上是有区别的,非宾格动词不能用作使动。本文采取后一种说法。

"X＋V"和"Y＋V＋X"这种交替关系,称为"使役交替"(causative alternation)。通常认为,如果一个动词可以出现在使役交替中,那么,这个动词就是作格动词。

如英语中的例子:

N＋V　　　　　　　　Y＋V＋X

The window broke.　　The tree broke the window.

在上古汉语中有这样的句子:

N＋V

《晏子春秋・杂下》:"门开,公召而入。"

《左传・成公十六年》:"国蹙王伤。"

Y＋V＋X

《吕氏春秋・举难》:"桓公……夜开门。"

《左传・成公十六年》:"伤国君有刑。"

"开"和"伤"都有"X＋V"和"Y＋V＋X"两种句法表现,X 都是名词性成分;在"X＋V"中,V 是 X 的状态,在"Y＋V＋X"中,V 是使 X 具有 V 这种状态。这些 V 就是作格动词。

1.2　那么,在上古汉语中的作格动词是否可以用"X＋V"和"Y＋V＋X"作为鉴定式来确定呢?从语料看,同一个词具有"X＋V"和"Y＋V＋X"两种句法位置的,有以下几种,但情况是不一样的。(以下 a 例为"X＋V",b 例为"Y＋V＋X")

(1a)《庄子・胠箧》:"昔者龙逢斩,比干剖,苌弘胣,子胥靡。"

(1b)《左传·文公二年》:"狼瞫取戈以斩囚。"

(2a)《左传·襄公二十八年》:"士皆释甲束马而饮酒。"

(2b)《左传·宣公二年》:"晋侯饮赵盾酒。"

(3a)《国语·晋语九》:"君出在外。"

(3b)《左传·昭公三十二年》:"季氏出其君。"

(4a)《荀子·劝学》:"卵破子死。"

(4b)《庄子·胠箧》:"焚符破玺。"

(5a)《左传·僖公四年》:"姬泣,曰:'贼由大子。'"

(5b)《左传·襄公二十二年》:"君三泣臣矣。敢问谁之罪也?"

(6a)《吕氏春秋·劝学》:"所求尽得,所欲尽成。"

(6b)《左传·昭公三年》:"朝夕得所求,小人之利也。"

(7a)《管子·形势解》:"衣冠正,则臣下肃。"

(7b)《论语·尧曰》:"君子正其衣冠。"

(8a)《逸周书·文传》:"土多民少,非其土也;土少人多,非其人也。"

(8b)《国语·晋语一》:"(晋国)少族而多敌,不可谓天。"

哪一种是作格动词?

(1)不是。"(狼瞫)斩囚"的"斩"表过程而不表状态,"龙逢斩"是意念的被动。

(2)不是。"(士)饮酒"的"饮"表过程而不表状态,"晋侯饮赵盾酒"是使动,使赵盾施行"饮"这个动作。

(3)是。"君出在外"的"出"表状态,"谁能出君"是使动,使"君"处于"出"的状态。

(4)是。"卵破子死"的"破"表状态,"焚符破玺"的"破玺"有使役关系（详后）。

（5）不是。"姬泣"的"泣"表过程而不表状态，"君三泣臣"是"泣"带与事（dative）宾语。这不是"使役交替"。

（6）不是。"所求尽得"是受事话题句，"得所求"是一般动宾结构。

（7）不是。"衣冠正"的"正"是形容词，"正其衣冠"是形容词用作使动。

（8）"多"是形容词，也可以有两种句法位置："X 多"和"Y 多 X"。"土多民少"是对"X（'土'和'民'）"的说明，"（晋国）少族而多敌"是对"Y（晋国）"的说明。在《山海经》中，全都是说某处"多 N"，不说某处"N 多"。这也和作格动词的情况不同。

可见，不能笼统地说有"X＋V"和"Y＋V＋X"交替的词就是作格动词。作格动词必须具备这样的句法条件：

1. 这种在"X＋V"和"Y＋V＋X"位置的 V 必须都是动词，而且是同一动词的同一义项或两个紧密相关的义项。

2. 这种"X＋V"和"Y＋V＋X"的关系必须是"使役交替"，即：V 在"X＋V"中必须表示状态，"X＋V"表示"X 具有 V 这种状态"；V 在"Y＋V＋X"中必须表使役意义，"Y＋V＋X"表示"使 X 具有 V 这种状态"。

为什么 V 在"X＋V"中必须表示状态？因为在"X＋V"中 V 不表示状态，就是表示意念被动，而表示意念被动不是作格动词的功能。这在下面 2.3.2 会进一步说明。

为什么 V 在"Y＋V＋X"中必须表使役意义？因为作格动词所处的"X＋V"和"Y＋V＋X"中，"X＋V"和"V＋X"的意义必须一样。如在"上海队败广州队"（Y＋V＋X）中，"败广州队"（V＋

X)和"广州队败"(X+V)的意思一样。而在"上海队胜广州队"(Y+V+X)中,"胜广州队"(V+X)和"广州队胜"(X+V)的意思不一样。怎样才能使"败广州队"和"广州队败"的意思一样呢?这就必须是"败广州队"中的"败"表使役意义,"败广州队"表示"使广州队败"之义,这样,"败广州队"和"广州队败"的意思就一样了。而"上海队胜广州队"中的"胜"没有使役意义,这句话不表示"使广州队胜",这样,"上海队胜广州队"和"广州队胜"的意思就不一样了。可以图示如下:

败广州队＝使广州队败≈广州队败

胜广州队≠使广州队胜≠广州队胜

(参见吕叔湘1987)

这样的条件,把上述例(7)和例(8)排除了,因为它们是形容词。其他的例(1)(2)(5)(6)中的是动词,但也不是作格动词。因为例(1a)(2a)(5a)(6a)中的 V 不是表状态,而(1b)(5b)(6b)中的 V 不是使动。

不过,这是很粗略的说法,进一步的论述要看下文。

2 作格动词的语义特征

上面是从句法表现来确定作格动词。一个更深层的问题是:为什么作格动词能有这样的句法表现?也就是说,作格动词具有什么语义特征?

以往的研究,通常是各自根据自己的标准,确定上古汉语中哪些是作格动词。但作格动词的语义特征是什么?这个问题讨论得不充分。

2.1　动词的语义分类是一个复杂的问题。杨伯峻、何乐士(1992)把上古汉语的动词分为四大类：1.多少带些动作行为或有形活动的动词；2.表示意念的动词；3.表示存在的动词；4.在主语和宾语之间起联系、判断作用的动词。李佐丰(2004)是把语法和语义结合起来分类的，分出的类比较繁复。何乐士(2012)是在及物、不及物的大框架下再做语义分类，分类也比较繁复。梅广(2015)没有动词的明确分类，但书中经常提到的有"行为动词""感知动词"(包括"知觉类""认识类""感觉类")和"状态动词"。

本文的目的不是给动词分类，而是讨论哪些类别的动词可以是作格动词。杨伯峻、何乐士(1992)所说的第3、4两类，和作格动词无关，我们不加讨论。和作格动词有关的动词，我们分为三大类：

(一)状态动词。表状态变化(兴、亡、饥、饱、劳、逸、枯、盈等)，包括梅广(2015)所说的"感知动词"中的"感觉类(喜、怒、惊、惧等)"。梅广(2015:275)把"出""走"等表移动的动词称为"动态的状态动词"，我同意他的分类。这类动词及物性较弱，通常不带宾语，也就是通常所说的"不及物动词"。

(二)动作动词。表动作过程(击、射、战、乘)，包括梅广(2015)所说"感知动词"中的"知觉类(视、听、见、闻)"和"认识类(学、知)"。这类动词及物性较强，通常有动作的对象跟着出现，即有宾语跟着，也就是通常所说的"及物动词"。

(三)动作-状态动词。这类动词的语义构成是"动作＋(致使)＋结果/状态"，有动作过程又有状态变化，状态变化是动作产生的结果。这类动词通常带宾语，也就是通常所说的"及物动词"。

这类动词分为两小类：

(1) 突出动作过程。如"斩""杀""弑""戮"等。

(2) 突出状态变化。如"灭""开""毁""破"等。

(本文在讨论词的语义分析时,多用"状态动词/动作动词/动作-状态动词";而在谈到语法关系时,会用"不及物/及物动词"。)

2.2 上面说了,作格动词必须有"X+V"和"Y+V+X"的使役交替,在"X+V"中 V 表示 X 的状态变化,在"Y+V+X"中 V 和 X 是使役意义。那么,哪一类语义构成的动词可以进入这两种句式?

下面列一个表,看哪些动词可以进入表中的"X+V"和"Y+V+X",哪些是作格动词,哪些不是。为了便于和这个表的分析说明相对照,在有些栏目中标了数码。

表1

动词语义特征类别		动词举例	X+V	Y+V+X	是否使役交替	是否作格动词
(一)状态动词		来,出,亡,劳	①表状态变化(君出)	②使动(出君)	是	是
(二)动作动词		击,言,学,听,战,斗,朝,乘	③表动作过程(公将战)	④多数不用作使动。有些可用作使动(战民)	否	否
(三)动作-状态动词	(1)突出动作过程	斩,杀,弑,戮	⑤意念被动(龙逢斩)	⑥非使动(斩龙逢)	否	否
	(2)突出状态变化	灭,开,毁,破	⑦演变为状态变化(齐破)	⑧有使役关系(破齐)	是	是

下面做一个简单的说明。

(一)状态动词(如"来,出,亡,劳")在"X+V"中表状态变化(表1①),在"Y+V+X"中多数是使动用法(表1②)。可以构成"X+V"和"Y+V+X"的使役交替。所以是作格动词。

(二)动作动词在"X+V"中表动作过程(表1③),在"Y+V+X"中,有的(如"击,言,学,听")不能有使动用法,有的(如"战,斗,朝,乘")有使动用法,但表示的是使对象施行某种动作过程,而不是使对象发生状态变化(表1④)。所以不是作格动词。

(三)动作-状态动词之(1):突出动作过程(如"斩,杀,弑,戮"),在"X+V"格式中时,不是表状态,而是表意念被动(表1⑤),出现在"Y+V+X"格式时,通常带的是受事宾语,而不是役事宾语(表1⑥)。(也有带役事宾语的,但很少见,而且性质有所不同。这到下面再细说。)所以不是作格动词。

动作-状态动词之(2):突出状态变化(如"灭,开,毁,破"),在"Y+V+X"格式时,具有词义使役的关系(表1⑧)。在"X+V"中时,可能演化为表状态变化(表1⑦)。所以是作格动词。关于"词义的使役"和"演化为表状态变化",在下面2.4中结合"灭"的分析来讨论。

2.3 使役关系和作格动词。

作格动词在"Y+V+X"格式中必须是使役关系,所以,作格动词和动词的使动用法关系很密切。但作格动词和动词使动不能划等号:可用作使动的不一定都是作格动词,作格动词不一定都是动词使动。这可以从下面的讨论中看到。

上古汉语中,不仅有动词的使动,还有形容词和名词(临时用作动词)的使动。后两类与作格动词无关,我们只讨论动词的使动。

617

2.3.1 从一般的印象说,似乎上古时期任何动词都可以有使动用法。但事实并非如此。杨伯峻、何乐士(1992)的3、4两类动词,显然不能有使动用法。本文所说的"状态动词""动作动词"和"动作-状态动词"也有很多不能有使动用法。这个问题,李佐丰(2004)和梅广(2015)都谈到了。李佐丰(2004)只是列举,说哪一类动词可以带使动宾语,哪一类动词不能带使动宾语。不能带使动宾语的有:真他动词,只带直接宾语(103页);及物运动动词,只带处所宾语(116页);支配动词,只带受事宾语(126页);真自动状态动词,通常不带使动宾语(131页)。梅广(2015)说得比较概括,他说:"行为动词不能产生致动用法。"(362页)"及物感知动词没有致动词。"(365页)"有一类不及物状态动词没有致事用法(如:卒、熟等)。"(276页)"大致说来,施动与受动相应,致动与内动相应。"(285页)

我认为,从上古汉语的语料来看,我们所说的"状态动词""动作动词"和"动作-状态动词"三大类中,是否能用作使动有如下几种情况:

(一)状态动词(包括感觉动词和移动动词)大多能用作使动,表示使对象产生某种状态。但有一小类不能用作使动。这就是梅广(2015:276—277)所说的表生理变化的"卒、没(殁)、病(病重)、恸"和表事物自然变化或事物特性的"(五谷)熟、(川渊)枯、(日月)逝、(鸡)鸣、(狗)吠"等状态动词。这些也就是李佐丰(2004)所说的一些"真自动状态动词",所谓"真自动",就是不带任何宾语,包括受事宾语和役事宾语。

(二)动作动词分几种情况:

动作动词大多不能用作使动。一些及物性很强的动作动词是不能用作使动的,不论是身体动作(如"击,执,射"),还是言语动作(如"言,告,问"),还是感知动作(如"听,学,知"),它们的宾语只能是受事宾语,"V+O"只能表示动作施加于对象,不能是使对象施行一个动作。

这类动词中有三个动词是特殊的,可以用作使动:"食(sì)""饮(yìn)""衣(yì)":

《左传·宣公二年》:"晋侯饮赵盾酒。"

《左传·昭公十三年》:"寒者衣之,饥者食之。"

这是因为,这几个动词后面如果是物,就是受事宾语;如果是人,就是役事宾语,两者不会混淆。梅广(2015)根据宋玉珂说把它们称为"供动"(给某人食、饮、穿衣),而不看作使动。

但动作动词有些可以用作使动。如:"战,斗,朝,乘"。和上一类相比,这些动作动词及物性稍弱,后面的宾语可以不是受事而是役事。但用作使动不是使役事具有某种状态变化,而是使役事施行某个动作。

①战

《韩非子·外储说右上》:"晋文公问于狐偃曰:'寡人甘肥周于堂,卮酒豆肉集于宫,壶酒不清,生肉不布,杀一牛遍于国中,一岁之功尽以衣士卒,其足以战民乎?'狐子曰:'不足。'文公曰:'吾弛关市之征而缓刑罚,其足以战民乎?'狐子曰:'不足。'文公曰:'吾民之有丧资者,寡人亲使郎中视事;有罪者赦之;贫穷不足者与之;其足以战民乎?'狐子对曰:'不足。此皆所以慎产也。而战之者,杀之也。民之从公也,为慎产也,公因而迎杀之,失所以为从公矣。'曰:'然则何如足以战民乎?'狐子对曰:'令无得不战。'"

《韩非子·解老》:"是以智士俭用其财则家富,圣人爱宝其神则精盛,人君重战其卒则民众。"

《吕氏春秋·简选》:"驱市人而战之。"

《商君书·外内》:"故欲战其民者,必以重法。"

②斗

《战国策·楚策四》:"若越赵、魏而斗兵于燕,则岂楚之任也哉?"

《吕氏春秋·察微》:"鲁季氏与郈氏斗鸡。"

③朝

《国语·齐语》:"(桓公)大朝诸侯于阳谷。"

《孟子·公孙丑上》:"武丁朝诸侯,有天下,犹运之掌也。"

《韩非子·饰邪》:"禹朝诸侯之君会稽之上。"

④乘

《左传·哀公二年》:"大子惧,自投于车下。子良授大子绥而乘之。"

《公羊传·宣公六年》:"有起于甲中者,抱赵盾而乘之。"

《吕氏春秋·贵生》:"王子搜不肯出,越人熏之以艾,乘之以王舆。"

(三)动作-状态动词分两类:

(1)突出动作过程的(如"斩,杀,弑,戮"等),通常不用作使动,因为这些动词后面所带的宾语,通常就是动作的受事。但在比较特殊的情况下可用作使动,如:

《左传·成公二年》:"是(指夏姬)不祥人也。是夭子蛮,杀御叔,弑灵侯,戮夏南,出孔、仪,丧陈国。"(转引自梅广2015)

这句话中的六个动词"夭,杀,弑,戮,出,丧"都是使动。"杀御叔,弑灵侯,戮夏南",不是说夏姬杀了御叔,弑了灵侯,戮了夏南,而是说夏姬使御叔被杀,灵侯被弑,夏南被戮。这和一般的使动用法是不一样的,一般的使动,或是使对象(役事)产生某种状态(如"夭,出,丧"),或是使对象(役事)施行某种动作(如"战,朝,乘"),而这种使动,是使对象(役事)遭受某种动作(被杀,被弑,被戮)。

《吕氏春秋·察传》:"有闻而传之者曰:'丁氏穿井得一人。'国人道之,闻之于宋君。"

"闻之于宋君"即"使之闻于宋君",使这件事被宋君听到(意思就是报告给宋君)。"闻"和上例的"杀、弑、戮"一样,在用作使动时表示使对象(役事)遭受某种动作(被闻)。

(2)突出状态变化的(如"灭,开,毁,破"等)。这类动词能不能用作使动?应该说不能。根据现代汉语的语感,"破釜沉舟"的"破"可以看作使动,因为现代汉语中"破"表示状态,"破釜"可以是"使釜破碎"。但在上古汉语中,"破"是一个突出状态变化的动作-状态动词,"破釜"应该是"动词+受事宾语","破"不是用作使动。"开门"更不是使动。就是在现代汉语中,"开门"也是动宾而不是使动,"开门"不能说成"使门开"。既然这类动词不能用作使动,为什么在表1中说,当这类动词在"Y+V+X"的句式中时"有使役关系"呢?这个问题到下面2.4讨论"灭"的时候再回答。

2.3.2 但是,我们不能反过来说,凡是能用作使动的动词都是作格动词。是不是作格动词,还要看这个动词在"X+V"中的情况。作格动词在"X+V"中,必须表示状态,而不是动作,也不是意念被动。

上面几类动词在"X+V"中的情况如下(不能用作使动的不再讨论,只讨论能用作使动的几类):

(一)状态动词在"X+V"中都表示状态。

综合"Y+V+X"和"X+V"的情况看,这一类动词除一小类外都是作格动词。

(二)动作动词尽管有一些(如"战,斗,朝,乘")可以用作使动,但在"X+V"中出现时,都表示动作而不表示状态。如《左传》中有下列例句:

《左传·庄公九年》:"师及齐师战于干时。"

《左传·襄公十一年》:"秦、晋战于栎。"

《左传·庄公十年》:"战于长勺。"

《左传·庄公十年》:"公将战。"

《左传·昭公十九年》:"郑大水,龙斗于时门之外洧渊。"

《韩非子·外储说左上》:"问者大怒……遂与之斗。"

《吕氏春秋·长攻》:"舞者操兵以斗。"

《左传·僖公二十五年》:"晋侯朝王。"

《左传·成公三年》:"诸侯朝晋,卫成公不朝。"("不朝"的宾语承上省略)

《左传·隐公七年》:"戎朝于周。"

《左传·庄公十年》:"公与之乘。"(实际上"乘"已包含"车")

《左传·襄公二十四年》:"使御广车而行,己皆乘乘车。"

《左传·僖公三年》:"齐侯与蔡姬乘舟于囿。"

"战"和"斗"是动作而不是状态。"朝"和"乘"更是如此,当它们出现在"X+V"中时,其宾语通常要出现。

综合"Y+V+X"和"X+V"的情况看,这一类动词不是作格动词。

(三)动作-状态动词分两类:

(1)突出动作过程的有少数可用作使动(如上面说的"杀御叔,弑灵侯,戮夏南"),但表示的是"使X被V"。而当它们出现在"X+V"中时,表示的不是状态,而是意念被动。如:

《庄子·胠箧》:"昔者龙逢斩,比干剖,苌弘胣。"

《韩非子·说疑》:"故周威公身杀,国分为二;郑子阳身杀,国分为三。"

《韩非子·二柄》:"田常徒用德而简公弑,子罕徒用刑而宋君劫。"

《吕氏春秋·必己》:"故龙逢诛,比干戮。"

综合"Y+V+X"和"X+V"的情况看,这一类动词也不是作格动词。

(2)突出状态变化的在"X+V"中可以演变为表状态变化,这到下面2.4讨论"灭"的时候细说。

综合"Y+V+X"和"X+V"的情况看,这一类动词是作格动词。

2.3.3 状态变化和意念被动。

上面说了,"动作-状态动词"分为两类,当它出现在"X+V"格式中时,(1)类(如"斩,杀,弑,戮")表意念被动,(2)类(如"灭,开,毁,破")表状态变化。这两者除了从语义上加以区别外,还有没有其他的区别办法?这可以从下面几个方面来看。

(一)"X+V"中的V,能受行为方式状语修饰的,是表意念被动而不是表状态变化。

这里,我们介绍顾阳(1996)的看法。文章认为:"按照 L & R 的分析,从使役动词到非宾格动词这中间经历了一个非使役化(de-causativization)的过程。所谓非使役化就是使本来的二元谓词(two place predicate)变成一元谓词(one place predicate),也就是在原来使役动词的基础上除去了一个表示外因的域外论元。"这是"在词库内进行的一个过程"。这里所说的"使役动词"就是我们说的使动用法,"非宾格动词"就是本文所说处于"X+V"中的表状态的作格动词。也就是说,作格动词在进入句法层面以前,其域外论元就被抑制住,无法在句法层面出现。而动词的被动形式是在词汇句法表达式这个界面上形成的,是以及物动词的身份进入词汇句法表达式,"其域外论元受抑制后仍可在句子的其他成分中有所反映","如允许带有施事意愿或行为方式的修饰语、目的短语等出现在句中"。这是概括了 Levin & Rappaport(1995)第 3 章 3.2.4 的意思,但顾阳说得更清楚。下面是 Levin & Rappaport(1995:109)的例子:

(1)The window was broken by pat.

The window was broken to rescue the child.

(2)*The window broke by pat.

*The window broke to rescue the child.

这一论述的前提是:作格动词是由使役动词衍生而来的。我们不一定要接受这个前提。但是,我们仍然可以以此来区别"X+V"的 V 是表状态还是表意念被动。因为,行为方式状语或目的短语只能用于被动表达(不论是有标记的被动还是意念被动)而不能用于状态的表达,这是没有疑问的。所以,在"X+V"中,如果 V 有行为方式状语,就是意念被动,而不是表状态。如:

《史记·吴王濞列传》："错衣朝衣斩东市。"

屈原《九歌·国殇》："左骖殪兮右刃伤。"

这说明句中的"斩"和"伤"都是意念被动，而不是表状态。所以，"斩"不是作格动词，"伤"在这个句子中也并不是作格动词。但"伤"的情况比较复杂，并非所有的"伤"都不是作格动词。详下文3.4.4.3.1。

（二）"X＋V"如果能换成"X＋见 V"，就说明 V 是意念被动而不是状态变化。

请看下面一段话：

《韩非子·二柄》："此简公失德而田常用之也，故简公见弑。……宋君失刑而子罕用之，故宋君见劫。田常徒用德而简公弑，子罕徒用刑而宋君劫。"

这说明"X＋弑"就是"X 见弑"，"X＋劫"就是"X 见劫"，但"X＋弑"和"X＋劫"没有被动标记，所以是意念被动。

梅广（2015：285）把这种"见＋V"的结构称为"受动"，并说："大致说来，施动与受动相应，致动与内动相应。"说"施动与受动相应"是对的。这类动词，用在施动句中就是"斩龙逢""杀周威公""弑简公""戮比干"，这些动词的动作性是很强的。

值得注意的是：在先秦和西汉的文献中，"X＋见灭""X＋见开""X＋见破"都没有出现，"X＋见毁"只有表示受到毁谤之义。这或许可以说明上古汉语中"灭""开""毁""破"一类词在"X＋V"中不表意念被动，而表状态变化。当然，这只是一个参考。我们不能把文献中有无"X＋见 V"作为一个绝对的检验标准，因为上古汉语文献中也没有"X＋见斩"，不能因此就认为"X＋见斩"就是表状态变化。但是，这一类的"灭""开""毁""破"全都没有"见＋V"

的说法,多少还是说明一点问题的。

(三)状态变化和意念被动在施动者方面有一些差异。表意念被动的"X+斩/杀/弑/戮"等,其动作都有施动者,而且是有意施行动作的人(volitional agent),虽然隐含而未出现,但都可以指出。而表状态变化的"X+灭/开/毁/破",有的施动者无法说出,因为这种状态变化不是人有意造成的,而是在某种情况下,事物自己发生的。如:

《论语·季氏》:"龟玉毁于椟中。"

《荀子·劝学》:"风至苕折,卵破子死。"

"卵破子死"的"破"和"国破家亡"的"破"还有些不同。"国破"的"破"还有动作的因素,其施动者是可以说出的。而"卵破"的"破"就只剩下状态变化了。这种演变过程,将在下面说到。

2.4 下面集中讨论突出状态变化的"动作-状态动词"(如"灭,开,毁,破"等)是不是作格动词。这个问题比较复杂,我们用"灭"为例,加以讨论。

2.4.1 先把"亡"和"灭"两个词做一些比较。粗略地看,好像"国灭"="国亡","灭国"="亡国"。所以,两者的分析应该一样。在"X+V"中就都是状态动词,在"Y+V+X"中就应该都是使动,"灭"和"亡"没有区别。真是这样吗?

先看下面的例句:

《左传·哀公六年》:"今失其行,乱其纪纲,乃灭而亡。"

《左传·襄公二十七年》:"无威则骄,骄则乱生,乱生必灭,所以亡也。"

这里的"灭"和"亡"都处于"X+V"的句式中,如果"灭"和"亡"的词义和功能都一样,那么,两句中先用"灭"接着用"亡"就无法解释。

《公羊传·僖公元年》:"齐师、宋师、曹师次于聂北,救邢。救不言次。此其言次何?不及事也。不及事者何?邢已亡矣。孰亡之?盖狄灭之。曷为不言狄灭之?为桓公讳也。"

这一句中的"亡之"和"灭之"都处于"Y+V+X"的句式中,但"亡"和"灭"也是有区别的。

区别在哪里?

《左传·襄公十三年》:"凡书'取',言易也。用大师焉曰'灭'。"

这虽然是解释《春秋》书法,但也可以看作对"灭"词义的说明:"灭"是一个用军队施加于对象的动作。"灭"不是一个状态动词,而是一个突出状态的动作-状态动词,及物性是较强的。从语法上说,"亡"是不及物动词,"灭"是及物动词。这可以用下面的方法来检验,在上古文献中有"为 N 所灭":

《史记·乐毅列传》:"赵且为秦所灭。"

《史记·屈原贾生列传》:"数十年竟为秦所灭。"

但没有"为 N 所亡"。下面"所亡"的"亡"是"丢失"义,不是"灭亡"义。

《战国策·魏策三》:"所亡乎秦者,山北、河外、河内,大县数百,名都数十。"

《史记·刺客列传》:"曹沫三战所亡地尽复予鲁。"

那么,怎样看待"Y+V+X"中的"灭"和"X+V"中的"灭"呢?

2.4.2 先说"Y+V+X"中的"灭"。这个"灭"是及物动词带受事宾语,不是一般所说的"使动"。既然"灭+X"是及物动词带受事宾语,那么"Y+灭+X"是不是包含使役关系(表1⑧)?

627

这里要插进去一段话,讨论什么是"使役"。

使役结构(causative construction)从形式上一般分为三种:(1)形态型;(2)词汇型;(3)句法型。一般认为,汉语的"食(去声)"是形态型,"退之(使动)"是词汇型,"使之退"是句法型。

但是,使役还可以在词义结构中表达出来。Levin & Rappaport(1995:83)把那些参与使役交替的使役动词(causative verb)的词汇语义表达式(lexical semantic representation)写作:(以"break"为例)

  break:[[x DO-SOMETHING]CAUSE[y BECOME BROKEN]]

同样,kill 的词汇语义表达式可以写作:

  kill:[[x DO-SOMETHING]CAUSE[y BECOME DIED]]

所以,有人把 kill 这样的动词叫作"词汇致使动词"(见程明霞 2008)。汉语的"杀"和英语的 kill 大致相当。如果把"使役"的范畴放宽一点,那么,最好把汉语的"杀之"称作"词义的使役",而把"退之(使动)"称作"构式的使役"。

"词义的使役"和"构式的使役"是有区别的。

"构式的使役"就是通常所说的"使动"。"(君)欲战其民"和"武丁朝诸侯"都是"构式的使役","战"和"朝"的语义构成不包含使因和结果(状态变化),使役义是由构式产生的,是属于句法层面的(见蒋绍愚 2015)。

"词义的使役"的使役意义不产生在句法层面上,而是包含在 V 的词义中。"狄灭邢"的"灭"是词义的使役,"灭"的词义中包含使因、致使和结果(状态变化),其语义构成是:

上古汉语的作格动词

灭：[[x 施行动作（武力攻击）]致使[y 出现结果/状态（亡）]]

这在汉语语法中不叫"使动"。这和"杀"一样，在汉语语法中，从来没有人说"杀人"的"杀"是"使动"。

构式的使役（使动）往往可以在句法层面加一个使令动词"使"来表达，即"Y＋V＋X"是使动，那么其意义应是"Y 使 X＋V"。如上面说过的"（君）欲战其民"即"君欲使其民战"，"武丁朝诸侯"即"武丁使诸侯朝"。但词义的使役不能这样变换，如果把"狄灭邢"变化成"狄使邢灭"（＝狄使邢施行武力攻击，结果亡），这是说不通的。

所以，说 V 在"Y＋V＋X"中具有使役意义，应包括两种情况：（1）V 是构式的使役（即使动），如"秦亡郑"的"亡"。（2）V 是词义的使役，如"狄灭邢"的"灭"。"灭"不是使动用法，而是施加于"邢"的动作，但"灭"的词义构成中包含使役，所以整个"Y＋V＋X（狄灭邢）"还是具有使役关系。

"灭"也有使动用法。"灭"的使动词是"威"。"灭"和"威"有语音交替，这是形态的使役：

威，《广韵》："许悦切。"

梅祖麟（2000：385）把"灭"构拟为 *mjiat＞mjat，把"威"构拟为 *smjiat＞xjwat，认为"威是灭的使动词"。

"威"很少见，只在《诗经》中有一例：

《诗经·小雅·正月》："赫赫宗周，褒姒威之。"

"褒姒威之"不是褒姒用武力灭了宗周，而是褒姒使得宗周被（犬戎）灭。这和"狄灭邢"是不一样的。"褒姒威之"的"威"是构式的使役（使动），"狄灭邢"的"灭"不是构式的使役（使动），是词义的使役。

2.4.3 再看"X＋V"中的"灭"。

根据上面所说,"狄灭邢"也包含使役义。至于它和"邢灭"是否构成使役交替,那还要看"邢灭"是什么情况。

先秦文献中"X＋V"的"灭"有两种情况。

(一)在《左传》中有一个例句:

《左传·文公四年》:"楚人灭江。秦伯为之降服,出次,不举。过数。大夫谏。公曰:'同盟灭,虽不能救,敢不矜乎?'"

这两个"灭",应该是一样的,只是前面用在"Y＋V＋X"中,后面用在"X＋V"中,两个"灭"都是动作-状态动词而突出状态变化的。"同盟灭"的"灭"不是状态动词,它不同于"亡"。正因为如此,《左传》中还有"乃灭而亡"和"乱生必灭,所以亡也"(俱见上引),其中的"灭"和"亡"不一样。

但这种"X＋灭"和"X＋斩""X＋杀""X＋戮"等也不一样,即:它不是一个状态动词,但也不能完全看作意念被动,而是表示 X 遭受攻击动作而状态发生变化,变化的结果就是"亡"。从突出状态来看,它和状态动词比较接近。

而"楚人灭江"的"灭"("Y＋V＋X"中的 V),上面说过,是一种词义的使役,词义中包含使因和结果(状态变化)。"楚人灭江"和"同盟灭"构成使役交替,这种突出状态的动作-状态动词"灭"是作格动词。

(二)"X＋灭"还有另一种情况。在先秦文献中,有的"X＋灭"中的"灭"是状态动词,词义和功能都跟"亡"相同。

全面考察先秦文献中的"灭",可以看到,在《左传》以后的先秦文献中,多次出现"灭亡"连用,《墨子》2 例,《庄子》1 例,《荀子》13

例,《吕氏春秋》1例,《礼记》1例,共18例,都是"X灭亡","灭"和"亡"已无区别。略举几例如下:

《墨子·天志下》:"使之父子离散,国家灭亡。"

《荀子·王制》:"好用其籍敛矣,而忘其本务,如是者灭亡。"

《吕氏春秋·贵信》:"不听臣之言,国必灭亡。"

在《左传》《国语》和《论语》中都没有"灭亡",说明"灭亡"是后起的。"灭亡"中的"灭"肯定不是意念被动,而是状态动词。

但在《左传》中,有些"灭"的用法也值得注意:

《左传·文公九年》:"楚子越椒来聘,执币傲。叔仲惠伯曰:'是必灭若敖氏之宗。'"

《左传·宣公四年》:"初,楚司马子良生子越椒。子文曰:'必杀之。是子也,熊虎之状而豺狼之声;弗杀,必灭若敖氏矣。'"

《左传·定公四年》:"灭宗废祀,非孝也。"

这些"灭+X"是指某个子孙使家族亡,所以,不是动作-状态动词"灭"带宾语(像"狄灭邢"一样),而是状态动词"灭"(≈"亡")用作使动,即"Y使X灭亡"。这说明在历史发展过程中,"X灭"的"灭"由突出状态的动作-状态动词演变为状态动词。

到《吕氏春秋》中,有这样的例句:

《吕氏春秋·处方》:"故百里奚处乎虞而虞亡,处乎秦而秦霸;向挚处乎商而商灭,处乎周而周王。"

《吕氏春秋·简选》:"中山亡邢,狄人灭卫。"

在"X+V"和"Y+V+X"中都是"灭"和"亡"并用,看不出"灭"和"亡"的差别。这时,应该说"灭"已演变为状态动词,在"X+V"中表示X的状态,在"Y+V+X"中是状态动词的使动了。

我们可以这样来说明其演变:动作-状态动词"灭"的语义构成是"动作[武力攻击]+(致使)+结果/状态[亡]",而且是突出状态的。其中的"动作"的因素,在"X+灭"中已经弱化,再进一步弱化而至于消失,就剩下了"结果/状态",所以成为一个状态动词,其意义和"亡"相同。

2.4.4 所以,全面考察春秋战国时期的"X+灭",其中的"灭"有突出状态的动作-状态动词和状态动词两种情况。这两种情况都可以和相应的"Y+灭+X"构成使役交替。所以,"灭"是作格动词。

"X+灭"的这两种情况是一个逐步演变的过程,至于在文献中哪些"X+灭"属于第一种,哪些"X+灭"属于第二种,有时不容易清楚地区分。比如,下面的例句中,"X+灭"的"灭"究竟是包含状态变化的意念被动还是状态变化,就不容易确定:

《吕氏春秋·自知》:"荆成、齐庄不自知而杀,吴王、智伯不自知而亡,宋、中山不自知而灭,晋惠公、赵括不自知而虏,钻荼、庞涓、太子申不自知而死,败莫大于不自知。"

"杀""虏"是意念被动,"亡""死"是状态变化。"灭"和它们并列,究竟是表示包含状态变化的意念被动还是状态变化?仅仅根据这段文字,就难以做出肯定的回答。我们只能从整个发展过程来看,既然从《墨子》开始就有"灭亡"连用,那么,《吕氏春秋》的这段话中的"灭",应该和"亡"一样,是表状态变化的了。

下面在说到"败""破""毁"时,把它们和"灭"放在一起看,有些问题可以看得更清楚。

2.5 从上面的论述来看,包含动作-状态动词的(1)(2)两类,对于确定作格动词非常重要。这里就有一个问题:同样是动作-状态动词,哪些属于(1)类,哪些属于(2)类?

从词义构成来看,这两类都是"动作+(致使)+结果/状态",都包含"动作"和"结果/状态"两个语义成分,只是(1)类突出"动作过程",(2)类突出"状态变化"。一个动作-状态动词究竟是突出动作过程还是突出状态变化,如果从语义成分来确定,会有较大的主观性。有没有比较客观的办法?

我们试着从句法方面着手。可以考虑以下几点:

(1)用在"X+V"时,如果V是表意念被动,这个动词就属于(1)类。表意念被动的鉴定方法,前面2.3.3已经说过。

(2)用在"Y+V+X"中时,如果V表示"使某某被V",这个动词就是属于(1)类。如上面说的"杀御叔,弑灵侯,戮夏南"之类。又如:

《孟子·尽心下》:"盆成括见杀。门人问曰:'夫子何以知其将见杀?'曰:'其为人也小有才,未闻君子之大道也,则足以杀其躯而已矣。'"

"杀其躯"表示"使其躯被杀",这和上文的"盆成括见杀"相应。上面2.3.3《韩非子》的"简公弑"也和"简公见弑"相应。把两者联系起来,我们也可以说,"动作-状态动词"如果能构成"见+V"的,就是突出动作过程的。

(3)突出状态变化的动作-状态动词,容易演变为状态动词。所以,当一个动作-状态动词和一个状态动词并列而构成一个词组时,这个动作-状态动词就是突出状态的。如"灭亡"的"灭","毁坏"的"毁",都是突出状态变化的。

(4)在后来出现的述补结构VC中,(1)类的"斩""杀""弑"

"戮"都没有用作后一字C的。而(2)类的"灭""开""毁""破"之类,用作后一字C很常见。这虽然是后来的发展,但也和它们在上古的性质有关,多少也能说明上古汉语中"斩""杀""弑""戮"突出动作过程,而"灭""开""毁""破"之类突出状态变化。

最后,还应当指出,有的词在历史上是有变化的。如"伤",下面将会看到,最初是一个状态动词;可以用作使动,由此演变为突出动作的动作-状态动词,在上述《国殇》例"刃伤"中无疑是意念被动。但后来很多"X伤"仍表状态变化。表意念被动的"伤"不是作格动词,表状态的"伤"是作格动词。像这样的动词,就不能简单地对待。

这只是一些初步的想法,是仅就本文讨论的一些动词提出的看法。这个问题还需要深入研究,要对一批较常见的上古汉语动词进行全面的调查和分析,才能得出更全面的结论。

3 作格动词两种句法表现的关系

3.1 作格动词都有"X＋V"和"Y＋V＋X"两种句法表现,哪一种是基本式(basic form)？哪一种是派生式(derived form)？这个问题比较复杂,需要深入研究。

历来汉语的研究者都把"使动"看作"活用",意思是说,非使动用法"X＋V"是"本用",是基本的;使动用法"Y＋V＋X"是"活用",所以是派生的。但作格动词中只有状态动词和"使动"有关,而动作-状态动词之(2)类(如上面讨论的"灭",以及下面要讨论的"开""毁""破"),就和"使动"无关。所以,这样的说法不能概括所有的作格动词。

Levin & Rappaport(1995:85—86)提出一种相反的看法:"动词的使役形是基本的,非宾格形式是派生的。"书中列举了下列例句:

(1)a. Antonia broke the vase/the window/the bowl/the radio/the toaster.

b. The vase/The window/The bowl/The radio/The toaster broke.

(2)a. He broke his promise/the contract/the world record.

b. * His promise/The contract/The world record broke.

(3)a. Jean opened the door/the window.

b. The door/The window opened.

(4)a. This book will open your mind.

b. * Your mind will open from this book.

(5)a. The wind cleaned the sky.

b. The sky cleaned.

(6)a. The waiter cleaned the table.

b. * The table cleaned.

在例(1)(3)(5)中,同一个动词都有及物用法(即使役形)和不及物用法(即非宾格形式),但在例(2)(4)(6)中,只有及物用法(即使役形)而没有不及物用法(即非宾格形式)。这说明对于使役形和非宾格形式有不同的选择性限制(selectional restrictions),受限较少的应该是基本式。

我认为,这个问题牵涉到动词的不同义项(semantic senses),上面例句中同一个词(break、open、clean)属于两个不同的义项。

有些动词的不同义项,情况是不同的。如上古汉语中的"损毁"义的"毁",有"X+V"和"Y+V+X"这样的使役交替,肯定是一个作格动词。但"毁谤"的"毁",只有"叔孙武叔毁仲尼"和"仲尼不可毁也"(均见《论语·子张》),而没有"仲尼毁"。这说明"毁谤"的"毁"不是作格动词,不能因为没有"仲尼毁",就得出作格动词中"Y+V+X"是基本式的结论。

顾阳(1996)还说"有相当一部分看来是使役动词的词没有相应的非宾格动词",以此来论证使役动词是基本式。她举的是 made、wrote、built 三个词(见顾阳 1996:7)。按:Levin & Rappaport(1995)是在第三章的 3.2.3 "when can externally caused verbs 'detransitivize'"一节中谈到这个问题的,说 cut、kill、write、build 等动词没有"detransitivize"。这些动词,在我看来是本文所说的"突出动作过程的动作-状态动词"或"动作动词",不是作格动词,所以,这和作格动词的基本式与派生式的问题无关。

3.2 那么,这个问题究竟应该怎样看?本文打算从汉语的历史发展来考察一些动词的两种形式孰先孰后,先的是基本的,后的是派生的。

这能不能根据文献的资料调查来确定?孙志阳(2006)和宋亚云(2014)都对一些作格动词的两种形式在先秦的共时分布做了详细统计。我也做了一些。下面把 10 个作格动词在先秦十种文献中或《左传》中的分布列成表:

(这里首先要说明,做统计时首先是要把一个多义词分成不同义项,只统计有使役交替的那个义项,其他无关的义项应当排除。如:"出"要统计的是"君出"和"出君"的"出",而"陈厉公,蔡出也"的"出"应当排除。"毁"要统计的是"龟玉毁"和"毁龟玉"的"毁",

"毁誉"的"毁"应当排除。)

表2

	X+V	Y+V+X	统计依据
来	400多	2	《左传》
出	327	44	十种文献
亡	136	25	《左传》
伤	63	136	十种文献
败	134	387	十种文献
破	15	43	十种文献
毁	13	72	十种文献
灭	74	154	十种文献
开	8	25	十种文献
启	4	58	十种文献

("来"用孙志阳的数据)

有了这样的统计,是不是问题就解决了?是否可以说,文献中用于"X+V"频率高的,就认为非使动用法是基本用法;文献中用于"Y+V+X"频率高的,就认为使动用法是基本用法?如:"来"就是由"X+V"派生出"Y+V+X",相反,"灭"就是由"Y+V+X"派生出"X+V"。这样的论证方法行吗?不行。因为我们谈的是两种形式之间的派生关系,而文献统计所表示的,只是两种形式的共时分布。

3.3 从汉语的历史发展来考察一些作格动词的两种形式孰先孰后,有三个方面值得注意:

(1)四声别义。不少作格动词的两种形式都有两种不同的读音,一是非去声,一是去声;一般认为,读去声的是后起的。或者一是清声母,一是浊声母;一般认为是从清声母变为浊声母。如:

饮:歠也,于锦切(上声);使之饮曰饮,于禁切(去声)。

《左传·桓公十六年》:"及行,饮以酒。"《释文》:"饮以酒:于鸩反。"

见:视也,古甸反(清声母);使见曰见,胡甸切(浊声母)。《论语·微子》:"见其二子焉。"《释文》:"见其:贤遍反。"

从读音来看,"X+饮""X+见"是基本的,"Y+饮+X""Y+见+X"是派生的。

四声别义的时间层次是一个复杂的问题。有些四声别义的时代可能很早,有人认为四声别义的去声源于原始汉语中的后缀*-s,浊声源于原始汉语中的前缀*s-;但有的四声别义可能是晋宋以后产生的。要确定四声别义的时代很不容易。但从下文可以看到,如果结合具体例子从四声别义的角度加以分析,对于确定作格动词的基本式和派生式还是有帮助的。

(2)词义演变的方向。有些作格动词在两种形式中的意义有联系又有区别。可以根据词义演变的方向来考虑两者的先后。如上述两个动词的两种用法,"X+饮""X+见"是一般动词,"Y+饮+X""Y+见+X"是使动,从词义演变来看,也应该前者是基本的,后者是派生的。

同源关系也是重要的参考。如:"伤",根据同源关系,可以确定其基本式是"X+伤"(见下)。

(3)春秋战国以前的语言资料。一般的统计资料,都是春秋战国时期的资料,同一个历史阶段,不容易看出先后关系。如果在甲骨文、金文中有相关资料,可能有助于问题的分析。如果在甲骨文、金文中只有"X+V"而没有"Y+V+X",那么,前者是基本的,后者是派生的。

这三个方面要综合起来考察。

这三个方面,看起来好像简单明了,但实际处理起来,情况还可能相当复杂。这在下面将会看到。

3.4 下面试着分析一些例子。

3.4.1 表2上端的三个词"来""出""亡",用于"X+V"的大大多于用于"Y+V+X"的(下面,为了叙述的方便,我们把用于"X+V"的动词标作V_1,用于"Y+V+X"的动词标作V_2),在春秋战国时期,V_1应是状态动词,V_2应是状态动词的使动用法。这是合乎上古汉语的用法规律的:上古汉语使动用法很普遍,不论是状态动词、动作动词,还是形容词、名词,都可以用作使动。如:

《左传·僖公三十年》:"公曰:'吾不能早用子,今急而求子,是寡人之过也。然郑亡,子亦有不利焉。'许之,夜缒而出,见秦伯曰:'秦晋围郑,郑既知亡矣。若亡郑而有益于君,敢以烦执事。'"

"郑亡",是"X+亡","亡"表示"郑"的状态变化。

"亡郑",是"Y+亡+X","亡"是使动,表示使郑产生"亡"的状态变化。所以,亡$_1$是基本的,亡$_2$是派生的。

这样的分析似乎可以同样用于表2底端的三个词"灭""开""启",即:认为"灭""开""启"的V_1是状态动词,是基本的;V_2是状态动词的使动用法,是派生的。

这样的分析倒可以使得对作格动词的分析"一以贯之":作格动词的V_1都是状态动词,V_2都是状态动词的使动。尽管在春秋战国时期,"来""出""亡"的V_1多于V_2,而"灭""启""开"则反过来,V_1少于V_2,但无论多于还是少于,V_1都是基本的,V_2都是派生的。

这样分析似乎很漂亮,但会遇到一些困难。

3.4.2 首先,前面说过,"灭"不能和"亡"一样分析。

3.4.3 再看"启"和"开"。

3.4.3.1 先说"启"。在甲骨文中,甲骨文中有"其🅱️宓(庭)西户"(邺三下四一六),是属于"Y＋V＋X"式的。甲骨文不见"户启",但有"今日🅱️","🅱️"为天晴、天开之义,是属于"X＋V"式的;《说文》:"启,日出天晴也。"就是这个字。既然甲骨文中"🅱️户"和"今日🅱️"都写作同一个字,那就说明这两个意义之间是有联系的,连接这两者的应该是"户🅱️"的"🅱️",是一种状态,虽然此用法不见于甲骨文。

这三者孰为基本式,孰为派生式,可以参考"开"字。虽然"开"比"启"出现得晚,但其词义的发展路径可能是一样的。"开"是"开 t"→"开 i",所以"启"也可能是"启 t"→"启 i"→"啓 i"。

3.4.3.2 再说"开"。甲骨文和金文无"开",《尚书》《诗经》中有"启"和"开"。《说文》"开"的古文作"閞"。金文中有一个"辟"字,作"開",像两手反方向推门。"閞"和"開"字形非常相近,只是"閞"在两手和门之间多了一横。商承祚云:"案閞为辟,是门已开。冂示门闭,廾示两手开门也。"(转引自李圃主编《古文字诂林》)按照商说,"辟"是表状态的,"开"是表动作的。所以,"开"的"Y＋V＋X"式是基本式,"开"的"X＋V"式是派生式。

但是,"🅱️"和"开"由动作-状态演变为状态,和"灭"由动作-状态演变为状态有点不一样:"灭"的演变有一个中间环节"包含状态变化的被动","🅱️"和"开"看不到这个中间环节,似乎是直接由动作-状态演变为状态。为什么能有这种演变呢? 这有点类似 Levin & Rappaport(1995)所说的"非使役化(decausativization)"。准确地说,"🅱️/开"是一个突出状态的动作-状态动词,其语义构成是"动作＋

(致使)＋结果/变化",其中包含表示变化和使役的因素。使役是一个复杂事件,包括使因(动作)和结果(状态)。如果不强调使因(动作),而强调结果(状态),那么,包含使役因素的动作-状态动词就变成状态动词。"非使役化"是在词库里进行的,是一个构词规则。由"败/开＋X"的"败/开 t"(动作-状态动词)演变为"X＋败/开"的"败/开 i"(状态动词),就是由这个构词规则形成的。

3.4.4 再讨论表 2 中间的四个词"伤""败""破""毁"。

从十种文献的调查看,这四个词用于"X＋V"和"Y＋V＋X"的都有。后者多于前者,但比例不是很悬殊。仅仅根据文献的统计资料,似乎难以确定它们是及物动词还是不及物动词。要断定何者为基本的,何者为派生的,更是比较困难。

这里必须考虑四声别义(包括清浊别义)的问题。四个词中,"伤""破"没有四声别义,"败""毁"有。

周法高(1972)把与使谓有关的四声别义分为两类:

1. 去声或浊声母为使谓式。
2. 非去声或清声母为使谓式。

"败"和"毁"都属于第 2 类:

败:毁他曰败,音拜(清声母,去声)[使谓式];自毁曰败(浊声母,去声)。

毁:坏他曰毁,许委切(上声)[使谓式];自坏曰毁,况伪切(去声)。

这一类,似乎有些矛盾:一般说来,从读音看,非去声或清声母是较早的,去声或浊声母是较晚的;而从意义看,谓词是原有的,使谓是后起的。那么,"毁"和"败"的两种用法,究竟哪一种是基本的,哪一种是派生的呢?这就颇费斟酌。

我们先讨论"毁"。"败"到下面再讨论。

3.4.4.1 毁

《孝经·开宗明义章》:"身体发肤受之父母,不敢毁伤。"《经典释文》:"毁,如字。"即上声。

《周礼·司寇·司厉》:"凡有爵者与七十者与未龀者。"郑注:"龀,毁齿也。"《经典释文》:"毁,况伪反。"即去声。

贾昌朝《群经音辨》:"坏他曰毁,许委切;自坏曰毁,况伪切。"

我认为,"自坏"是说这个动词表示事物自身的状态,如《周礼》例的"毁齿",虽然"毁"后面有一个宾语"齿",但"毁"说明的是"齿"的状态,正如"落叶"说的是树叶落下,"脱发"说的是头发脱落。"坏他"的"毁"(即"毁身体发肤"的"毁")未必就是"使谓"(即一般所说的"使动"),而只是说这个动词有动作涉及的对象,如《孝经》例的"毁"其对象就是"身体发肤"。很可能"坏他"的"毁"是像"灭邢"的"灭"一样,"V+X"是基本用法,但这个词只是词义的使役,而不是一般所说的"使动";也像"灭"一样,可以演变为表状态的动词,即"毁齿"的"毁"。如果这样看,就和四声别义的规律一致:非去声的"坏他"是基本的,去声的"自坏"是派生的。

这个看法和文献上表现出来的也一致。甲骨文中无"毁"。金文有"毁",其义不明。《诗经》仅一例,是表动作-状态的:

《诗经·豳风·鸱鸮》:"既取我子,无毁我室。"

《论语》一例(不算"毁谤"的"毁"),是表状态的:

《论语·季氏》:"龟玉毁于椟中。"

所以,"毁"的"Y+V+X"用法是基本的,"V+X"用法是派生的。

3.4.4.2 败

"败"比"毁"复杂。

《说文》中有"败",又有"贁"。

《说文》:"贁,坏也。从攴贝声。《商书》曰:'我兴受其贁。'""败,毁也。从攴贝。"其实"贁""败"实同一词,但在许慎看来,这个词有时表状态,有时表动作。

上述四个词,在甲骨文中出现的只有"败"字。

"败"在甲骨文里作"🐚",卜辞既有"🐚牛",又有"帝🐚"。于省吾云:"败训毁坏,乃系通诂。而卜辞用法有二:一、'🐚牛'为杀牲,……'🐚自般龟',谓杀自般之龟也。一、🐚为灾祸不利之义,降🐚犹言降灾。……'隹帝🐚西',言不利于西也。……不🐚、弗🐚、亡🐚即不败、弗败、亡败也。"李孝定举出甲骨文"王曰侯虎余其败汝事□",并说"金文南疆钲作敗"。

可见,早在甲骨文中,"🐚"就有两种用法。(1)"🐚牛""🐚龟"是"V+X","🐚",表动作,宰杀或毁坏。金文中写作"敗"突出其动作性。(2)"隹帝🐚西"是"X+V","🐚"表状态,不利。表"灾祸"义很常见,应是"不利"义的引申。

那么,这两种用法的读音是否有区别?能不能根据其读音的区别来判断基本和派生?

  陆德明《经典释文·序》:"及夫自败(薄迈反)败他(补败反)之殊,自坏(呼怪反)坏撤(音怪)之异。"

  贾昌朝《群经音辨》:"毁他曰败,音拜。自毁曰败,薄迈切。"

据此,"败他"是清声母,"自败"是浊声母。似乎"败他"是基本的。

但是,《经典释文》中出音的都是"必迈反"或"补迈反",没有"薄迈反"。如:

《左传·隐公元年》:"败宋师于黄。"《释文》:"败,必迈反,败他也。"

而《左传·庄公十一年》"京师败曰王师败绩于某"、《左传·成公二年》"师徒桡败"等处,《经典释文》均不出音。只有一处:《穀梁传·庄公十年》"中国不言败"注"'……晋师败绩',不言败晋师",《经典释文》注:"败绩,如字。"

这说明浊声母的"薄迈反"是基本读法,无须注音。而清声母的"必迈反"是少见的,需要注音。

《颜氏家训·音辞》:"江南学士读《左传》,口相传述,自为凡例:军自败曰败,打破人军曰败(原注:败,补败反)。诸记传未见补败反。徐仙民读《左传》,唯一处有此音,又不言自败败人之别。此为穿凿尔。"

这也说明清声母的"补败反"是少见的。

周祖谟(1946/1966):"案败有二音,亦起自晋宋以后,经典释文分析甚详。"

于省吾说甲骨文的"敗"从贝声。"贝"是浊声母,所以,甲骨文的"敗",不论是"敗牛""敗龟"的"敗",还是"隹帝敗西"的"敗",可能都是浊声母的。甲骨文的"敗"虽有"X＋V"和"V＋X"的不同,但表"宰杀"的"敗"和表"不利"的"敗"在词义上没有很紧密的联系,还没有构成作格动词。到《左传》以后"败"用于战争的胜负,具有"宋师败"和"败宋师"两种句法位置,而两者的词义联系很紧密,这才发展为作格动词。从历史演变看,应该是原先浊声母的"败"(毁坏)演变为"宋师败"的"败"(战败),然后再产生"败宋师"的"败"(打败,使……败),而且,为了区分两者,把后者读为清声母。也就是说,对于作格动词的"败"来说,应该说"X+V"是基本的,"V+X"是派生的。

这和一般的清浊别义不同。一般的清浊别义,如:

折(折断,动作),之舌切(清)—折(断了,状态),市列切(浊)

解(解剖,解开,动作),古买切(清)—解(解开了,松懈,状态),胡买切(浊)

都是由清变浊,清声母(Y+V+X)是基本的,浊声母(X+V)是派生的。

可见,根据读音来判断基本的和派生的,也要具体分析,不能一概而论。

3.4.4.3 "伤"和"破"都没有四声别义,也不见于甲骨文。

3.4.4.3.1 伤

"伤"最初的意义是指身体的创伤,是个状态动词(不及物)。这从下面的材料可以得到说明:

《说文》:"伤,创也。"又:"刃(即'创'),伤也。""伤""创"互训。虽然我们不能相信《说文》的"本义"就是一个词最初的意义,但《说文》提供的"伤"和"创"的关系是值得考虑的。《礼记·月令》:"命理瞻伤察创视折。"郑玄注:"创之浅者曰伤。"郑注也把"伤"和"创"放在一起。王力《同源字典》"伤,慯,殇:创(刃),怆,疮(审初邻纽,迭韵)",六字同源。这些同源词大都是表状态的。

"伤"文献中的用法也可以证明这一点。

《尚书》《诗经》《周易》中都有"伤":

《尚书》4 例(另有《泰誓中》之例,为古文《尚书》,不引):

《尚书·说命上》:"若跣弗视地,厥足用伤。"

《尚书·费誓》:"杜乃擭,敜乃阱,无敢伤牿。牿之伤,汝则有常刑。"

《尚书·酒诰》:"民罔不盡伤心。"

《尚书·康诰》:"子弗祗服厥父事,大伤厥考心。"

《尚书·说命上》虽是古文《尚书》,但这几句话见于《国语·越语上》,可以相信是早期的文献。这里的"伤",应该是状态动词。而《尚书·费誓》的"伤牿"则是状态动词的使动,使牛马伤。《酒诰》和《康诰》的"伤心"也是使动,使心伤;不过"伤"已引申为心理的伤害了。

《诗经》一例(《诗经》其余例为"忧伤"之"伤",不引):

《诗经·郑风·大叔于田》:"将叔无狃,戒其伤女。"

"伤"也是状态动词的使动用法。

《周易》一例(《周易》其余的"伤"为"损害",是"伤害"的引申义,均不引):

《周易·序卦》:"晋者,进也。进必有所伤,故受之以明夷。夷者,伤也。伤于外者必反于家。"

"所伤"的"伤"是突出动作的动作-状态动词(及物),及物动词才有被动用法。这是由状态动词的使动用法演变而来的。"伤于外"是意念被动。

往后的先秦文献中,"伤"作为突出动作的动词-状态动词(及物)用得较多,如:

《论语·乡党》:"厩焚,子退朝。曰:'伤人乎?'"

《左传·成公二年》:"郤克伤于矢。"

屈原《九歌·国殇》:"左骖殪兮右刃伤。"

《吕氏春秋·察微》:"楚之边邑曰卑梁,其处女与吴之边邑处女桑于境上,戏而伤卑梁之处女。卑梁人操其伤子以让吴人。"

《论语》例"伤人"的"伤"似乎不必再看作使动,"伤人"的"人"是受事宾语。《左传》例和《九歌》例中的"X+伤"是意念被动。《吕氏春秋》例"伤卑梁之处女"的"伤"是吴之处女施加于卑梁之处女的动作,"伤子"的"伤"做定语,但不是表状态,而是"被伤"之义。这些例句说明"伤"已发展为突出动作的动作-状态动词(及物)。

但"伤"作为状态动词(不及物)还在继续使用。如:

《庄子·人间世》:"咶其叶,则口烂而为伤。"

《庄子·徐无鬼》:"匠石运斤成风,听而斫之,尽垩而鼻不伤。"

在述补结构兴起后,常见到"V+伤","伤"更是状态动词。

总起来看,"伤"的"X+V"是基本的,"Y+V+X"是派生的。在上古汉语中,"伤"由状态动词的使动演变为突出动作的动作-状态动词(及物),而且动作-状态动词(及物)用得更多(见4.1的统计),但状态动词(不及物)的用法依然存在。

3.4.4.3.2 破

《尚书》《周易》无"破"。《诗经》共4例,均和"灭"一样,为突出状态的动作-状态动词,和宾语构成词义使役的关系。

《诗经·豳风·破斧》:"既破我斧,又缺我斨。"(3例)

《诗经·小雅·车攻》:"不失其驰,舍矢如破(之)。"

先秦十种语料"破"共60次,如有如下几类:

(1) 破+X　43次

《吕氏春秋·本味》:"伯牙破琴绝弦。"

(2) X+破　15次

《荀子·劝学》:"风至苕折,卵破子死。"

(3) 构成受事话题句　1次

《庄子·天地》:"百年之木,破为牺尊,青黄而文之,其断在沟中。"

(4) 做定语　1次

《韩非子·五蠹》:"则海内虽有破亡之国,削灭之朝,亦勿怪矣。"

从十种语料看,"Y+破+X"多,"X+破"少,而且相差较大。当然,"Y+破+X"的"破"也不一定是突出状态的动作-状态动词,也可能是状态动词的使动。但既然在《诗经》中"破"都是突出状态的动作-状态动词,所以,说后来的"破+X"的"破"是状态动词的使动就缺乏根据。看来,先秦的"破"主要还是表动作-状态的。《韩非子》中"破亡"并用做定语,"破"还是"被攻破"之义。但《荀子》的"卵破子死"应该是已经演变为表状态。从后来的发展看,"破"在述补结构中都做补语,即只表示状态,动作由前面的动词来表达,说明它逐渐由动作-状态向状态发展。可能"破"的"Y+V+X"是基本的,"X+V"是派生的。

总起来看,大体上可以分为两种情况:(一)如果一个作格动词最初属于"状态动词",那么"X+V"是基本式。(二)如果一个作格动词最初是属于"动作-状态动词(2)",那么"Y+V+X"是基本式。但具体到某一个词,特别是那些在上古文献中及物和不及物用法的比例很接近的动词,如"伤""败""破""毁"等,究竟是属于哪一种情况,却不是一目了然的,所以,必须逐个进行深入分析。

4 作格动词的历史演变

4.1 作格动词在历史上是有变化的。下面列一个从先秦到唐代的统计表：

表3

	X+V：Y+V+X				
	先秦	西汉	东汉	世说新语	敦煌变文
出	327：44	419：67*	371：1*	49：2*	255：1(使动)
亡	136：25	49：22	68：4	10：0	2：3
伤	63：136	77：98**	115：131**	3：5	65：46
败	134：387	84：48*	71：40*	21：2	19：0
破	15：43	95：236*	35：47*	1：11	31(+16)：38
毁	13：72	0：2*	17：24*	4：5	2：5
灭	74：154	12：59*	348：81*	1：2	24：25
开	8：25	3：22	12：29	11：9	134：92

（加*的是宋亚云〔2014〕的数据,西汉用《史记》下。加**的是梁银峰〔2006〕的数据。）

表3的8个动词在先秦都是作格动词,表中统计了这些动词在先秦、西汉、东汉、魏晋南北朝、唐代的情况。这些动词的发展情况不完全一样。

4.1.1 "出"发展的总趋势是："出"的使动用法逐渐减少。据宋亚云(2014)调查,《论衡》中"出"带宾语147例,但很多是"出言""出涕"之类,役事宾语仅53例,而有生名词做役事宾语的仅1例：

《论衡·龙虚》："当尧丘圻之杀两蛟也,手把其尾,拽而出之,至渊之外。"

《世说新语》中带宾语72例,带指人役事宾语的仅2例,张永言《世说新语辞典》为之另立一个义项"外调,外放"：

649

《世说新语·品藻》:"时人共论晋武帝出齐王之与立惠帝,其失孰多。"

《世说新语·术解》:"遂出阮为始平太守。"(比较《简傲》:"王平子出为荆州。")

敦煌变文情况也是一样,虽然"出"带宾语的很多(328例),但都是"出家""出门""出言"之类,是熟语,而且宾语绝大部分是处所名词和无生名词,所以不构成使动。可以看作使动的仅1例:

《丑女缘起》:"例皆见女出妻,尽接座筵[同欢]。"
这显然是仿古的形式。

4.1.2 "亡"发展的总趋势也相同。《论衡》中"亡"带宾语4例,2例为"亡国",1例为"'亡秦者胡',《河图》之文也",1例为"桀亡夏而纣弃殷"。《世说新语》中"灭亡"义的"亡"共10例,无一例处于"Y+V+X"格式中。敦煌变文中"灭亡"义的"亡"共5例,虽有3例处于"Y+V+X"格式中,但也是仿古:

《王昭君变文》:"存汉室者昭军(君),亡桀纣者妲己。"

《韩擒虎话本》:"败军之将,腰令(领)难存;亡国大夫,罪当难赦。"

《降魔变文》:"亡家丧国,应亦缘卿!"

可见,"出""亡"的使动用法从东汉开始就逐渐衰落,到魏晋南北朝以后,只用于"X+V"格式,发展为一个纯粹的不及物动词,而不再是作格动词了。这可以说是"自动词化"。

4.1.3 "开"和"灭"是另一种情况。这两个词,据上面的分析,是由动作-状态动词(及物动词)演变为状态动词(不及物动词)。(为了醒目,以下在做统计时用 Vi 表示不及物的状态动词,用 Vt 表示及物的动作-状态动词。)在先秦和西汉,Vt 是 Vi 的几倍。后来,两者的比例逐步接近,也就是说,用作 Vi 的越来越多,也就是人们通常所说的"自动词化"了。但这种"自动词化"不应理解为成了纯粹的自动词。直到唐代,"开"和"灭"还可以用作及物的动作-状态动词,所以还是作格动词,只是它们用作及物动词和用作不及物动词的比例发生了较大变化。这和"出""亡"的情况是不一样的。

4.1.4 "伤""败""毁""破"到后来还是作格动词,但发展的情况各不相同。

"伤":先秦时"伤 t"高于"伤 i",后来两者逐步持平,到敦煌变文中反过来,"伤 i"高于"伤 t"。

"败":也是如此。而且,发展的速度更快,到敦煌变文中,"胜败"义的"败",无一例用作及物动词,这也是由于使动用法的衰微。但在现代汉语中还说"广东队大败北京队",所以,"败"一直是作格动词。

这里要做一说明。宋亚云(2014:213):"敦煌变文中,32 例'败'只有 2 例带宾语。"这 2 例大概是:

《伍子胥变文》:"岂缘小事,败我大义。"

《降魔变文》:"败我政法不思议,远请奸邪极下劣。"

这里的"败"是"败坏"义,而本文统计的是"败"的"胜败"义,所以统计数字不同。

"伤""败"的演变是否可以叫作"自动词化"呢?似乎不太合适。因为上面已经说过,"伤""败"的基本形式是不及物的状态动词,及物用法是派生的。只是在上古时期派生的及物形式用得很多,到后来逐渐减少,到敦煌变文中"败"只剩下不及物形式而已,这种曲折的演变不宜简单地称为"自动词化"(由非自动词变为自动词)。

"破":在先秦,"破 t"为"破 i"的三倍。西汉到六朝比例更高。可见,从先秦到六朝,"破"一直以及物动词为主。到了敦煌变文中,情况有了变化,"X+破"为31例,"Y+破+X"为38例。但加上述补式"V+破"16例,"破 i"就超过了"破 t"。但"破 t"还相当多,所以也不好说是"自动词化"。

"毁":到唐代为止,各时期"X+毁 i"和"Y+毁 t+X"都有,而且都以后者为多。至于这些作格动词发展到现代汉语中情况如何,这是下面要讨论的问题。

4.2 现代汉语中的作格动词。

曾立英(2009)对现代汉语作格动词做了研究,列出了160个作格动词,其中绝大部分是双音词。汉语的作格动词从单音到双音,这是作格动词的一个大变化。这些双音动词在什么时候出现,是否一开始就是作格动词,或者什么时候成为作格动词,都是应该研究的问题。

但本文更关心的是单音作格动词的历史演变:原先有哪些单音的作格动词,到现代汉语中已不是作格动词了?哪些现代汉语中单音的作格动词是古代发展来的?什么时候成为了作格动词?其变化的原因是什么?这是需要做专题研究的。本文只能很粗略地谈一谈。

曾立英(2009)的160个作格动词中,单音的有如下16个:
  变 饿 肥 关 化 坏 荒 开 亏 灭 泼 松
  退 消 着(zháo) 折(zhé)
其中"开""灭"是本文讨论过的,"关""坏""折"肯定也是自古就存在("关"稍晚一点,汉代以后用作动词)。其他动词,其出现的时间和发展的历史,都需要研究。

其实,现代汉语中单音的作格动词不止这些。李临定(1985)所说的现代汉语中既有动态功能,又有静态功能的动词,也有一些是作格动词。如:

挂 摆 贴 躺 坐 站 绣 画 刻 戴 穿 围
关 开 锁 举 伸 踩 捏 叉

这些词哪些是作格动词,哪些不是,不是的和作格动词有什么区别,都是值得研究的。

4.3 总起来说,汉语单音作格动词的历史发展有三种情况:

(1)上古已产生,一直保留到今天。如上述"开""关""灭""破""坏""折"。还有一些,如:"败""断"。

(2)上古的作格动词,今天已没有作格用法。如本文讨论的"出""亡""伤""毁"。现代汉语中,"出""亡""伤"只能用于"X+V","毁"只能用于"Y+V+X"。

(3)上古不是作格动词,后来成为作格动词。如上面提到的"消"和"挂"。

"消",先秦时只用于"X+V",西汉可用于"Y+V+X"。

《周易·否卦》:"小人道长,君子道消也。"《礼记·月令》:"时雪不降,冰冻消释。"

《淮南子·本经》:"擿蚌蜃,消铜铁。"

"挂",先秦时只表状态,魏晋南北朝可表动作。

《楚辞·招魂》:"砥室翠翘,挂曲琼些。"五臣云:"玉钩悬于室中。"

《后汉书·丁鸿传》:"乃挂缞绖于冢庐而逃去。"

从现代汉语出发,往上追溯,这也是一种研究方法。

本文的看法不成熟,供大家讨论。

参考文献

程明霞　2008　《致使概念的原型范畴研究》,《湖南科技学院学报》第 1 期。
大西克也　2004　《施受同辞刍议——〈史记〉中的"中性动词"和"作格动词"》,《意义与形式——古代汉语语法论文集》,LINCOM GmbH。
顾　阳　1996　《生成语法及词库中动词的一些特性》,《国外语言学》第 3 期。
何乐士　2012　《〈左传〉语法研究》,河南大学出版社。
蒋绍愚　2014a　《先秦汉语的动宾关系和及物性》,《中国语言学集刊》第七卷第二期。
蒋绍愚　2014b　《从〈左传〉的"P(V/A)＋之"看先秦汉语的述宾关系》,《历史语言学研究》第 8 辑。
蒋绍愚　2015　《汉语历史词汇学概要》,商务印书馆。
李临定　1985　《动词的动态功能和静态功能》,《汉语学习》第 1 期。
李圃主编　2004　《古文字诂林》,上海教育出版社。
李佐丰　2004　《古代汉语语法学》,商务印书馆。
梁银峰　2006　《汉语动补结构的产生与演变》,学林出版社。
吕叔湘　1987　《说"胜"和"败"》,《中国语文》第 1 期。
梅　广　2015　《上古汉语语法纲要》,三民书局。
梅祖麟　2000　《汉藏语的"岁、越""还(旋)、圜"及其相关问题》,《梅祖麟语言学论文集》,商务印书馆。
宋亚云　2014　《汉语作格动词的历史演变研究》,北京大学出版社。
孙志阳　2006　《〈左传〉中的"使动用法"》,香港科技大学博士学位论文。
杨伯峻、何乐士　1992　《古汉语语法及其发展》,语文出版社。
杨素英　1999　《从非宾格动词现象看语义与句法结构之间的关系》,《当代语言学》第 1 期。
杨作玲　2012　《上古汉语非宾格动词的判定标准》,《三峡大学学报》第 4 期。
于省吾主编　1996　《甲骨文字诂林》,中华书局。
曾立英　2009　《现代汉语作格现象研究》,中央民族大学出版社。

周法高　1972　《中国古代语法·构词编》,历史语言研究所专刊之三十九。
周祖谟　1946/1966　《四声别义释例》,《问学集》,中华书局。
Cikoski, John S.　1978　An Outline Sketch of Sentence Structure and Word Classes in Classical Chinese—Three Essays on Classical Chinese Grammar I. *Computational Analysis of Asian & African Languages* 8:17-152.
Levin, B. and M. Rappaport　1995　*Unaccusativity: At the Syntax-Lexical Interface*. Cambridge, Mass.: MIT Press.

（原载《历史语言学研究》第 11 辑,2017 年 11 月）

《史记》单音节动词的情状类型*

一 情状研究概述

1.1 情状研究的对象和情状的类型

"情状(situation)"研究的是动词的时间结构。Vendler(1957)把情状分为四个类型：activities, accomplishments, achievements, states。① 其中 accomplishments 通常译为"结束"或"终结"，本文对这四个术语都采用梅广(2015)的翻译，即"活动""达成""瞬成""状态"。

Olsen(1997)认为词汇体(即情状体)所包含的普遍性语义特征主要有终结性(telicity)、动态性(dynamicity)、持续性(durativity)，他用"缺值对立"②的办法把这四种词汇体的特征列表分析如下：

---

* 本文初稿曾在中国人民大学文学院的小型讨论会(2022年1月7日)上讨论过，听取了陈前瑞教授和与会同学的意见并做了修改。谨此致谢。

① Vendler(1957)的分类与 Olsen(1997)的三个语义特征和表格转引自陈前瑞(2008)。

② "缺值对立"指的是：语义特征的有标记的意义是固定不变的，是语义意义，无标记的意义是不确定的，是语用含义。无标记的意义可以涵盖有标记的意义。如[＋终结]表示动词有一个内在的终结点，[＋动态]表示动词是动态的而不是静态的，[＋持续]表示动词内部有一个时间间距。而没有"＋"则表示在这方面没有限定，甚至可以包含有标记的意义。"等值对立"指的是：某一特征或是有(用"＋"表示)，或是无(用"－"表示)，没有中间状态。

表 1　基于缺值对立的词汇体(情状体)特征

词汇体的类型	终结	动态	持续	例子
状态(State)			+	知道|是|有
活动(Activity)		+	+	跑|画|唱
达成(Accomplishment)	+	+	+	摧毁|建造
瞬成(Achievement)	+	+		死|赢

为了更清楚地显示这四种情状类型的不同,我们把他的表改为"等值对立",列表如下:

表 2　基于等值对立的词汇体(情状体)特征

词汇体的类型	终结	动态	持续	例子
状态(State)	−	−	+	知道|是|有
活动(Activity)	−	+	+	跑|画|唱
达成(Accomplishment)	+	+	+	摧毁|建造
瞬成(Achievement)	+	+	−	死|赢

这样,这四类情状可以这样区分:

只有"状态"类是静态的,其他三类都是动态的。

只有"瞬成"类是非持续的,其他三类都是持续的。

"状态"类和"活动"类都是无终结点的,其区别在于静态和动态。"达成"类和"瞬成"类都是有终结点的,其区别在于持续和非持续。

当然,这样说比较绝对,下面我们会看到,实际情况并非完全如此。这留待下面具体分析。

1.2　现代汉语动词的情状分析

对汉语动词的情状如何分析?一些学者对汉语动词的时间结构有不同的分析法,因此也有不同的分类法。如戴浩一(1990/1991)把汉语动词分为状态(state)、动作(activity)、结果(result)

三类。郭锐(1993)根据"起点""终点""续段"三要素把动词内部的时间结构分成"无限结构、前限结构、双限结构、后限结构、点结构"五类;同时,他也认为动词的时间结构可以概括为"状态""动作""变化"三类。杨素英等(2009)不用[持续/瞬时]这个标准来区分[＋终结]动词,而用[指向结果]和[包含结果]两个标准来区分[＋终结]动词,并且分出"瞬时活动"一类,①因此将动词分为了五类:"状态""活动""瞬时""指向结果""包含结果"。

郭锐(1993)根据自己的标准,对孟琮等(1987)《动词用法词典》中的动词做了全面的分析和统计。文章对《动词分类词典》的动词和义项略有增删,统计结果为:"无限结构"111条,"前限结构"13条,"双限结构"1489条,"后限结构"56条,"点结构"221条。但没有列出全部例词。杨素英等(2009)把《动词用法词典》中的1223个词,分为2117条义位,并把这2117条全部放在自己的分类框架中。这样做无疑是很有意义的。在区分现代汉语动词的情状类型时,他们都采用了一些形式标准,如能不能加"了",加"着",加"在",加"过",以及能不能带时量宾语等。这些都是分类的参考。这些学者分析的对象都是现代汉语动词。

1.3　上古汉语动词情状分析的可能性及方法

上古汉语动词的情状能不能分析？如何分析？这是我在做汉语史研究时经常思考的一个问题。我在几篇文章中都提到了上古汉语动词的情状类型,但对这一问题一直没有做过全面的分析研

---

①　Smith(1991)把情状分为五种类型,除了"state""active""accomplishment""achievement"之外,还有"semelfactive(一次性)"一类,如"咳嗽、跳、敲"等。《史记》中"嗽"二见,是"漱口"义而不是"咳嗽"义。

究。我认为,上古汉语动词的情状是可以分析的,不过,做起来难度很大,上述学者分析现代汉语动词情状的一些形式标准几乎都用不上,而且上古汉语动词本身和现代汉语动词有较大的差别。所以,迄今为止,我所知道的对上古汉语动词情状做过分析的很少。梅广(2015)对"活动类动词""状态类动词""达成类动词""瞬成类动词"四种情状类型做了很好的分析,也举了一些上古汉语的例子,但没有对上古汉语动词情状做全面分析。

尽管困难重重,我还是想试着对上古汉语动词的情状做一个比较全面的分析。本文就是一个尝试。我明知这一分析会有不少问题,但试着做总比不做进了一步。

本文的做法是:从《史记》中选取了 1002 个单音节动词,[①]按照"活动""状态""达成""瞬成"四种情状类型加以分类。选取动词的原则,对这四种情状类型的理解,以及分类的具体做法和遇到的问题,都在下面讨论。

二 《史记》中的单音节动词

2.1 《史记》单音节动词的选取

李波《史记字频研究》(2006)一书,利用数字化信息的手段,对

[①] 《史记》的语言并不是完全同质的。除了司马迁的手笔外,还有司马迁引用的屈原、贾谊、司马相如等人的文字,有褚少孙的补作,同时,也有不少是司马迁根据先秦的史料改写的。所以,宋亚云(2014)把《史记》分为"上""下"两部分,认为"下"才代表西汉时的语言。本文不是做汉语演变的历时研究,只是取《史记》中的绝大部分单音节动词为例,对上古汉语动词的情状类型做一个大致的研究,所以,对这些动词究竟出自《史记》中的哪一部分材料不做区分。

《史记》全书的字频做了穷尽性的统计。《史记》（标点本）全书共572 864字，共用单字4932个。李波把全部用字分为"核心字""高频字""中频字""低频字""罕用字"五个字区，把这4932个字全部按字频排列在这五个字区中。其中的"核心字""高频字"中的字用字量最高，其累计覆盖率达90%，加上"中频字"，其累计覆盖率达99%之多。

但字不等于词，字频不等于词频。比如《史记》中字频最高的"之"字，字频为13 663次，但"之"字记录的是三个词项：代词、连词（包括"主之谓"中的"之"字）、动词。而且这13 663次主要是记录代词和连词。至于动词"之"有多高的频率？很难统计。又如高频字中的"陈"字，主要用于国名，但用作动词也很常见，如《秦始皇本纪》："虽有周旦之材，无所复陈其巧。"高频字中的"白"字，主要是用作形容词和姓氏，但也有用作动词的，如《滑稽列传》："拜谒曰：'愿白事。'"像这样具有动词词项的字，即使动词的频率不高（比如"白"作为动词频率可能不高），在我们的考察中也都予以收入，作为本文的分析对象。因为我们关心的并不是动词的频率，而只是以《史记》的字频为依据，来确定选取动词的范围。我们考察的对象是《史记》全部用字中"核心字""高频字""中频字""低频字"这四个字区中有动词词项的字。我们把《史记》这四个字区中有动词词项的字全部收入，可以说，《史记》中的绝大多数单音节动词都列入考察对象了。

下面是我们选取的字，总计990个：

（1）核心字。频次11 663—1058，共108个，其中有动词词项的字39个（依频次排列，下同）：

之 王 为 曰 有 下 与 将 使 上 立 至 无 得 後 言

事|欲|卒|行|可|从|入|死|出|见|生|杀|如|伐|能|馀|闻|及|长|令|击|成|封

(2) 高频字。频次1054—95,共760个,其中有动词词项的字366个:

复|数|来|知|遂|已|用|陈|攻|道|居|信|先|北|归|因|在|去|请|亡|反|取|孝|代|谓|定|明|破|朝|起|卫|即|食|乐|书|越|病|内|始|名|守|张|诛|说|作|发|会|罪|败|过|治|战|惠|足|除|骑|若|敢|重|命|陵|胜|问|往|坐|尽|谋|通|听|益|受|间|召|属|计|怒|求|共|灭|尝|恐|还|亲|告|赐|传|绝|降|列|失|白|救|愿|称|分|御|好|置|建|布|乘|徙|服|围|姓|斩|申|举|和|合|留|走|兴|终|奉|报|祠|易|献|许|舍|宣|观|临|更|房|群|敬|尚|疾|对|约|县|急|拜|争|崩|谢|怀|恶|望|罢|号|商|迁|贾|哀|衣|尊|游|昌|难|率|引|拔|解|由|进|怨|节|变|止|遣|奔|爱|诏|废|处|度|应|语|悼|徒|次|疑|辞|喜|致|饮|让|学|任|遗|射|患|予|收|并|弃|制|俱|霸|卜|离|济|教|具|谏|苏|决|记|忠|迎|塞|持|免|比|待|遇|议|薨|适|视|甘|虞|简|执|曲|开|市|侵|葬|害|忧|动|刑|追|伏|歌|云|论|参|交|弑|流|蒙|伤|乡|逆|随|息|负|衰|侍|近|连|被|驰|盟|卷|志|谒|盖|赦|逐|庆|产|傅|畏|错|期|衡|就|面|忌|穷|备|祭|惧|稽|笑|困|奏|权|祀|窃|别|盗|袭|克|竟|雨|灌|夺|诈|党|徵|载|容|隐|捕|顺|辱|顾|冠|延|薄|偃|肯|毕|思|涉|仰|释|践|字|加|专|劳|宠|禁|丧|贺|舒|割|施|牧|聚|绾|贼|送|系|禅|戚|贡|渡|著|假|纵|顿|获|给|登|并|附|要|形|印|推|犯|类|囚|养|责|存|积|经|禽|刺|赏|嗣|散|退|习|辅|振

佐|休|结|图|象|畔|却|忘|干|阿

(3)中频字。频次95—7,共1712个,其中有动词词项的字500个:

藏|戏|务|屈|屠|狩|怪|惊|化|敌|鼓|脱|匿|泣|谷|助
猎|筑|盗|修|忍|擅|虑|劫|辩|察|恭|理|指|种|买|宿|宰
招|舞|敝|罚|营|候|呼|畜|占|摩|保|屯|谥|毁|梦|须|造
觉|愈|转|历|效|避|改|徇|诶|据|折|择|采|承|考|巡|乞
蔽|欺|设|削|享|颠|断|贪|示|斗|略|接|集|浮|悔|耻|哭
放|试|悲|抵|征|刻|识|渔|寇|委|步|扬|循|验|烧|移|授
读|到|扶|饰|惑|阃|诊|革|趋|卖|画|娶|没|沈|戴|醉|增
嗟|耕|树|怜|省|念|回|铸|襃|鸣|逢|摄|坏|趣|叛|切|缯
穿|劝|驾|叹|泄|赎|输|蚀|格|欣|向|续|督|补|堕|恣|卧
骂|歇|逃|覆|震|抚|髡|达|注|役|妄|护|闭|旅|括|逾|慕
诣|摇|驱|荐|厌|贰|寄|纳|诱|感|涕|霁|樊|渐|塗|倾|逮
贯|计|谏|颂|筮|陷|誉|残|矜|束|继|戮|嫁|痛|恨|阻|汲
操|遵|损|差|赴|矫|裂|缺|戒|弔|选|竭|提|答|挟|急|防
乏|讥|运|贷|捐|览|讳|谕|领|诵|掌|剖|赍|露|积|勉|殇
导|勤|饭|援|货|饥|飞|勉|嬖|冀|惭|誓|蔽|寝|溺|量|牵
到|扰|调|诫|遁|抱|怯|投|斥|嚣|慢|借|拘|沐|包|禦|答
突|佩|祷|辨|瘖|肆|挥|启|悦|悍|倚|述|譬|惮|憎|跪|减
挑|快|吞|佞|购|谤|徼|贬|洗|忿|腠|讲|艺|落|烹|讬|倦
恤|育|拊|触|攘|藉|遮|遭|搏|弃|创|料|恃|妒|织|雕|销
睹|溉|勒|俯|扦|嗜|殖|喻|给|惜|揭|讼|娴|拾|抑|凿|谈
诽|装|翔|焚|溲|愧|旋|掘|捷|训|按|侮|披|协|劲|似|弛
醤|拥|编|剽|掠|析|返|欢|镇|骋|窥|廖|燔|募|掩|龁|拟

辍|摩|悟|叩|跃|蹶|缮|诬|算|照|遊|讯|枯|秉|阅|愤|腐|搏|坠|僭|嫉|饬|绍|拒|踱|颠|警|蹈|擢|怪|壅|觊|漂|呕|陨|违|煮|傲|贩|控|排|倒|陟|拱|枕|拂|弄|伺|钻|悬|阙|艺|瞻|馈|诣|弹|摧|诅|诋|测|消|埋|炊|供|抗|把|含|镂|踞|瞑|潜|拨|写|饱|愁|超|栖|揆|逸|披|逝|讫|冻|快|佯|襁|馈|螫|燎|播|握|堙|浸|浴|悫|剽|迷|殄|祈|沮|吹|吠|朽|刎|慑|谴|惩|讴|磨|剽|诲|滞|涤|贳|裁|揞|寐|钓|舂|啜|啗|偷|眩|涌|挫|玩|吸

(4) 低频字。频次 6—2，共 1335 个。本文选取了具有较常见动词词项的字 85 个：

愠|渴|啼|探|沸|殁|铄|谪|懦|晓|咏|挥|愉|淹|涸|措|採|酌|俟|圹|批|仆|飘|穫|压|讽|撞|叹|跨|睨|湧|掉|浣|咨|刽|吃|刖|鉴|挤|挠|诳|跽|弊|跳|赁|肆|想|渝|怅|唾|剥|斫|抉|删|吐|辟|嚼|馁|擒|嘘|嗷|詈|诉|斯|搜|访|扪|捨|啖|唱|捍|哺|盹|洒|俘|拖|拉|怖|妬|咀|刷|刮|吟|扣

2.2 关于动词选取的说明

(1)《史记》中的复音动词没有收入。[①] 名词和形容词的使动、意动用法没有收入(如《楚世家》:"求周九鼎之时,志小天下"的"小"之类)。名词动用没有收入(如《廉颇蔺相如列传》:"左右欲刃相如"的"刃"之类)。但变读的名词动用仍然收入,而且标明变读

---

① 据池昌海(2021)研究,《史记》中的复音词共 7600 多个,其中名物词居多,动词也不少。

音和意义(如"王(wàng,统治)""衣(yì,穿衣)")。

(2)有些一对一的异体字实为同一个词,如"歎—嘆""妒—妬""睹—覩"之类,在上述990个字中两个字都列了出来,在下面的分类中只取一个字"叹""妒""睹"等。有些异体字,如"内—纳""畔—叛""县—悬","内"除了"纳入"义、"畔"除了"反叛"义、"县"除了"悬挂"义之外,只有名词义,所以在下面情状分类中不收"内""畔""县",只收"纳""叛""悬"(但包括"内""畔""县"的动词义)。有的字如"反"和"返",尽管"反"也有"返回"义,但在下面情状分类中"反"只计其"反叛"义,"返"表示"返回"义(包括"反"的"返回"义)。

(3)有的字是用同一字形记录了两个音义不同的动词,在下面情状类型的分析中,用 V^1 和 V^2 标明,并简单括注音义。常见的音义标为 V^1,另一个音义标为 V^2。如"施¹(shī,施行)"和"施²(yì,蔓延)"、"解¹(jiě,解开)"和"解²(xiè,懈怠)"。但一些不常见的音义则不标,如"杀"的"shài,减少"不加标注。如果 V^1 和 V^2 属于同一情状类型,则按音序分别列出;如果属于不同的情状类型,则分别列在不同的情状类型中。

(4)不少动词有多个义位。按说,分析动词的情状类型,应该以义位为单位,但限于精力和时间,本文做不到这一点。本文的各个词项都只取一个最常见的义位(不一定是本义),不涉及其他义位。这些义位的意义一般不加说明。古今意义差别较大,或需要特别说明的,则用括注简单说明。如果一个动词的几个常见义位读音不变,但属于不同情状类型,则动词也用 V^1 和 V^2 分别标明,并简单括注其意义。如"没¹(沉没)"和"没²(死)",分别归于不同的情状类型。

《史记》单音节动词的情状类型

通过这样的处理,本文分析的对象就不是字,而是词了。本文共选取了《史记》的1002个单音节动词(有的是一个动词的不同义位)。尽管没有涉及复音动词,也没有把这些单音节动词逐个分为不同的义位,但通过对这1002个单音节动词主要义位的分类,也可以看出《史记》动词情状类型的概貌。

三 《史记》单音节动词的情状类型

下面是《史记》中1002个单音节动词分别归入上述四种情状类型的情况(按所含动词数量由多到少呈现)。先列词例,然后做一些分析。

3.1 【活动(activity)】[＋动态][＋持续][－终结]

活动类动词分为两大类:(1)具体的。主要是人的行为,也包括自然界其他生物和非生物的活动(如"吠""流")。这些行为和活动都有发生的时间和处所。(2)抽象的。主要是人的心理活动,也包括自然界其他生物和非生物内在的变化(如"化""终")。这些活动和变化都只有发生的时间,没有发生的处所。

3.1.1 活动类动词词例

共725个,其中具体的630个:

按｜把｜拔[1](拔起)｜白｜拜[1](下拜)｜谤｜包｜保｜抱｜报｜北｜
被｜奔｜比｜蔽｜辟｜避｜闭[1](关上)｜毕｜编｜变｜辩｜别｜秉｜并｜拨｜
播｜搏｜哺｜捕｜卜｜补｜布｜步｜裁｜採｜残[1](残毁)｜操｜从｜察｜谗｜
产｜尝｜唱｜超｜朝｜瞋｜陈｜称｜乘｜骋｜持｜驰｜答｜斥｜舂｜出｜处｜
触｜俎｜传｜创｜啜｜辍｜吹｜炊｜测｜次｜辞｜祠｜刺｜赐｜挫｜措｜答｜

665

代|待|贷|给|戴|咍|唉|党|祷|捣|蹈|导|道|盗|倒|得|诋|涤|雕|弔|钓|掉|动|斗|督|度|对|顿|遁|夺|发|伐|罚|燔|反|饭|贩|犯|访|放|分|飞|诽|吠|沸|焚|讽|封¹(封闭)|奉|逢|扶|拂|伏|浮|服|抚|拊|俯|附|负|傅|盖|溉|改|告|歌|割|革|格|耕|攻|拱|共|供|贡|购|贾(gǔ,买)|鼓|顾|刮|观|冠(guàn,带帽)|灌|贯|跪|过¹(过去)|含|扞|捍|害|号|和|劾|齕|贺|衡|候|後|呼|护|浣|挥|讳|悔|货|讥|击|积|稽|汲|挤|计|寄|继|祭|霁|赍|加|驾|嫁|减|蒉|简|间|践|荐|谏|鉴|讲|将|交|教|结|接|节|嗟|劫|揭|戒|诫|借|藉|浸|进|禁|经|竟|警|救|居|拘|咀|举|具|俱|据|踞|拒|捐|卷|觉¹(省悟)|掘|抉|嚼|开¹(打开)|抗|考|刻|控|叩|扣|寇|哭|跨|诳|窥|揆|馈|拉|来|览|勒|离|理|立¹(站立)|历|詈|列|连|燎|猎|临|赁|领|令|留|流|镂|露|旅|掠|赂|论|骂|买|卖|麻|扪|蒙|盟|勉|眄|面|名|鸣|命|摩|磨|谋|牧|沐|募|难|挠|匿|睨|蹑|醲|弄|呕|讴|排|叛|佩|烹|批|披|譬|漂|飘|剽|聘|期|骑|祈|起|乞|启|弃|泣|讫|牵|迁¹(迁移)|潜|遣|谴|切|窃|侵|寝|请|庆|求|趋|驱|取|娶|曲|去|趣|权|劝|却|攘|襄|让|扰|任|容|入|塞|散|丧¹(sàng,丧失)|缮|商|赏|上|烧|绍|饰|舍|捨|射|赦|设|摄|申|生|施¹(shī,施行)|拾|食|蚀|使|誓|逝|示|市|事|视|试|侍|筮|螫|贳|释¹(解开)|谥|搜|收¹(收取)|守|受|授|狩|输|属¹(shǔ,属于)|数|树|束|述|刷|率|说²(shuì,游说)|说¹(shuō,解说)|俟|伺|祀|送|颂|诵|讼|溲|苏¹(取草)|诉|宿|算|随|损|弹|谈|叹|探|逃|讨|提|啼|涕|挑|跳|调|投|突|涂|徒|吐|搏|推|颓|退|吞|屯|拖|托|讬|唾|玩|绾|亡¹(逃亡)|往|王(wàng,

统治)|望¹(远望)|握|围|为|委|谓|遗²(wèi,赠送)|问|卧|诬|侮|舞|务|吸|析|栖|息|习|袭|洗|洒|系|戏|下¹(向下)|先|献|陷|翔|享|飨|降²(xiáng,投降)|嚣|笑|挟|协|歇|写|谢|行|刑|形|消|削|休|修|须|嘘|悬¹(挂在)|旋¹(旋转)|学|徇|巡|循|讯|训|压|檥|摇|淹|言|延|掩|揠|扬|仰|养|要|移|倚|已|易|衣(yì,穿衣)|议|役|揖|抑|艺|艺|逸|肄|施²(yì,蔓延)|披|谒|吟|引|饮|印|迎|由|游|遊|诱|拥|涌|咏|用|馀|予|与|雨|育|语|御|禦|遇|谕|誉|浴|援|愿|曰|阅|约|跃|云|运|载|遭|凿|择|贼|增|诈|占|瞻|战|张|长|掌|召|招|诏|照|折¹(zhé,折断)|谪|诊|振|震|镇|枕¹(枕着)|争|征|徵|执|指|殖|治¹(治理)|置|陟|种|煮|属²(zhǔ,连接)|逐|注|转|装|撞|追|酌|斮|斫|斲|啄|擢|咨|字|纵|走|奏|诅|阻|钻|罪|遵|作¹(做,劳作)|佐|坐|

抽象的95个：

爱|褒|备|躄|贬|参|谗|谄|承|伤|宠|存|错|挫|逮|悍|读|妒|阿(阿谀)|防|辅|干|甘|敢|更|好(hào,喜爱)|化|怀|惠|记|嫉|忌|冀|假|渐|矫|僭|敬|峇|肯|怜|料|陵|虑|寐|梦|免|慕|能|念|拟|匿|欺|辱|擅|尚|识|视|始|嗜|恃|思|嗣|贪|听|图¹(图谋)|违|悟|诬|恶(wù,憎恶)|想|向|晓|效|省|许|续|恤|宣|验|应|虞(预料)|渝|欲|谀|责|憎|志(记住)|滞|终|助|卒¹(终了)|专|尊|

3.1.2 活动类动词讨论

(1)关于"动态"

上述活动类动词中，有一些"具体"的活动类动词看起来是静止的，如"处、跪、据、踞、立、留、卧、栖、倚、坐"。那么为什么把它们

667

归为"活动类动词"呢？这可以用泰尔米(2000/2019)的观点来解释："运动成分指位移运动(Translational Motion)的发生(MOVE)或未发生(BE_{loc})。"所以,这些动词还是属于"运动"范畴的,只是动态性弱一点。

"抽象"的活动类动词动态性也比较弱,有些和"状态类动词"不容易区分。这个问题下文讨论。

(2)关于"持续"

所谓"持续",也可以是在动作过程中有一个或几个短暂的中止,然后继续这个过程。例如：

(1)然我一沐三捉发,一饭三吐哺,起以待士。(《鲁世家》)

其中,"沐"和"饭"的过程中虽然有短暂的中止,但还是持续的行为。

"持续"关系到"同质性"问题。一个持续的动作,在其持续的时间内,应该是具有同质性的。有的文章说："'吃'可分解为'入口、咬、舌头搅拌、吞咽'等单元,同质程度很低。"(郭锐,1997)"如果说'我在走路',那么'走路'这个动态动作却不能在每一个瞬间都一样,在这一瞬间我抬起脚,在下一瞬间我落下脚,因此我们只能在较小单位的时段来看'走路'是否发生了。"(杨素英等,2009)这样的说法有一定道理,但我认为,这是对动作概念的分析,而我们要研究的是词义。作为词来说,"吃"这个词的词义本身就包含"入口、咬、舌头搅拌、吞咽"等过程,"走路"这个词的词义本身就包含"抬起脚、放下脚"的过程,所以就词义来说,"吃"和"走路"都是持续的,而且在持续的过程中,词义都没有变化。

"持续"和"瞬时"相对而言。上述动词中有一些动词发生的时间很短暂,如"舂、触、捣、鼓、考、叩、弹、跳、唾、跃、震、斲、斫、啄、撞"。这些动词可分为两类。一类是短暂而又经常连续发生的动作,如"舂、捣、鼓、叩、弹、震"等。如果着眼于这个动作的整个过程,则还是连续的。另一类是单次发生的,如"触""考""跳""唾""跃""斲""斫""啄""撞"。这些动作确实是短暂发生的,持续性较弱。如果再单分为一类"一次性(semelfactive)"也可以,但本文不打算在四个类型外另列一类,所以还是把它们放在"活动类动词"这个大类中。

所以,在活动类动词这个大类中,"动态性"和"持续性"还是有强弱的不同。

3.2 【状态(state)】[－动态][＋持续][－终结]

3.2.1 状态类动词词例

共 133 个:

哀｜傲｜霸｜饱｜悲｜敝｜弊｜闭²(关着)｜辨｜病｜怖｜残²(残破)｜惭｜昌｜怅｜吃(口吃)｜弛｜耻｜愁｜息｜悼｜冻｜惰｜饿｜贰｜乏｜废¹(衰败)｜愤｜腐｜恭｜涸｜恨(遗憾)｜患｜悔｜惠｜惑｜悍｜欢｜疾｜饥｜急｜给｜竭｜矜｜勤｜近｜尽｜惊｜惧｜倦｜开²(开着)｜渴｜可｜恐｜枯｜快｜愧｜困｜劳｜乐｜类｜慢(急慢)｜迷｜明｜俜｜馁｜逆｜佞｜怒｜懦｜罢²(pí,疲倦)｜戚｜亲｜穷｜屈｜缺｜忍｜如｜若｜伤｜慑｜折²(shé,断了)｜盛｜失｜释²(融化)｜肆｜舒｜衰｜顺｜似｜慝｜痛｜偷(苟且)｜忘｜妄｜望²(怨恨)｜畏｜无｜喜｜惜｜羞｜象｜孝｜解²(xiè,松懈)｜欣｜信｜兴｜姓｜朽｜悬²(挂着)｜眩｜厌｜怏｜遗¹(yí,遗失)｜疑｜益｜怿｜因｜隐｜忧｜有｜愈¹(超过)｜喻｜愉｜怨｜悦｜愠｜在｜治²(治理好)｜忠｜恣｜足｜醉

3.2.2 状态类动词讨论

(1)活动类动词和状态类动词的区分

"活动"和"状态"不能从字面上去理解。比如,"翱"和"翔"是鸟儿在空中运动的两种状态,但不能看作"状态类动词"。动词的词义是可以分解的。泰尔米(2000/2019)把运动事件分解为6个语义元素:MOTION(运动)、FIGURE(动体)、GROUND(背景)、PATH(路径)、MANNER(方式)、CAUSE(原因)。汉语"翱"和"翔"的词义都是由 MOTION 和 MANNER 词化并入(conflation)而构成的。MANNER 也可以看作状态,但这和情状类型所说的"状态类动词"不是一回事。"飞"和"翱""翔"都是运动,都是活动类动词。①

从大的方面说,活动类动词的特征是[＋动态],状态类动词是[－动态]。这两者的区别应该是很清楚的。比如,在状态类动词中,有些确实是无动态的,如"有""无""如""若""姓"等,这些不会和活动类动词混淆。而在活动类动词中,一些表心理活动的词,如"思""虑""想""念",大概也不会被看作状态类动词。

有的学者在研究现代汉语动词的情状类型时,把是否能在前面加"很"作为检验动态性的一个标准,认为能加"很"的就表示这个动词表状态或只有弱动态,而活动类动词一般不能加"很"。在上古汉语中,和"很"相应的是"甚"。确实,上述活动类动词中很多不能加"甚",而状态类动词中很多都能加"甚"。但活动类动词中

---

① 梅广(2015)把上古汉语的"飞"看作"动态的状态动词",把"非自主的,不带意志作用[－volition]"的当事主语后面表移动(movement)的动词,如"出""走"等,都看作"动态状态动词"。本文不采用这种观点。

一些表心理活动的词也能加"甚",而状态类动词中那些无动态的词(见上举)不能加"甚"。所以,用"甚"来检验动态性,只是区分活动类动词和状态类动词的一个辅助标准。

最难以区分的是这样一些动词,如"爱""憎""好(hào)""恶(wù)""喜""怒""哀""乐",这些词前面都能加"甚"。这些动词是同一情状类型?还是应分属两种情状类型?这些词究竟哪些表示心理活动,哪些表示心理状态? 如果是表示心理活动,就应归入活动类动词;如果是表示心理状态,就应归入状态类动词。我想,这八个词的区分,主要看能否带宾语,以及带什么宾语。"爱""憎""好(hào)""恶(wù)"都能带宾语,其宾语是动作的对象(target)。而"喜""怒""哀""乐"中的"喜"不能带宾语,"怒""哀""乐"可以带宾语,但宾语不是动作的对象,而是其他。以《史记》为例。"喜之"未见。"怒之"4见,是"因之而发怒"之义,带的是原因(reason)宾语。"哀之"8见,但"哀"都不是"悲痛,伤心"义,而是"哀"的另一义位"怜悯,同情"义。"乐之"3见,都是"因之而快乐"之义,带的也是原因宾语。例如:

(2)项籍少时学书不成,去学剑,又不成。项梁怒之。(《项羽本纪》)

(3)吾君老矣,非骊姬,寝不安,食不甘。即辞之,君且怒之。(《晋世家》)

(4)秦之良臣子舆氏三人名曰奄息、仲行、针虎,亦在从死之中。秦人哀之,为作歌黄鸟之诗。(《秦本纪》)

(5)须贾曰:"今叔何事?"范雎曰:"臣为人庸赁。"须贾意哀之。(《范雎蔡泽列传》)

(6)南登琅邪,大乐之。(《秦始皇本纪》)

(7) 西巡狩,见西王母,乐之忘归。(《赵世家》)

也就是说,"爱""憎""好(hào)""恶(wù)"的及物性(transitivity)都较强,是涉及他人的动作;而"喜""怒""哀""乐"的及物性都较弱,只是自己的一种情绪。及物性的强弱也是动态性强弱的一个表现,及物性强的是心理活动,是活动类动词;及物性弱的是心理状态,是状态类动词。

但是,也并不是所有表心理活动的动词都可以带受事宾语,不是所有心理状态类动词都不能带受事宾语。所以,这也只是一个辅助性的区分标准。

(2) 活动类和状态类动词的转类

梅广(2015)提到:有些动词的语义发展,可以从活动类转为状态类,或从状态类转为活动类。如"塞"本来是一个状态动词,是"充实、充满"的意思,但可以用作致动,当这个致动用法被用来专指"填塞"这个动作时,就转为一个行为动词。"释"的基本义是"解",有解开、解除、解下不用等及物用法,是行为动词,但作为不及物动词,如"焕然若冰之将释"中的"释",就是一个状态动词。"'释'最早可能是行为动词,后来发展成内动的状态义。"

在上古汉语中,这种情况相当多。下面几个例子中的"悬""残""治",都是某种行为过程造成了某种状态,①从活动类转为了状态类。

(8) 周武王遂斩纣头,悬之大白旗。(《殷本纪》)

---

① 拜比等(1994/2017)指出:"结果体表示由过去的某个动作带来的状态。"作者把"The door is closed"作为结果体的例子。

(9) 南越王头已悬于汉北阙。(《匈奴列传》)

(10) 东伐淮夷,残奄。(《周本纪》)

(11) 降定清河、常山凡二十七县,残东垣。(《樊郦滕灌列传》)《集解》:"张晏曰:'残,有所毁也。'瓒曰:'残谓多所杀伤也。'"

(12) 项王见秦宫室皆以烧残破。(《项羽本纪》)

(13) 本国残,社稷坏,宗庙毁。(《春申君列传》)

(14) 欲使范蠡治国政。(《越王勾践世家》)

(15) 不言而齐国大治。(《万石张叔列传》)

再如"开""闭",都是作格动词,用于"V+N"结构时是活动类动词,用于"N+V"结构时是状态类动词。例如:

(16) 于是上乃使使持节诏将军:"吾欲入劳军。"亚夫乃传言开壁门。(《周勃世家》)

(17) 灵公患之,使鉏麑刺赵盾。盾闺门开,居处节,鉏麑退,叹曰:……(《赵世家》)

(18) 平王襄及任王后遮止,闭门,李太后与争门。(《梁孝王世家》)

(19) 里门闭,暴开门,乘舆直入此里。(《外戚世家》)

还有的"闭+N"中的"闭"也是状态类动词。例如:

(20) 至今闭关十五年,不敢窥兵于山东者。(《范雎蔡泽列传》)[①]

[①] 还有一些例子,如"望¹(远望)"是活动类动词,"望²(怨恨)"是状态类动词。一般辞书都把"望¹"和"望²"作为一个词的两个义位,但实际上,这两个意义之间并无联系,应该看作两个词。本文中提到的"苏¹(取草)"和"苏²(苏醒)"也应看作两个词。

顺便提一下,《史记》中"辟"仅二例:"然吾使人视即墨,田野辟,民人给,官无留事,东方以宁。……然使使视阿,田野不辟,民贫苦。"(《田完世家》)都是活动类动词。"阖"仅一例:"子路入,及门,公孙敢阖门,曰:'毋入为也!'"(《卫世家》)是达成类动词。我们查检了汉代的其他文献,似乎也没有"辟"和"阖"用作状态类动词的。可见词义相同的动词,情状类型不一定相同。

在现代汉语中,同一个动词既表示动作又表示状态的比较少,一般都会用不同的语法形式把动作和状态区分开。比如,表示状态的往往会在动词后面加上动相补语"着",或者加上结果补语。如:

(21)a. 把灯笼悬挂在大门口。

　　b. 大门口悬挂着灯笼。

(22)a. 打开大门。

　　b. 大门开着。

(23)a. 一起治理国家。

　　b. 国家治理好了。

这是上古汉语和现代汉语不同的地方。我们将这种在活动类和状态类之间转类的动词分别归为不同的情状类型:活动类和状态类。

3.3 【达成(accomplishment)】[＋动态][＋持续][＋终结]

3.3.1 达成类动词词例

共 92 个:

膑│剥│薄(迫近)│藏│沉│成│瘳│除│穿(穿透)│摧│登│渡│

堕¹(duò,落下)|返|俘|赴|复|归|过²(经过)|合|阖|画|还|堕²(huī,毁坏)|回|毁|会|穫|获|即(走近)|集|及(赶上)|济|霁|建|降¹(jiàng,降下)|就¹(趋向)|就²(成就)①|聚|刳|髡|房|落|埋|灭|没¹(沉没)|纳|溺|破|辟|剖|擒|黥|囚|入|删|涉|适|收²(聚集)|书(写)|赎|铄|遂(成就)|剔|殄|图²(画)|亡²(灭亡)|徙|销|泄|旋²(归来)|诣|劓|埋|营|壅|愈²(病愈)|逾|越|刖|陨|造¹(到……去)|造²(制造)|遮|之|织|制|筑|著(写作)|铸|坠|作²(制作)

3.3.2 达成类动词讨论

(1)关于"终结性"

"终结性"这个语义特征对情状类型很重要。陈前瑞(2008)说:"情状体根据是否具有[+终结]特征而分为两大类:非终结性情状和终结性情状。非终结性情状包括状态情状和活动情状,它们的区别在于是否有[+动态];终结性情状包括结束情状和达成情状,②它们的区别在于是否有[+持续]。"梅广(2015)也说:"达成与瞬成类型的事件都是设有界限的。不过达成类的事件有一个发展过程,瞬成类则指那种没有一个发展过程的骤发动作、经验、事件或现象。"③

---

① "就"的"趋向"和"成就"两个义位都是达成类动词。"趋向"是下面所说的第四类,"成就"是下面所说的第一类。下面的动词"造"也有两个义位"到……去"和"制造",都是达成类动词,分别属于下面的第四类和第一类。

② 陈前瑞(2008)所说的"结束情状"是指 accomplishment,也就是本文所说的"达成情状",他所说的"达成情状"是指 achievement,也就是本文所说的"瞬成情状"。

③ 拜比等(1994/2017)也说:"在动态情状中,我们区分终结(telic)和非终结(atelic)。终结情状是指有内在终止点(built-in end point)的情状,如 play a sonata(弹一首奏鸣曲),而非终结情状没有内在终止点,如 play the piano(弹钢琴)。"但这里所说的"play a sonata"和"play the piano"都是事件而不是动词。

"终结性"与"终止点"有关。一个动词如果是有终结性的,就有一个内在的终止点。如果动词是没有终结性的,就只有任意终止点。一个事件如果是有终结性的,就有实际终止点。这个问题比较复杂,可以参看沈家煊(1995)和陈前瑞(2008),这里不展开讨论。

在讨论终结性时,首先要明确一个问题:这个终结是指动词语义的终结,还是事件的终结? 这两者是不完全相同的。研究者已经对此做了一些论述,摘引如下。

杨素英等(2009)说:"动词有基本类,我们称为'动词情状类型'。动词在与不同成分结合后可构成不同的类型,我们称为'句子情状类型'。"

"动词情状类型"和"句子情状类型"是有联系又有区别的。这一点,梅广(2015)举了一些例子,可供参考:

"我今天早上写了三封信。"……完成体"写了三封信"集中在事件的终结,显示事件设有终止界限。……"写三封信"这种带量化宾语的动宾结构在事件类型的分类中属"达成(accomplishment)"类。达成类的谓语表达一个含有末端界限观念的事件。"写三封信"的"三封信"就是"写信"事件的量的限度。因此达成类谓语多用完成体动貌:写了三封信;比较:*正在写三封信。"写完"也是达成类。但"写完"带有动貌概念,有终结义。"写三封信"本身没有终结义。

本文的目的是为《史记》的动词进行情状类型的分类,注重的是动词本身的情状。这一点和下面两位学者的做法相同:

郭锐(1993)认为:关于动词的过程结构的构想"以动词为分析对象,不以小句为分析对象"。陈前瑞(2008)也说:"本书的情状体首先是谓词的语义分类,然后才是谓词与其论元成分的语义分类。"①

但上古汉语动词以单音节为主，很多动词脱离上下文无法判断其情状类型，所以就要依据动词与其论元成分的组合来考察这个组合结构的情状类型，从而决定这个动词的情状类型，②即要结合句子的情状类型来判断动词的情状类型。下面举两个例子：

第一个，登。"登"究竟是仅仅表达一个动作过程而没有终结性（如"登山运动"，指的是往上攀登的动作，不表示到达了山顶），还是表达经过一个动作而有终结性（如"登顶"，指的是经过往上攀登的动作而到达了山顶）？这就要看上下文。在《史记》中，"登"大多表示到达了山上。例如：

(24) 二十八年，始皇东行郡县，上邹峄山。……乃遂上泰山，立石，封，祠祀。下，风雨暴至。……刻所立石，其辞曰："……登兹泰山，周览东极。"（《秦始皇本纪》）

(25) 蕢聩与孔悝登台。（《仲尼弟子列传》）

(26) 故壮士在军，攻城先登，陷阵却敌。（《货殖列传》）（按："先登"是说最先登上城墙。）

在先秦的文献中也是如此：

(27) 孔子登东山而小鲁，登太山而小天下。（《孟子·尽

---

① 金立鑫(2008)认为："行为类型（德语 Aktionsart）"和"情状类型（Situation）"有区别，"行为类型指基于动作时间语体特征而区分出来的类"，而"情状类型指基于动词以及相应的体标记、配价成分和补语等成分所形成的动词短语所具有的时间语义类型"。当然，这两者是有联系的。有的语言行为类型凸显，有的语言情状类型凸显，有的语言行为类型和情状类型均势。本文没有采用"行为类型"这个术语，而是把动词的情状和事件的情状做了区分。

② 拜比等(1994/2017)指出："对一些语言来说，要弄清一个语法法素是理解为完整体(completive)还是其他意义标签，我们必须观察文本内容以发现使用该语法法素的语境。"分析上古汉语动词的情状类型也是如此。

心上》)

(28) 故不登高山,不知天之高也;不临深溪,不知地之厚也。(《荀子·劝学》)

这些"登"不仅表示攀登的过程,而且表示到达了某个高处,是达成类动词。这是上古汉语"登"的主要用法,这种用法一直延续到唐代,唐诗《登幽州台歌》《登鹳雀楼》中的"登"就是登上了幽州台和鹳雀楼。

也有的"登"只表示攀登的过程,不表示到达了某个高处。例如:

(29) 至于牛山而不敢登,曰:"五帝之位,在于国南,请斋而后登之。"(《晏子春秋·谏上》)

(30) 譬之若登山,登山者,处已高矣,左右视,尚巍巍焉山在其上。(《吕氏春秋·观世》)

这种情况在上古汉语中不多见。这些"登"的词义(攀登)确实和上面一些"登"的词义(登上)不同,应该看作一个词的两个义位。这两个义位分属两种情状类型:"登(登上)"是达成类动词,"登(攀登)"是活动类动词。

第二个,聚。先看"聚"在《史记》中的一些例子:

(31) 东阳少年杀其令,相聚数千人。(《项羽本纪》)

(32) 齐人相聚而叛之。(同上)

(33) 州吁收聚卫亡人以袭杀桓公。(《卫世家》)

(34) (庆封)聚其族而居之。(《齐世家》)

(35) 闻匈奴聚于代谷之外而欲击之。(《匈奴列传》)

(36) 收天下兵聚之咸阳,销锋铸鐻,以为金人十二。(《秦始皇本纪》)

(37)汉王之入关,五星聚东井。(《张耳陈余列传》)

这些例句中的"聚",多数是说人,也有些是说物。"聚"这个动词也有终止点,但不如"登"显著。"登"的终止点就是后面宾语"山、台、城"的顶上,到了顶上,"登"这个动作就终结了。而"聚"的终止点不是明显表达出来的。"聚"的词义是人或物向一个中心集中,当人或物集中到一起,"聚"这个动作就终结了。上述例句明确说出聚集的处所的,只有例(36)(37)中的"咸阳"和"东井",例(35)中的"代谷之外"是一个广大的地区,并不是匈奴聚集的中心,只是说在代谷之外有匈奴军队聚集。多数例句的"聚"只是表达原来分散的现在聚集到一处的动作过程,而聚集的处所是未说出,也无须说出的。但尽管如此,"聚"还是有一个终止点。

也有些"聚"并不明显表达"从分散到聚集"的动作过程,而只是表示"在一起"的意思。例如:

(38)上在雒阳南宫,从复道望见诸将往往相与坐沙中语。上曰:"此何语?"留侯曰:"陛下不知乎?此谋反耳。"……"此属畏陛下不能尽封,恐又见疑平生过失及诛,故即相聚谋反耳。"(《留侯世家》)

(39)于是大觳抵,出奇戏诸怪物,多聚观者。(《大宛列传》)

还有的"聚"只是表达"聚积"之义。例如:

(40)今夫卜筮者之为业也,积之无委聚,藏之不用府库。(《日者列传》)

这种"聚"不是"聚"的典型用法,就不是达成类动词了。

和"聚"有相同义位的还有"集""收""合""会"等动词,也是达成类动词。例如:

(41)令太子守栎阳,诸侯子在关中者皆集栎阳为卫。(《高祖本纪》)

(42)禹收九牧之金,铸九鼎。(《封禅书》)

(43)合诸侯兵巨鹿。(《高祖功臣年表》)

(44)令天下之将相会于洹水之上。(《苏秦列传》)

上述例词说明,考虑上古汉语动词的情状类型,要根据上古汉语中较多的例句做深入的分析。

(2)达成类动词的语义类型

第一类:动词带结果宾语。这种达成类动词最典型,一般举的例子都是"建造"和"毁坏"义动词("毁坏"见第二类)。如"筑",其宾语"城"或"室",就是"筑"的结果。"城"或"室"造好了,"筑"的动作就结束了。

在上古汉语中,建造城墙或房屋可以叫"筑",也可以叫"造"或"作",这些都是达成类动词。"铸"和"织"也是如此,"铸"的结果或是"剑"或是"犁锄","织"的结果就是"布"或"衣"。又如动词"书""画""著""制":

(45)乃斫大树白而书之曰"庞涓死于此树之下"。(《孙子吴起列传》)

(46)又作甘泉宫,中为台室,画天、地、泰一诸神。(《武帝本纪》)

(47)(驺衍等)各著书言治乱之事。(《孟子荀卿列传》)

(48)乃知缘人情而制礼,依人性而作仪。(《礼书》)

上例中,"书"的结果就是"庞涓死于此树之下"几个字,"画"的结果就是"天、地、泰一诸神","著"的结果就是"书","制"的结果就是"礼"。这些都是达成类动词。

"作"是一个用得很广泛的达成类动词,很多东西的制作都可以用"作"。例子不赘。

第二类:动作表示达到某种结果。如"毁坏、消除"义动词"毁""堕²(huī)""销""铄""除":

(49)伐晋,毁黄城,围阳狐。(《田完世家》)

(50)堕(huī)坏城郭,决通川防。(《秦始皇本纪》)

(51)收天下兵,聚之咸阳,销以为钟鐻。(同上)

(52)毁郡县城,铄其兵。(《刘敬叔孙通列传》)

(53)勤恤民隐而除其害也。(《周本纪》)

把某种事物"毁坏、消除"了,这些动作也就终止了。①

又如"痊愈"义动词"瘳""愈":

(54)居数月,病有瘳,视事。(《平津侯主父列传》)

(55)汉王出行军,病甚,因驰入成皋。病愈,西入关,至栎阳。(《高祖本纪》)

事情出现了正面的结果,病好了,"瘳""愈"的过程也就终止了。

第三类:动词的词义中包含了动作的结果或终结。有的动词的终结性从其释义就可以看出,如"穿"义为"穿透","刳"义为"剖开","虏"义为"俘获","赎"义为"(用财物)换回","殄"义为"灭绝","泄"义为"漏出","遮"义为"挡住"。这样的释义就说明这些动词是有终结性的。古代的某些"刑罚"义动词也是这一类,如"膑""髡""黥""劓""刖",例不赘。此外,上面所说的"聚"和"集""收""合""会"等动词也属于这一类。这些动词都表示由分散到集

---

① 拜比(1994/2017)认为:完结体(completive)的一种用法是"动作的宾语是被该动作彻底影响、耗尽或者毁灭的"。

中,集中的一点就是动词的终止点。

第四类:一些位移动词表示到达某个处所,或越过某个处所,或返回原处。这些达到、越过、返回的处所就是动作的终止点。如"达到"义动词"适""诣""造""之",这四个词在《古汉语常用字字典》中的释义都是"到……去"。这个释义中的"……",就是这几个动词动作的终止点。又如"济""渡"和"涉",其中"济"的释义是"渡河","渡"的释义是"通过江河","涉"的释义是"蹚水过河"。它们的终止点都是河对岸。上面说的"登",释义是"升,由低处到高处","高处"就是其终止点,在句子中,"登"通常要有一个"高山"之类的宾语,而且,在先秦的文献中,表示"由低处到高处"往往只说"登",而从上下文就可以得知"登"的对象是"城"或"堂上"。再如"越过"义动词"过""逾""越","返回"义动词"复""归""回""旋[2]"。

第五类:降落类的动词。这类动词都是有终止点的。如"堕[1](duò)""降[1](jiàng)""落""陨""坠",终止点就是地面。其中"降"有时是降到下面一级台阶。例如:

(56)公降一级而辞焉。(《左传·僖公二十三年》)

3.4 【瞬成(achievement)】[＋动态][－持续][＋终结]

3.4.1 瞬成类动词词例

共 52 个:

拔[2](攻下)｜败｜拜[2](封官)｜僰(倒下)｜崩[1](山崩)｜崩[2](君主死)｜圻｜达｜到｜抵｜颠(倒下)｜睹｜断｜废[2](取消其身份)｜封[2](封侯)｜覆｜觏｜见｜捷｜到｜决｜觉[2](醒)｜蹶｜绝｜克(攻克)｜溃｜立[2](立为君主或太子)｜裂｜戮｜靡(倒下)｜没[2](死)｜仆｜迁[2](晋升)｜倾｜丧[2](sāng,死)｜苏[2](苏醒)｜杀｜殇｜弑｜死｜屠｜闻｜刎

寤|下²(攻下)|偃|宰|斩|至|致|诛|卒²(死)

3.4.2 瞬成类动词讨论

(1)达成类动词和瞬成类动词的区分

前面已经说过,"达成"和"瞬成"的区别在于是否有发展过程。"瞬成类动词"的动作都是在瞬间发生的。不过,在 3.1.2 中已谈到:活动类动词中有些动词发生的时间很短暂,如"叩""跳""斯""啄"等。那么,这些动词和瞬成类动词有什么区别呢? 这里的问题不在于"短暂"和"瞬时"时间的长短,而在于短暂的活动类动词在一个较长的时段中可以多次重复,如"叩门久之""行年七十而老斯轮"(《庄子·天道》),而且在这个时段的不论哪一个时点上,这些动作始终是同质的(见前面关于"跑"和"吃"的论述)。瞬成类动词实际上也是有过程的,或者说是有变化的,只是其变化是在瞬间完成,变化的起点和终点被压缩在一个时点上,人们无法觉察其变化过程。如"死",其变化是由有生命到无生命,这一变化在瞬间完成。① "醒"(上古汉语多说"寤"和"觉"),其变化是由睡着到醒来,变化也在瞬间完成。

达成和瞬成除了在语义上加以区分外,有没有一些用形式可以判断的标记? 这主要是看动词和时量成分一起使用的情况如何。时量成分可以和[＋持续]的动词(活动类动词和达成类动词)共现,表示动作持续的时间。时量成分一般不和[－持续]的动词(瞬成类动词)共现,如果共现,则不是表示这个动作本身的时间(因为瞬成类动词无法持续),而是表示在包含这个瞬成类动词的

---

① Robert Botne(2003)对 die(死)的过程及其在各种语言中的不同表达做了分析。见陈前瑞(2008)。

事件完成之前或之后,隔了多少时间,又发生另一个事件。《论语》中有一个很好的例子:

> (57)子在齐闻《韶》,三月不知肉味。曰:"不图为乐之至于斯也。"(《论语·述而》)

武亿《经读考异》说:"'闻《韶》三月'当作一句。《史记·孔子世家》:'闻《韶》音,学之三月。'详玩此文,正以'闻韶'属'三月'为义。"如果照这种说法,句子就应标点为:

> (57')子在齐闻《韶》三月,不知肉味。曰:"不图为乐之至于斯也。"

武亿的理解对吗? 肯定是不对的。因为"视""听"是活动类动词,可以有时间长度(三月),但"见""闻"是瞬成类动词,不可能有时间长度(*见三月、*闻三月)。《史记》把《论语》的话改为"学之三月",这是可以的,因为"学"是活动类动词,可以有时间长度。而如果不把"闻"改为"学","闻之三月"就说不通了。如果"闻"和时量成分共现,只能表示"闻"了以后,经过了一段时间,发生了什么事情。例如:

> (58)颜成子游谓东郭子綦曰:"自吾闻子之言,一年而野,二年而从,三年而通,四年而物,五年而来,六年而鬼入,七年而天成,八年而不知死,不知生,九年而大妙。"(《庄子·寓言》)
>
> (59)文王嗜昌蒲菹,孔子闻而服之,缩頞而食之,三年,然后胜之。(《吕氏春秋·遇和》)[①]

这就是[+持续]的动词和[-持续]的动词和时量成分共现时情况的不同。

---

① 可参见蒋绍愚(2021)《论语研读(修订本)》。

再看其他的例子。

A.[＋持续]的活动类动词和时量成分共现。

以两个活动类动词"战""围"为例：

(60)嘉还战一日,嘉死。(《项羽本纪》)

(61)终日力战,斩首捕虏。(《张释之冯唐列传》)

(62)围郑三月。郑以城降楚。(《郑世家》)

(63)将兵围丰二日。(《高祖本纪》)

上例中的时量成分都是指活动类动词"战"和"围"持续的时间。

B.[＋持续]的达成类动词和时量成分共现。

以两个达成类动词"筑""愈"为例：

(64)秦康公筑台三年,荆人起兵,将欲以兵攻齐。(《韩非子·说林上》)

(65)景公筑路寝之台,三年未息。(《晏子春秋·谏下》)

(66)三年,方筑长安城,四年就半,五年六年城就。(《史记·吕后本纪》)

例(64)中的"筑"和时量成分"三年"共现,"三年"指的是"筑"持续的时间。例(65)的"三年"虽然和"筑"不在一个小句内,但指的也是"筑"持续的时间。例(66)中没有出现"筑"和"三年"共现的情况,但说筑长安城始于汉惠帝三年,而到汉惠帝六年才筑成,也可以说"筑长安城三年而成",其时量成分也是"筑"持续的时间。

(67)臣意即为柔汤使服之,十八日所而病愈。……为火齐米汁饮之,七八日而当愈。(《史记·扁鹊仓公列传》)

(68)傅以神膏,四五日创愈。(《后汉书·华佗传》)

这里的时量成分指的都是"愈"所表达的从有病到病愈这个过程持续的时间。由此可知"愈"是一个有发展过程而最后达到终结的达成类动词。

C.［－持续］的瞬成类动词和时量成分共现。

以两个瞬成类动词"死""克"为例：

(69)主父欲出不得，又不得食，探爵鷇而食之，三月余而饿死沙丘宫。(《赵世家》)

(70)意忽忽不乐。数月，病欧血死。(《韩长孺列传》)

(71)楚庄王围郑，三月克之。(《楚世家》)

(72)武王克殷二年，天下未集。(《鲁世家》)

上例的时量成分都不是指动词"死"和"克"持续的时间。前三个例句的时量成分指的是说前面事件持续的时间，过了这段时间就死了或攻克了。例(72)的时量成分指的是"克殷"事件完成后，过了二年，天下仍未集。

这些例子说明，用时量成分可以把达成类动词和瞬成类动词区分开。不过，在上面所说的达成类动词的五类中，第四类位移动词"适""诣""造""之""济""渡""涉"一般都不能和时量成分共现。所以，用时量成分来区分达成类动词和瞬成类动词，也不是一个普遍适用的标准。

(2)瞬成类动词的语义类型

第一类：表示"死"的瞬成类动词，如"卒""没""崩""薨"，以及致使死亡的动作，如"杀""诛""弑""刭""刎"等。这些动词都是瞬间发生和完成的，是最典型的瞬成类动词。

第二类：表示行进途中至于某个地点的瞬成类动词，如"到""达""抵""至"。原先不在此处，现在到此处，这在空间轴上是至于某个地点，在时间轴上是处于某个时间点。这个变化是瞬间发生的，所以是瞬成类动词。

第三类:表示感知的瞬成类动词,如"见""睹""闻""寤""觉²（醒）""苏²（苏醒）"等。

第四类:表示倒下以及毁坏的瞬成类动词,如人的"偃""仆""蹶",山川的"崩""决""溃""坏""裂",舟舆的"折""倾""覆"等。其中"倾""覆"还可以表示政权的倾覆,是比喻用法。

第五类:表示胜负的瞬成类动词,如"胜""败",是双方在战争或竞赛（如赛马）中得到的结果。战争或竞赛是一个相当长的过程,但"胜""败"聚焦于得到结果的那一刻,所以都是瞬成类动词。

在《史记》中,对战争和政事的描写很多,有一些专用的词,它的用法和这个词的通常用法意义不同。其中有几个是瞬成类动词,这些动作都是瞬间发生和完成的:

【拔²】攻取。例如:

(73)汉之四年,项王进兵围成皋。汉王逃,……楚遂拔成皋。（《项羽本纪》）

【下²】攻下。例如:

(74)攻大泽乡,收而攻蕲。蕲下,乃令符离人葛婴将兵徇蕲以东。攻铚、酂、苦、柘、谯,皆下之。（《陈涉世家》）

【立²】立为君或太子。例如:

(75)二十三年,晋惠公卒,子圉立为君。（《秦本纪》）

【废²】和"立"相对,取消其身份。例如:

(76)栗太子废为临江王。（《武帝本纪》）

【封²】封为诸侯。例如:

(77)（楚怀王）封项羽为长安侯。（《高祖本纪》）

【拜²】授官。例如:

(78)至拜大将,乃韩信也。（《淮阴侯列传》）

【迁²】晋升。例如:

(79)乃拜灌婴为中大夫,……婴迁为御史大夫。(《樊郦滕灌列传》)

四　余论

研究上古汉语动词的情状,对上古汉语的研究来说是一项基础性的工作。本文的研究肯定有不妥之处,希望专家和读者予以指正,使得这方面的研究更趋完善。在上古汉语动词情状研究的基础上,还有很多工作要做。比如:

(1)上古汉语动词的语义构成应该如何分析?上古汉语不同情状类型的动词,其语义构成是否有所不同?

(2)上古汉语中事件的情状和动词的情状有什么关系?上古汉语动词的体貌和上古汉语动词的情状有什么关系?

(3)上古汉语的一些特有的语法现象跟动词的情状类型有什么关系?如:哪些情状类型的动词可以是作格动词?哪些类型的动词可以表意念被动?

(4)汉语后来产生的动补结构和动趋结构与上古汉语的动词情状类型有什么关系?动补结构的补语通常由上古汉语哪些情状类型的动词充当?动补结构和动趋结构产生后,汉语情状的表达有什么发展变化?

这些都是汉语史研究的重要问题,有待于今后进一步研究。

参考文献

拜　比等　1997/2017　《语法的演化——世界语言的时、体和情态》,陈前瑞译,商务印书馆。

陈前瑞　2008　《汉语体貌研究的类型学视野》,商务印书馆。

池昌海　2021　《〈史记〉词汇研究》,浙江大学出版社。

戴浩一　1990　《以认知为基础的汉语功能语法刍议(上)》,叶蜚声译,《国外语言学》第4期。

戴浩一　1991　《以认知为基础的汉语功能语法刍议(下)》,叶蜚声译,《国外语言学》第1期。

郭　锐　1993　《汉语动词的过程结构》,《中国语文》第6期。

郭　锐　1997　《过程和非过程——汉语谓词性成分的两种外在时间类型》,《中国语文》第3期。

蒋绍愚　2021　《论语研读》(修订本),上海中西书局。

金立鑫　2008　《试论行为类型、情状类型及其与体的关系》,《语言教学与研究》第4期。

李　波　2006　《史记字频研究》,商务印书馆。

梅　广　2015　《上古汉语语法纲要》,三民书局。

孟琮、郑怀德、孟庆海、蔡文兰　1987　《动词用法词典》,上海辞书出版社。

沈家煊　1995　《"有界"与"无界"》,《中国语文》第5期。

宋亚云　2014　《汉语作格动词的历史演变研究》,北京大学出版社。

泰尔米　2000/2017　《认知语义学》(卷Ⅰ),李福印等译,北京大学出版社。

泰尔米　2000/2019　《认知语义学》(卷Ⅱ),李福印等译,北京大学出版社。

杨素英、黄月圆、王勇　2009　《动词情状分类及分类中的问题》,《语言学论丛》第39辑,商务印书馆。

Smith, Calota S.　1991　The Parameter of Aspect, Dordrecht: Kluwer Academic Publishers.

Vendler, Z.　1957　Verbs and Times. *The philosophical Review* (2).

(原载《语文研究》2023年第1期)

《左传》《庄子》的无标记被动[*]

在上古汉语中,有的动词的被动用法是无标记的。王力先生在《汉语史稿》第四十八节"被动式的发展"中把这种形式称为"概念上的被动",举了以下例句(王力 1988[1958]:548—549):

(1)谏行言听。(《孟子·离娄下》)

(2)鲁酒薄而邯郸围。(《庄子·胠箧》)

(3)昔者龙逢斩,比干剖,苌弘胣,子胥靡。(《庄子·胠箧》)

在《汉语语法史》中,王力先生仍然举了这三个例句,并且说:"这种被动意义的动词,一致沿用到汉代以后。"他又举了若干例句,如:

(4)盖文王拘而演《周易》;仲尼厄而作《春秋》;屈原放逐,乃赋《离骚》;左丘失明,厥有《国语》;孙子膑脚,《兵法》修列;不韦迁蜀,世传《吕览》;韩非囚秦,《说难》《孤愤》。(司马迁《报任安书》)

然后说:"以上所述这一类句子都不能认为是被动式,因为从结构形式上看,这些句子和主动句的形式毫无区别。'孙子膑脚'和'左丘失明'的结构是一样的。"(王力 1990[1958]:381—382)

这种"被动意义的动词",后来称为"意念被动"。本文称为"无

---

[*] 如无特殊说明,本文引用的例子均出自中华书局标点本。

标记被动"①。

这种语言现象很值得注意。《左传》在先秦语料里是这方面表现最充分的一部作品,《庄子》中无标记被动也很多。所以本文以《左传》和《庄子》为材料做一分析。

1. 有标记的被动

为了论述的方便,我们先简单地说一说先秦汉语中有标记的被动。

下面引用《马氏文通》的有关部分来说明这个问题(马建忠1954[1904]:203—211)。

> 外动字之行,有施有受。受者居宾次,常也。如受者居主次,则为"受动字",明其以受者为主也。《公羊传·庄公二十八年》谓:"春秋伐者为客,伐者为主",注谓:"伐人者为客,长言之;见伐者为主,短言之;皆齐人语。"是齐人以"伐"字之声短、声长,以为外动、受动之别。考经籍中凡外动转为受动,约有六式:
>
> 一、以"所""为"两字先乎外动者[……]
>
> 二、惟以"为"字先乎外动者[……]
>
> 三、外动字后以"于"字为介者[……]
>
> 四、以"见""被"等字加乎外动之前者[……]
>
> 五、"可""足"两字后动字,概有受动之意[……]

---

① 也有学者认为这些不是被动。如方光焘(1961)认为这些是"表态句";刘承慧(2006:825)主张"搁置传统主动与被动对立的观点,改采状态与行为的对立来诠释相关问题。"刘承慧(2006)论证很深入。这些意见是应该充分考虑的,但本文不涉及。

六、外动字单用，先后无加，亦可转为受动[……]

上古汉语用作被动标记的主要是上述第一、二、四条。这个问题已讲得很多，我们就不详细讨论，只举《左传》《庄子》的一些例句：

(5) 不然，必为吴禽。(《左传·襄公二十五年》)

(6) 有一于此，将为戮乎？(《左传·成公二年》)

(7) 随之见伐，不量力也。(《左传·僖公二十年》)

(8) 烈士为天下见善矣[……](《庄子·至乐》)

(9) 吾长见笑于大方之家。(《庄子·秋水》)

(10) 此比干之见剖心，征也夫。(《庄子·山木》)

(11) 负石自投于河，为鱼鳖所食。(《庄子·盗跖》)

《马氏文通》中的第三条，我们放到第3节讨论。

2. 无标记的被动

2.1 什么是无标记被动

无标记被动是上古汉语中表达被动的一种最常见的形式。语言中总是要表达动作的主动和被动这两种态(mood)。上古汉语的被动标记出现得比较晚，在被动标记出现前后的较长一段时间里，被动句主要采用无标记的表达法。无标记的被动我们可以用[N＋Vt＋ø]来表示。即，大体上说，在名词(或名词词组)后面出现一个及物动词而不带宾语，而前面的那个名词(或名词词组)是这个动词的受动者，这个动词就是无标记的被动动词。

这要从上古汉语的句法规则说起。上古汉语及物动词通常都要带宾语。不带宾语的也有,但都有一些限制。这个问题蒋绍愚(2013)讨论过,文章对先秦10种重要典籍中的16个及物动词做了详细的调查分析,归纳了及物动词可以不带宾语的10种情况。下面以"杀"为例来加以说明。原文例子较多,下面引用时每类只举一个例句。

1) 连动共宾

(12) 及将归,杀而与之食之。(《左传·昭公二十三年》)

2) "自/相"+"杀"

(13) 若以天为不爱天下之百姓,则何故以人与人相杀,而天予之不祥?(《墨子·天志上》)

3) 否定副词+"杀"①

(14) 入以告王,且曰:"必杀之。不戚而愿大,视躁而足高,心在他矣。不杀必害。"(《左传·襄公三十年》)

4) "可/宜"+"杀"

(15) 左右皆曰可杀,勿听;诸大夫皆曰可杀,勿听;国人皆曰可杀,然后察之;见可杀焉,然后杀之。(《孟子·梁惠王下》)

5) 动词表类(这是指动词表达某一类动作,没有具体的时间地点,也没有具体的对象)

(16) 子曰:"不教而杀谓之虐;不戒视成谓之暴;慢令致期谓之贼。"(《论语·尧曰》)

---

① 这是说"不V"可以不带宾语而表主动,而不是说"不V"不带宾语全都表主动。如"赵简子昼居,喟然太息曰:'异哉!吾欲伐卫十年矣,而卫不伐。'"(《吕氏春秋·期贤》)这个"不伐"是"不被伐"。

6)动词指称化

(17)子曰:"善人为邦百年,亦可以胜残去杀矣。"(《论语·子路》)

7)动词表被动

(18)故周威公身杀,国分为二。郑子阳身杀,国分为三。(《韩非子·说疑》)

8)省略宾语

(19)因令人告曹君曰:"悬叔瞻而出之,我且杀(之)而以为大戮。"(《韩非子·十过》)

9)综合性动词①

(20)耕而食,织而衣。(《庄子·马蹄》)

10)其他②

(21)缚之,杀以衅鼓。(《韩非子·说林下》)

及物动词必须带宾语(除非是上述 10 种情况),这条规则在上古汉语中很严格。如:

(22)诲女知之乎? 知之为知之,不知为不知,是知也。(《论语·为政》)

前两句"知"的后面都要用"之","不知"因为有"不"修饰,可以不用"之"。最后一个"知"是动词表类,所以后面不用"之"。

既然如此,那么,为什么在[N＋Vt＋ø]这种无标记的被动表

---

① "综合性动词"可参见蒋绍愚(2021)。"杀"不是综合性动词,这一项是蒋绍愚(2013)中在说到"耕、织"等动词时提出的。

② "其他"包括多种类型。下面的这种类型是笔者后来补充的,即"V1 以 V2"中,V1 是及物动词,也可以不带宾语(大西克也 2004)。

达式中,及物动词不属于上述9种情况①,却可以不带宾语呢?这是因为,Vt前面的N,实际上就是Vt的宾语。梅广(2015:280)说:"受动句……这是一种把宾语(基底宾语)转成主语的句式。"这个宾语从动词后面移出,放到动词前面成了受动者②,因此这个动词就是表达被动意义的。

所以,准确地说,如果在[N+Vt+ø]格式中的Vt不属于这9种情况而后面不带宾语,同时,前面的名词或名词词组是这个动词的受动者,那么,这个Vt就是无标记被动。

这种[N+Vt+ø]格式,最简单的只有两个成分:"受动者+无标记被动动词",如:"龙逢斩,比干剖,苌弘胹""井堙木刊""邯郸围""屈原放逐"之类。梅广(2015:343,346)提出一个"最小论元结构"的概念,即"所有论元结构都只需要有一个论元就可以得到满足,就可以作为完整单句的基础"。如"颜渊死、孔子惧"这样的不及物主动句就是最小论元结构,上述受动句也是最小论元结构。"受动句没有施事论元,也不需要假定隐含着一个施事论元。"为什么施动论元可以不出现呢?梅广说:"受事论元总是能满足最小论元结构的要求而施事论元则不能,这表示受事论元跟动词的关系应当比施事论元跟动词的关系密切或更直接。Marantz(1984)指出,施事和受事的不对称关系其实是语言的普遍性质。"这是对无标记被动很好的解释。

这种[N+Vt+ø]格式,也可以在及物动词后面用"于"引进施动者,即[N+Vt+于+A],这其实和前者是同一类,只不过是出

---

① 即要把第7)点"动词表被动"排除。
② 梅广(2015:343—344)用"解除宾格格位"来解释这种移位。

现了施动者,被动意义就更明显[1]。这两种格式是上古汉语无标记被动的基本语法形式。

这种句子甲骨文中就有,如:

(23)危伐?(合集 39884)

(24)旨千(人名)若(顺从)于帝(上帝),右?(合集 14199)(转引自张玉金 2001:260—261)[2]

当无标记被动在这种句法结构中产生以后,随着语言的使用,一些及物动词离开这种句法格式也可以表被动义,这就是在本文第 4 节中要说到的,可以用作使动,用作定语,用于"者"字结构,用作独词句,以及用于指称化。

2.2 《左传》中的无标记被动

先看一看《左传》中的例句。

梅广(2015:281—282)列出了 8 组施(动)/受(动)对立的例子,前 7 组都是《左传》的;先列主动的,后列被动的。但梅广没有称之为"被动",而是称为"受动"[3]:

(25)楚人灭江,秦伯为之降服,出次,不举,过数。大夫谏。公曰:"同盟灭,虽不能救,敢不矜乎?吾自惧也。"(《左传·文公四年》)(此例为"灭江"和"同盟灭"的对立。)

(26)a. 二月壬子,战于大棘。宋师败绩。囚华元,获乐吕,及甲车四百六十乘,俘二百五十人,馘百。(《左传·宣公二年》)

---

[1] 这种格式,将在本文第 3 节中进一步讨论。
[2] 甲骨文中"于"是不是介词有不同看法,本文据张玉金说。
[3] 梅广(2015)把有标记的被动称为"被动",把无标记的被动称为"受动"。

b. 初,斗克囚于秦,秦有殽之败,而使归求成。(《左传·文公十四年》)

(27)a. 冬,楚子及诸侯围宋。(《左传·僖公二十七年》)

b. 出谷戍,释宋围,一战而霸,文之教也。(《左传·僖公二十七年》)

(28)a. 武王克商,迁九鼎于雒邑。(《左传·桓公二年》)

b. 桀有昏德,鼎迁于商,载祀六百。商纣暴虐,鼎迁于周。(《左传·宣公三年》)

(29)a. 晋胥克有蛊疾,郤缺为政。秋,废胥克,使赵朔佐下军。(《左传·宣公八年》)

b. 胥童以胥克之废也,怨郤氏,而嬖于厉公。(《左传·成公十七年》)

(30)a. 赵孟曰:"七子从君,以宠武也。请皆赋,以卒君贶,武亦以观七子之志。"(《左传·襄公二十七年》)

b. 夫宠而不骄,骄而能降,降而不憾,憾而能眕者,鲜矣。(《左传·隐公三年》)

(31)a. 公嬖向魋。(《左传·定公十年》)

b. 骊姬嬖,欲立其子。(《左传·庄公二十八年》)

(32)a. 劝之以高位重畜,备刑戮以辱其不励者,令各轻其死。(《国语·吴语》)

b. 臣闻之,为人臣者,君忧臣劳,君辱臣死。(《国语·越语》)

除了梅广(2015)所举的,《左传》中还有不少主动/被动对立的例句,如(被动例在前,主动例在后):

(33)秦子、梁子以公旗辟于下道,是以皆止。(《左传·庄公九年》)(止:俘获)

(34)梁由靡御韩简,虢射为右,辂秦伯,将止之。(《左传·僖公十五年》)

(35)宋师败绩。公伤股,门官歼焉。(《左传·僖公二十二年》)

(36)淫人富谓之殃。天其殃之也,其将聚而歼旃。(《左传·襄公二十八年》)

(37)郯伯姬来归,出也。(《左传·宣公十六年》)(出:休妻)

(38)孔文子使疾出其妻而妻之。(《左传·哀公十一年》)

(39)丑父寝于轏中,蛇出于其下,以肱击之,伤而匿之,故不能推车而及。(《左传·成公二年》)(及:赶上)

(40)楚人为食,吴人及之。(《左传·定公四年》)

(41)王曰:"令尹之不能,尔所知也,国将讨焉。尔其居乎?"对曰:"父戮子居,君焉用之?"(《左传·襄公二十二年》)

(42)魏绛戮其仆。(《左传·襄公三年》)

(43)陈侯会楚子伐郑,当陈隧者,井堙木刊,郑人怨之。(《左传·襄公二十五年》)

(44)晏弱城东阳,而遂围莱。甲寅,堙之,环城,傅于堞。(《左传·襄公六年》)

(45)禹敷土。随山刊木。(《尚书·禹贡》)

(46)吴人居其间七日。子强曰:"久将垫隘,隘乃禽也,不如速战。"(《左传·襄公二十五年》)

(47)君子不重伤,不禽二毛。(《左传·僖公二十二年》)

(48)诸侯之上卿,会而不信,宠名皆弃。(《左传·襄公三十年》)

(49)弃君之命,不信。(《左传·宣公二年》)

(50)栋折榱崩,侨将厌焉。(《左传·襄公三十一年》)(厌:压)

(51)平王弱,抱而入。再拜,皆厌纽。(《左传·昭公十三年》)

(52)"然则归乎?"曰:"君伐,焉归?"(《左传·昭公十年》)

(53)唯伐君为不可,民弗与也。(《左传·定公十三年》)

(54)国胜君亡,非祸而何?(《左传·哀公元年》)

(55)凡胜国,曰灭之。(《左传·文公十五年》)

下面是主动和被动在同一个句段中的例子:

(56)先君是以爱其子。……母义子爱,足以威民。立之,不亦可乎?(《左传·文公六年》)

(57)衡父不忍数年之不宴,以弃鲁国,国将若之何?谁居?后之人必有任是夫!国弃矣。(《左传·成公二年》)

(58)子荡怒,以弓梏华弱于朝。平公见之,曰:"司武而梏于朝,难以胜矣。"(《左传·襄公六年》)

(59)初,武城人或有因于吴竟田焉,拘鄫人之沤菅者,曰:"何故使吾水滋?"及吴师至,拘者道之,以伐武城,克之。(《左传·哀公八年》)

(60)且合诸侯而执卫君,谁敢不惧?……乃舍卫侯。卫侯归,效夷言。子之尚幼,曰:"君必不免,其死于夷乎!执焉,而又说其言,从之固矣。"(《左传·哀公十二年》)

699

2.3 《庄子》中的无标记被动

下面,再举一些《庄子》中的主动/被动对立的例句(被动句都出于《庄子》,主动句如果《庄子》中没有,则选用先秦其他典籍中的例句):

(61)昔者龙逢斩,比干剖,苌弘胣,子胥靡。(《庄子·胠箧》)

(62)相击于前,上斩颈领,下决肝肺。(《庄子·说剑》)

(63)剖之以为瓢,则瓠落无所容。(《庄子·逍遥游》)

"胣"很罕见,举不出主动的例句。

(64)鲁酒薄而邯郸围。(《庄子·胠箧》)

(65)孔子游于匡,宋人围之数匝。(《庄子·秋水》)

(66)彼窃钩者诛,窃国者为诸侯。(《庄子·胠箧》)

(67)为不善乎显明之中者,人得而诛之。(《庄子·庚桑楚》)

(68)至贵,国爵并焉;至富,国财并焉;至愿,名誉并焉。(《庄子·天运》)

(69)故以知王天下者并刑。(《商君书·开塞》)

(70)廉则挫,尊则议。(《庄子·山木》)

(71)不以物挫志之谓完。(《庄子·天地》)

(72)尝为女议乎其将。(《庄子·田子方》)(将:大;议乎其将:议论其大者)

(73)直木先伐。(《庄子·山木》)

(74)伐木者止其旁而不取也。(《庄子·山木》)

(75)有一狙焉,……王命相者趋射之,狙执死。(《庄子·

徐无鬼》)

(76)此能为大矣,而不能执鼠。(《庄子·逍遥游》)

(77)文王拘羑里。(《庄子·盗跖》)

(78)鲁人拘管仲而效之。(《韩非子·说林下》)

(79)宾于乡里,逐于州部。(《庄子·达生》)

(80)逐范吉射而以范皋夷代之。(《左传·定公十三年》)

上述无标记被动都符合的条件是:在[N+Vt+ø]格式中的Vt不属于上述9种情况而后面不带宾语,同时,前面的名词或名词词组是这个动词的受动者。而表主动的,在Vt后面都有宾语。

《庄子》中有些无标记被动不是一个词,而是一个词组,如:

(81)比干剖心,子胥抉眼。(《庄子·盗跖》)

(82)夫子……削迹于卫,伐树于宋。(《庄子·让王》)

这些是黄正德等(2013:137—138)所说的"包括式间接被动句"的"所有格被动句","比干剖心,子胥抉眼"类似于书中所举的"我被他踢了(我的)肚子"。"削迹"的"迹"、"伐树"的"树"和主语"夫子"有一定的关系。这些在此不拟详谈,这里要说的是这种间接被动句也是没有标记的。

可见,在先秦汉语中,无标记的被动是比较常见的。

3. "外动词+于"的讨论

第2节讨论的主要是《马氏文通》的第六条:"外动字单用,先后无加,亦可转为受动"。现在我们回过来,讨论《马氏文通》中说的第三条:"外动字后以'于'字为介者"。这种"Vt+于"的形式,是不是有标记的被动?

701

这个问题是有不同看法的,有人说是,有人说否①。我想,这个问题可以充分讨论,而不必忙于下结论。下面说说我个人的看法。

《马氏文通》(马建忠 1954[1904]:205—206)是这样说的:

《论·公冶》:"御人以口给,屡憎于人。"——"屡憎于人者",注云:"徒多为人所憎恶"也。憎恶之情,施自人而受于佞者,今"佞"为起词而居主次,"人"则介"于"字,以明其憎恶之情所自发,故"憎"字由外动而转为受动矣。必介"于"字者,明外动之行所自发也。《赵策》:"夫破人之与破于人也,臣人之与臣于人也,岂可同日而言之哉!"——"破于人"者,"为人所破"也;"臣于人"者仿此。此以"破人"与"破于人"两相比,以见同一字之可为外动与受动也如是。又云:"人之情,宁朝人乎,宁朝于人也?"《荀子·荣辱》云:"通者常制人,穷者常制于人。"《孟子·滕文公上》云:"劳心者治人,劳力者治于人。"《汉书·赵充国传》云:"善战者致人不致于人。"《史记·项羽本纪》云:"吾闻先即制人,后则为人所制",而《汉书》改云"先发制人,后发制于人"诸句,以见同一外动字也,介以"于"字,则转为受动字矣。《庄·山木》:"物物而不物于物,则胡可得而累邪!"——"物于物"②者,"不为物所物"也。

---

① 如:杨伯峻、何乐士(1992:671—672)指出,"有形式标记的被动句"包括:"以介词'於'为标记的被动句"和"以介词'于'为标记的被动句"。梅广(2015:291)在列举了《马氏文通》中"治人、治于人"等例句后说:"'于'字的作用主要是区分对待方向,而非标记被动的施事者。"王力(1988[1958])认为先秦的被动句第一类是"于"字句。但王力(1990:383)否定了原先的说法,说:"过去我曾经认为这是被动式(《汉语史稿》中册 420—421 页),现在修正我的错误。"

② 此句应为"不物于物"。

《左传》《庄子》的无标记被动

　　《马氏文通》举的例句很好。"治人、制人、朝人、物物"是主动的,"治于人、制于人、朝于人、物于物"是被动的;主动和被动的区分,似乎关键在这个"于"字上,如果把后者的"于"字去掉,就立即从被动变主动了。这就和本文第1节的"为戮、见伐"一样,如果把"为"去掉,把"见"去掉,就立即从被动变主动了。既然"为+Vt"和"见+Vt"是有标记的被动,那么,"Vt+于"为什么就不是有标记的被动呢?

　　我认为这种句子肯定是被动句,但"于"是不是被动标记,则还需要讨论。

　　第一,《马氏文通》和其他学者认为是被动标记的"于",其功能只限于引进动作的施动者。但"于"是个多功能的介词,除此之外,"于"还可以引进多种语义成分,如动作的处所、动作的对象等等。而且,在先秦汉语中,"于"还可以用在主动句中,在动词之后引进受事宾语,如:

　　(83)楚子使道朔将巴客以聘于邓。邓南鄙鄾人攻而夺之币,杀道朔及巴行人。楚子使薳章让(谴责)于邓,邓人弗受。(《左传·桓公九年》)

　　(84)今君疾病,为诸侯忧,是祝史之罪也。诸侯不知,其谓我不敬,君盍诛于祝固、史嚚,以辞宾?(《左传·昭公二十年》)

　　(85)大子无道,使余杀其母。余不许,将戕于余。(《左传·定公十四年》)

　　(86)君愎而虐,少待之,必毒于民。(《左传·哀公二十六年》)

　　(87)阳虎有宠于季氏而欲伐于季孙,贪其富也。(《韩非

703

子·难四》)

所以,笼统地说"于"是先秦被动句的标志,是不妥的。至少应该说引进施动者的"于"是先秦被动句的标记。

第二,即使是引进施动者的介词"于",也要正确认识其作用。王力(1981:253)说:"不是介词'于'本身能表被动,而是动词用于被动意义;但是,由于用'于'引进了动作的主动者,被动的意义就更加明显了。"这说得很对。"于"引进了施动者,可以使句子的被动意义更加明显,特别是"劳心者治人,劳力者治于人"这一类句子,如果把"治于人"的"于"去掉,句子成了"劳心者治人,劳力者治人",那么,前后两个"治人"没有区别了。在这个意义上,说在这一类句子中,"于"是被动句的标志,也未尝不可。

但我们必须明确:不是因为有了引进施动者的"于"才使得前面的动词变为被动,而是反过来,是因为前面的动词本身是无标记的被动,所以后面的"于"的语法功能才能是引进施动者。从句子的生成来说,只能是动词决定其论元,而不可能是论元决定动词。这可以通过对下面例句的分析来加以说明。

《庄子·天运》有这样一段话,我们把它和疏一起抄录在下面:

(88)故伐树于宋,削迹于卫,穷于商周,……围于陈蔡之间,七日不火食。[疏:伐树于宋者,孔子曾游于宋,与门人讲说于大树之下,司马桓魋欲杀夫子,夫子去后,桓魋恶其坐处,因伐树焉。削,划也。夫子尝游于卫,卫人疾之,故划削其迹,不见用也。商是殷地,周是东周,孔子历聘,曾困于此。]

这段话中四个有"于"的句子,"于"引进的或是动作处所,或是施动者。这是由前面的动词决定的。"穷于商周","穷"是不及物动词,不可能表被动,所以"于"后面的"商周"只能是处所,不可能是施动者。"削迹于卫","削迹"是被动动词,"于"后面可以是施动者,所以疏把"卫"解释为"卫人"。"围于陈蔡之间"的"围"也是被动动词,但被动动词后面也可以不出现施动者,而出现动作处所,所以"于"后面的"陈蔡之间"是表处所的。

再看下面三个例句,这三个例句后面都有"于诸侯",但是"诸侯"的论元角色不同:

(89)君若以礼命于诸侯,则有数矣。(《左传·哀公七年》)

(90)子南之母乱陈而亡之,使子南戮于诸侯。(《国语·楚语上》)

(91)后车数十乘,从者数百人,以传食于诸侯。(《孟子·滕文公下》)

《左传》例的"命"是主动动词,所以"于"后面的"诸侯"是受动者。《国语》例的"戮"是个被动动词,所以"于"后面的"诸侯"是施动者。《孟子》例的"传食"是孟子及其门徒发出的动作,但"诸侯"不可能是"传食"的受事,所以焦循《正义》解释说"传食谓舍止诸侯之客馆而受其饮食也",也就是说,"诸侯"是指"诸侯之客馆",是表示处所的。

可见,"于"后面的论元是不是施动者,是由前面的动词是不是表被动而决定的。所以,"于"和"为、见"不一样,它不是一个表被动的语法标记。

4. 无标记被动动词的句法位置及其分析

无标记被动动词可以出现在多种句法位置,这在谢质彬(1996)

中已经说过,本文再结合《左传》《庄子》的语料来举些例子(有些例句引自先秦其他典籍),更主要的是对这些不同句法位置的无标记被动的生成做一些分析。

1)无标记被动词做被动句的谓语,动词后面没有其他成分。

2)无标记被动词做被动句的谓语,动词后面有"于"和"于"引进的施动者。

这两类是无标记被动动词的主要句法位置。本文第2节举的绝大多数例子属于这两类。

3)无标记被动词用作使动,表示使某人被杀或某宗族被灭,如:

(92)是不祥人也。是夭子蛮,杀御叔,弑灵侯,戮夏南,出孔仪,丧陈国。何不祥如是。(《左传·成公二年》)

(93)子灵之妻杀三夫、一君、一子,而亡一国、两卿矣。可无惩乎?(《左传·昭公二十八年》)

(94)夫无极,楚之谗人也,民莫不知。去朝吴,出蔡侯宋,丧太子建,杀连尹奢,屏王之耳目,使不聪明。(《左传·昭公二十七年》)

(95)楚子越椒来聘,执币傲。叔仲惠伯曰:"是必灭若敖氏之宗。傲其先君,神弗福也。"(《左传·文公九年》)

(96)楚司马子良生子越椒。子文曰:"必杀之。是子也,熊虎之状而豺狼之声;弗杀,必灭若敖氏矣。"(《左传·宣公四年》)

例(92)(93)都是说的郑国子灵之妻,是个美妇人,不是她杀了那些人,而是她使得那些人被杀。例(94)同样,是说谗人费无极使连尹奢被杀。

"杀"的这种用法在《论语》《孟子》中都有:

(97)志士仁人,无求生以害仁,有杀身以成仁。(《论语·卫灵公》)

(98)盆成括见杀,门人问曰:"夫子何以知其将见杀?"曰:"其为人也小有才,未闻君子之大道也,则足以杀其躯而已矣。"(《孟子·尽心下》)

《论语》的"杀身成仁"不是说杀死自己以成仁,而是使自己被杀而成仁。《孟子》的"杀其躯"也是使自己被杀。

既然"杀御叔"等于说"使御叔杀",这个及物动词"杀"后面没有宾语,所以"杀"的受动者论元"御叔"提升到了句首,"杀"是一个无标记的被动动词。

例(95)(96)的"灭若敖氏之宗""灭若敖氏"是说由于此人而使若敖氏之宗/若敖氏被灭。这可以和例(99)对比,例(99)是楚王灭了若敖氏,这是主动的灭。

(99)七月戊戌。楚子与若敖氏战于皋浒。……(王)鼓而进之,遂灭若敖氏。(《左传·宣公四年》)

4)无标记被动动词用作定语。

(100)兴灭国。(《论语·尧曰》)[皇疏:"若有国为前人非理而灭之者,新王当更为兴起之也。"]

(101)刑人无国位,戮人无官任。(《商君·书算地》)

(102)齐师大败。齐侯使国佐如师,郤克曰:"与我纪侯之甗,反鲁卫之侵地,使耕者东亩。"(《公羊传·成公二年》)

不及物动词做定语的很多,如"飞鸟、走狗、行人"等,动词的语义都是名词所指称对象的动作或性状。及物动词做定语,主要是无标记的被动动词,因为无标记的被动动词与性状接近(如"昔者龙逢斩,比干剖,苌弘胣,子胥靡",前面三个是无标记被动动词,最后一个是表性状的不及物动词),所以和后面的名词不可能是动宾关系。如"兴灭国","灭"是无标记被动,所以能做定语;如果"灭"是及物动词的主动用法,后面加上名词就成为动宾了,如:

(103) 叔向有言曰:"怙乱灭国者无后。"(《左传·哀公十七年》)

也有的动词做定语,但动词是主动还是被动是有歧义的。

如上引《公羊传》的"侵地"是指鲁卫被齐国侵夺之地。而下面《国语》例的"侵地"是指齐国侵取邻国之地:

(104) 管仲曰:"审吾疆场,而反其侵地。"[注]侵地,齐侵取邻国之地。(《国语·齐语》)(侵地:所侵之地)

怎样区分这两者呢?这要把"侵"和施动者、受动者联系起来看。齐侵鲁卫之地,这件事有两种表达法:一是"齐侵鲁卫","侵"是主动的;一是"鲁卫侵于齐","侵"是被动的。对于施动者齐国而言,"侵地"是齐所侵之地;对于受动者鲁卫而言,"侵地"是鲁卫被侵之地。所以,尽管"侵地"的"侵"是定中结构的内部成分,但做定语的"侵"是主动还是被动,仍然和句子层面的施受关系有关联。

5)无标记被动词用于"者"字结构。

"者"字结构可分为两类。一类"V者"的V是主动发出的动作,V可以是不及物动词,也可以是及物动词,但都是主动用法,如:

(105) 居者为社稷之守,行者为羁绁之仆。(《左传·僖公二十四年》)

(106) 故射者各射己之鹄。(《礼记·射义》)

另一类"V者"的V是表被动的动词,特别是有很多动词的语义是表"拘、刖、髡、囚"之类的刑罚,如:

(107) <u>拘</u>者道之,以伐武城,克之。(《左传·哀公八年》)

(108) <u>兀</u>者之屦,无为爱之。(《庄子·德充符》)

(109) <u>刑戮</u>者相望也。(《庄子·在宥》)

(110) <u>髡</u>者使守积。(《周礼·秋官·掌戮》)

(111) <u>囚</u>者之子走告封人子高曰。(《吕氏春秋·开春》)

(112) 今有功者必赏,赏者不得君,力之所致也;有罪者必<u>诛</u>,诛者不怨上,罪之所生也。(《韩非子·难三》)

这两种"V者"有一个区别:第一类"V者"是泛指发出 V 动作的任何人,发出 V 动作的人是谁,说话者和听话者都不需要知道。第二类"V者"大多指受过刑罚的那一个人,而且常常成为那人的一种身份,如"拘者""刑戮者";甚至成了那人的名字,如淳于髡、孙膑。

"杀者",V 大多是主动的,但也有被动的。用于主动的如:

(113) 以生道杀民,虽死不怨<u>杀</u>者。(《孟子·尽心上》)

(114) 而纣卒易乡,遂乘殷人而诛纣。盖<u>杀</u>者非周人,因殷人也。故无首虏之获,无蹈难之赏。(《荀子·儒效》)

用于被动的如:

(115) 治主父偃及治淮南反狱,所以微文深诋,<u>杀</u>者甚众,称为敢决疑。(《史记·减宣传》)

如果"杀"的宾语"人"出现,"杀人者"就无疑是主动的了,如:

(116) 今有杀人者,或问之曰:"人可杀与?"则将应之曰"可。"彼如曰:"孰可以杀之?"则将应之曰:"为士师,则可以杀之。"(《孟子·公孙丑下》)

(117) 杀人者死,伤人者刑,是百王之所同也[……](《荀子·正论》)

刘邦入关,与民约法三章:"杀人者死,伤人及盗抵罪。"因为是法令,就不能用有歧义的"杀者",而要用"杀人者"。

6)无标记被动动词用作独词句。

《左传》中有不少独词句,一个动词单独成一句。这些动词,有的是主动的,有的是被动的。

下面几句是主动的。因为"还"和"怒"是不及物动词,不可用作无标记被动,如:

(118)楚子囊、郑子耳伐我西鄙。还,围萧。(《左传·襄公十年》)

(119)六月。季平子行东野。还,未至,丙申,卒于房。(《左传·定公五年》)

(120)伯有闻郑人之盟己也,怒。闻子皮之甲不与攻己也,喜。(《左传·襄公三十年》)

(121)邾子在门台,临廷。阍以瓶水沃廷,邾子望见之,怒。阍曰:"夷射姑旋焉。"命执之。弗得,滋怒。(《左传·定公三年》)

有的是无标记被动,如:

(122)声子射其马,斩鞅,殪。(《左传·昭公二十六年》)

"殪"在《诗经》中就有,是个及物动词,后面有宾语:

(123)既张我弓,既挟我矢。发彼小豝,殪此大兕。(《诗经·小雅·吉日》)

《毛传》:"殪,一发而死。"

而在例(122)中,"殪"隐含的主语是"马",而且,"殪"后面没有宾语。所以,这个"殪"是无标记被动。

《左传》中"毙"也可以是独词句,共出现4次,"毙"都是无标记

被动,承上省略的主语都是妇人,如:

(124)叔孙还纳其女于灵公。嬖,生景公。(《左传·襄公二十五年》)

可见,即使是独词句,也要看这个单独成句的动词隐含的主语是施动者还是受动者。例(122)和例(124)是及物动词单独成句,动词没有宾语,所以是被动句。

7)无标记被动词指称化,用作主语和宾语。

指称化是把一个动作作为一个事物对待。有些动词既有主动用法,又有被动用法,这两种词义都可以指称化。

指称化做主语的如:

(125)不用贤则亡,削何可得与?(《孟子·告子下》)(转引自谢质彬 1996:35)

(126)杀戮刑罚者,民之所恶也,臣请当之。(《韩非子·二柄》)

《孟子》例指称化的"削"做主语,《韩非子》例指称化的"杀戮"做主语。这两个指称化的动词究竟是主动还是被动? 我们可以把这两个动词放回句法层面,看它和施动者、受动者的关系。如:

(127)(淳于髡)曰:"鲁缪公之时,公仪子为政,子柳、子思为臣,鲁之削也滋甚。若是乎贤者之无益于国也!"(孟子)曰:"虞不用百里奚而亡,秦穆公用之而霸。不用贤则亡,削何可得与?"(《孟子·告子下》)

(128)夫庆赏赐予者,民之所喜也,君自行之;杀戮刑罚者,民之所恶也,臣请当之。(《韩非子·二柄》)

《孟子》例说的是国家,国亡或国削,所以"削"表被动。《韩非子》例说的是臣杀戮民,所以"杀戮"表主动。

例(129)(130)是动词指称化做宾语的例句,两句都含"戮",但主动被动不同:

(129)臣不才,不胜其任,以为俘馘。执事不以衅鼓,使归即戮,君之惠也。(《左传·成公三年》)

"臣"指知罃,是晋的将军,被楚俘获。此时楚让他回晋国。

(130)庆封惟逆命,是以在此,其肯从于戮乎?(《左传·昭公四年》)

庆封是齐国的贵族,逃亡到吴,此时将被杀戮。

例(129)的"戮"是就国君而言的。楚王没有戮我(不以衅鼓),而让我回去由晋君戮我,所以"戮"是主动的。例(130)的"戮"是就庆封而言的,庆封不肯戮于吴,所以是被动的。

5. 受事话题句和作格动词

5.1 受事话题句

讨论无标记被动的时候,要附带讨论一下受事话题句,因为这两种句子容易相混。

古汉语话题句的问题比较复杂,本文不讨论。这里只讨论受事话题句。

什么是受事话题句?我们先举《论语》中几个比较简单的句子看一看:

(131)夏礼,吾能言之,杞不足征也;殷礼,吾能言之,宋不足征也。(《论语·八佾》)

(132)沽酒市脯不食。(《论语·乡党》)

（133）夫子之文章，可得而闻也；夫子之言性与天道，不可得而闻也。(《论语·公冶长》)

这三个句子，句首的名词或名词词组是说话者谈论的对象，是话题，话题后面是述题，话题在语义上是述题中的动词受事，所以是受事话题句。

这三个句子情况又有不同：例(131)中，在动词"言"后面有一个代词"之"，用以复指话题。这是上古汉语的特点，后来这个复指的"之"逐渐去掉了，到今天，我们只讲"夏礼我能说"，而不会讲"夏礼我能说它"①。例(132)(133)中，在述题的动词后面都没有"之"。这是因为在动词前面有"不"或"可"，在本文第2节已经说了，在"不"和"可"后面的及物动词可以不带宾语，这也是先秦汉语的共同规则。

在讨论无标记被动（或"意念被动"）时，有一种比较常见的说法："外动词带受事宾语时，是主动用法；而当受事宾语提到前面作主语时，就变成被动用法，整个句子也就由主动句变成被动句。"（谢质彬1996:32）那么，上述《论语》的句子，句中的动词都是及物动词，动词的受事都在句首，这些句子中的动词是不是无标记被动呢？

上述例(131)和无标记被动句的差别较大，因为"言"前面有个"吾"，"言"后面有个"之"；"吾能言之"显然是个主动句。尽管"之"就是指的"夏礼"，但"夏礼"绝不是"被言"，"夏礼"是说话者谈论的对象(话题)，只是这个话题和"言之"的"之"同指，所以也可以说是

---

① 但在现代汉语中，既可以说"这个学生，我很喜欢"，也可以说"这个学生，我很喜欢他"。也就是说，动词后面复指的代词有时候还是可以存在的。

"言"的受事。这种受事话题句不会和无标记被动句相混。

那么,上述例(132)(133)是不是无标记被动句呢?确实,"沽酒市脯"是及物动词"食"的受事,而且在"食"的前面;"夫子之文章"是及物动词"闻"的受事,而且在"闻"的前面。这两例都符合上述关于意念被动的说法。

应该说,上述关于意念被动的说法,没有考虑到无标记被动句和受事话题句的区别。梅广(2015:121)在谈到"主题句"的时候说(他说的"主题句"就是本文所说的"话题句"):"主题句中的述题部分其实是一个主谓结构的完整句(IP),它本身带主语,或者是显性主语,或者是隐性主语(我们加一个空代词 pro 显示)。"例(131)的述题"吾能言之"就是一个主谓结构,本身带主语"吾"。例(132)(133)也和例(131)一样,后面的述题是一个主谓结构,只不过其主语没有出现,我们可以把它加上:"沽酒市脯,(夫子)不食""夫子之文章,(吾)可得而闻也"。整个述题是一个主动的动作,说的是"(夫子)不食沽酒市脯""(吾)可得而闻夫子之文章",只是按照上古汉语及物动词带宾语的规则,"不 V"后面和"可 V"后面的宾语"之"可以不出现。而在句中作为话题的"沽酒市脯"和"夫子之文章"与句中的动词"食"和"闻"的宾语同指,在语义上是动词"食"和"闻"的受事,所以,这两个也是受事话题句。这两句说的是对于谈论的对象"沽酒市脯"夫子是什么态度,对于谈论的对象"夫子之文章"我们能不能听到,而不是说"沽酒市脯不被夫子食""夫子之文章可被吾闻",所以不是无标记被动。

《孟子》中有一段话,可以帮助我们了解这种受事话题句:

> 沈同以其私问曰:"燕可伐与?"孟子曰:"可。……"齐人伐燕。或问曰:"劝齐伐燕,有诸?"曰:"未也。沈同问:'燕可

伐与？'吾应之曰：'可。'彼然而伐之也。彼如曰：'孰可以伐之？'则将应之曰：'为天吏，则可以伐之。'今有杀人者，或问之曰：'人可杀与？'则将应之曰：'可。'彼如曰：'孰可以杀之？'则将应之曰：'为士师，则可以杀之。'今以燕伐燕，何为劝之哉？"（《孟子·公孙丑下》）

显然"燕可伐与"讨论的是，燕这个国家，人们可不可以去讨伐，以及谁可以去讨伐它，都是主动的行为，而不是说燕是不是应该被伐。这是受事话题句，而不是无标记被动句。

下面看《左传》《庄子》中的一些句子。如：

(134) 衣服附在吾身，我知而慎之。大官大邑，所以庇身也，我远而慢之。（《左传·襄公三十一年》）

(135) 山林之木，衡鹿守之。泽之萑蒲，舟鲛守之。薮之薪蒸，虞候守之。海之盐蜃，祈望守之。（《左传·昭公二十年》）

这两句都是受事话题句，但不会和无标记被动句相混。

但下面的例句可能和无标记被动句相混，如：

(136) 大羹不致，粢食不凿，昭其俭也。（《左传·桓公二年》）

(137) 今藏川池之冰弃而不用。（《左传·昭公四年》）

(138) 国君不可戮也。（《左传·文公十年》）

(139) 晋未可灭，而杀其君，祇以成恶。（《左传·僖公十五年》）

(140) 晋不可弃。（《左传·襄公二十年》）

(141) 桂可食，故伐之；漆可用，故割之。（《庄子·人间世》）

> (142)是故禽兽可系羁而游,鸟鹊之巢可攀援而窥。(《庄子·马蹄》)

这些都是受事话题句。尽管句中动词的受动者在前面,但动词表主动,而不是表被动。这是在讨论无标记被动时应当分清的。

下面两例比较复杂:

> (143)揭诸侯,窃仁义并斗斛权衡符玺之利者,虽有轩冕之赏弗能劝,斧钺之威弗能禁。(《庄子·胠箧》)(劝:鼓励)

有人认为"弗"即"不+之",据此则这两句是说"不之能劝""不之能禁"。也有人认为"弗"本身不包含"之",那么这两句也可以理解为省略了宾语"之",应该是"弗能劝(之)""弗能禁(之)"。不论是哪一种理解,这两句中的"劝""禁"都是表主动的。

> (144)鲜虞推而下之曰:"君昏不能匡,危不能救,死不能死,而知匿其昵。其谁纳之!"(《左传·襄公二十五年》)

齐庄公被杀后,闾丘婴带着妻子要乘申鲜虞的车逃走,申鲜虞把闾丘婴的妻子推下车,而且责备闾丘婴,说了例(144)中的这一段话。意思是说:"君昏(尔)不能匡(之),(君)危(尔)不能救(之),(君)死(尔)不能死(之),而(尔)知匿其昵(指其妻)。其谁纳之!"所以,这段话不能简单地认为"君"是动词"匡""救"的受事宾语而居于句首,也不能认为这是一个无标记被动句。

先秦汉语中主语和宾语都常省略。读文献时要注意这种情况,首先要准确地理解文意,这样才能正确地判定无标记被动。

5.2 作格动词

此外,无标记被动有时也容易和作格动词相混。

通常情况下,作格动词和无标记被动的区别是清楚的。作格动词有两种句法表现:"X+V"和"Y+V+X"。在语义关系上,在"X+V"中,V是X的状态;在"Y+V+X"中,V表示使X产生V的状态。而无标记被动出现在[N+V+ø]格式中,V表示动作。简单地说,作格动词主要是表状态的,而无标记被动动词是表动作的,这是两者的主要区别。

但在上古汉语中,有些动词有时表示动作,有时表示状态,而且都出现在"N+V"中。对这些动词就要细心地加以区分,究竟哪些是表动作的,哪些是表状态的,从而确定哪些是无标记被动,哪些是作格动词。

如"灭",先秦文献中通常是表动作过程的,而"亡"是动作的结果(状态):

(145)裔焉大国,灭之将亡。(《左传·哀公十七年》)

所以当"灭"不带宾语时,就是无标记被动,如上述例(25)中的"同盟灭,虽不能救,敢不矜乎?吾自惧也。"

但是,"灭"有时是表状态的。如下面例句中,"灭"和"亡"对举:

(146)故百里奚处乎虞而虞亡,处乎秦而秦霸;向挚处乎商而商灭,处乎周而周王。(《吕氏春秋·处方》)

这个"灭"就是作格动词,而不是无标记被动。

又如"伤",既可以出现在"X+V"中,也可以出现在"Y+V+X"中,是作格动词。下面例句中的"伤"是表状态的。

(147)若跌不视地,厥足用伤。(《国语·楚语上》)

但下面例句的"伤"有表行为方式的"刃"修饰,是表动作过程的,这就是无标记被动:

(148)左骖殪兮右刃伤。(屈原《九歌·国殇》)

在英语中也是这样。一个动词如果有表行为方式或表目的的修饰语,就只能是表被动的而不是表状态的:

(149) a. The window was broken by Pat.

b. The window was broken to rescue the child.

c. * The window broke by Pat.

d. * The window broke to rescue the child.

这个问题在蒋绍愚(2017)中已经谈过,这里不详谈。

6. 两个需讨论的问题

关于无标记被动,还有以下两个问题需要讨论。

6.1 哪些动词可以用作无标记被动

本文第 2 节中,讨论了《左传》《庄子》中的无标记被动动词。

《左传》中举了 24 个主动被动对立的动词(均按音序排列,下同):

爱、嬖、宠、出、伐、废、梏、及、歼、拘、刊、戮、灭、弃、迁、禽、囚、辱、胜(灭)、围、厌(压)、堙、执、止(俘获)

《庄子》中举了 12 个主动被动对立的动词及 4 个表被动的词组:

并(弃)、脆、挫、伐、拘、剖、围、议、斩、执、诛、逐;伐树、抉眼、剖心、削迹

本文第 4 节,在讨论无标记被动动词的句法位置时,还讨论了除上述无标记被动动词以外的几个词:侵、髡、瘗、刖。除去《左传》和《庄子》的重复,本文共讨论了 36 个单音词、4 个词组。

《左传》《庄子》的无标记被动

下面,我们把这36个单音词中最常见的12个词列成表格:

表1 《左传》《庄子》中12个无标记被动动词

	《左传》		《庄子》	
	总数	无标记被动	总数	无标记被动
嬖	53—人名2=51	16(如果包括做定语的为29例)	0	0
殪	11	9	0	0
囚	62—囚犯20=42	7	1(上下囚杀)	0
戮	55—戮力2=53 其中"为戮"10例	6	10,"身为刑戮"1	4
杀	514,(抽查昭公)127①	2 (均为使动)	47—衰杀7=40	0
围	210—人名地名20=190	2	19—量词6=13	5 (4为"围于商周之间")
诛	13(包括诛杀、责求)	1	8	1
伐	840,(抽查昭公)77	1	22—夸耀3=19	1
拘	14	1	11	2
执	279	1	26	1
斩	20—缧斩2=18	0	5	1
逐	91	0	12 (包括驱逐、追逐)	5 (4为"再逐于鲁")

上述《左传》和《庄子》的情况,有几点很值得注意:

---

① 《左传》中"杀"共514例,本文抽查了昭公部分,共127例。在127例中有2例是无标记被动。

第一，无标记被动动词的数量是不多的。本文所举的《左传》《庄子》的无标记被动动词可能会有遗漏，但即使无一遗漏地全部举出来，估计也不会超过 50 个。

第二，用作无标记被动的和该动词的总数相比，所占的百分比一般都是很低的。《左传》的"劈"是个例外，例外的原因下面将会讨论。"殪"的百分比高，显然和《左传》的战争描写有关。

第三，无标记被动动词的次数，在这两部书里，有些大致相同，如无标记被动动词"戮"的次数都比较多。但也有很多不同：如"囚"在《左传》中出现次数很多，用作无标记被动也较多，而在《庄子》中总共只出现 1 次，而且不用作无标记被动；"逐"在《左传》中出现 91 次，但全不用作无标记被动，而《庄子》中共出现 12 次，却有 5 次用作无标记被动。

第四，有些很常用的动词，用作无标记被动的次数很少，如"杀、诛、斩"。有些很少用的动词，却会用作无标记被动，如"并（弃除）、出（休妻）"。

上面的第三、四点，说明无标记被动的使用根据不同作者的表达需要而定，有较大的随机性，而没有严格的规律可循。

但用作无标记被动的动词还是有一个大致范围的，总的来说，表 1 中的 12 个动词都在这大致范围之内。我们可以用大西克也（2004）对《史记》的分析统计做一比较。

大西克也（2004）是一篇写得很扎实的论文。文中讨论了两类动词：一类称为"中性动词"，一类称为"作格动词"。他列了两个附表，统计了这两类动词用作主动和用作被动的数据。该文还细致地分析了这些动词表被动的各种句子。他用的术语未必妥当，但他的附表 I 所列的动词一般不用于被动，附表 II 所列的动词多用作被动,这个区分是清楚的。

【附表Ⅰ】(大西克也 2004:380)

	攻	击	征	捕	追	侵	犯	治	责	赦	召
AV	9	12	3	3	5	3	5	3	2	3	4
PV	0	0	0	0	0	0	0	1	0	0	0
	送	迎	听	置	妒	慕	畏	疑	笑	怨	总计
AV	4	11	101	2	3	1	4	7	#	16	201
PV	0	0	0	0	0	0	0	0	0	0	1

【附表Ⅱ】(大西克也 2004:383)

	斩	诛	戮/僇	辱	伐	刖	执	拘	囚	系
AV	2	2	0	0	5	0	0	0	1	0
PV	8	14	3	15	7	1	1	2	7	7
	得	徵	用	逐	抱	葬	幸	爱	嬖	总计
AV	3	0	9	0	0	1	0	2	0	25
PV	5	6	20	3	1	12	21	3	2	138

本文所谈到的《左传》《庄子》的无标记被动动词,大致和附表Ⅱ一致。这说明在上古汉语中,哪些动词能用作无标记被动,哪些动词不能,大致上是有一个范围的。

我认为,动词用作无标记被动的范围大致是:

第一,必须是及物动词。

第二,在动词的4种情状类型(situation type)中(蒋绍愚 2023),状态类(state)的没有动态性、不能表被动,活动类(activity)的较少,达成类(accomplishment)和瞬成类(achievement)的动词较多。

本文所列的 36 个无标记被动动词,在蒋绍愚(2023)的4种情状类型的词表中,属于活动类的有3个:

爱、嬖、宠(这三种活动是有方向性的,所以有主动被动之分)

属于达成类的有:

及、戮、灭、刳、禽、囚、辱、堙、执

属于瞬成类的有:

废、刖、斩、诛

但蒋绍愚(2023)把动词归为4种情状类型,只是根据动词的主要义位,没有顾及其他义位,所以本文中所列的动词有些不能和蒋绍愚(2023)的分类一一对应,如本文的"并(弃除)、出(休妻)"和蒋绍愚(2023)的4个词表对不上,但实际上这些动词大多也是应归入达成类和瞬成类的。这是因为表被动的动词一般不能只是一个单纯的动作(如"击、迎"),而是要有动作的结果。达成类和瞬成类都有终结性(telicity),会有动作的结果,可用于表被动。下面两个例句很说明问题:

(150)宾于乡里,逐于州部[……](《庄子·达生》)

(151)(庄周)捐弹而反走,虞人逐而谇之。(《庄子·山木》)

例(150)的"逐"是"驱逐"义,动作包含结果(不能在州部居住了),所以可用作无标记被动。例(151)的"逐"是"追赶"义,只表动作没有结果,所以是个主动句。

第三,动词的语义是让受动者受损或不愉快的。王力(1988[1958])讲被动句就讲到了这个条件,虽然封赏等也可用于被动。本文列举的《左传》《庄子》的36个用作无标记被动的动词都是符合这个语义条件的,比如"井堙木刊",尽管"井、木"是无生的,说不上不愉快,但也是受损的。

唯独一个例外是"嬖"。"嬖"在《左传》有53次,2次是人名,其余共51次。主要有下列几种形式:

1)"N+嬖"9例。表被动,如:

(152)骊姬嬖,欲立其子。(《左传·庄公二十八年》)

2)"N+嬖+于+N"7例。表被动,如:

(153)程郑嬖于公。(《左传·襄公二十三年》)

3)"N+嬖+N"4例。表主动,如:

(154)晋侯嬖程郑,使佐下军。(《左传·襄公二十四年》)

4)"嬖"做定语13例,如:

(155)公子州吁,嬖人之子也。(《左传·隐公三年》)

表被动的共有16例(不包括做定语的),表主动的只有4例。一般的无标记被动总是比表主动的少很多,但"嬖"和一般的无标记被动很不一样。这是什么原因?我想这和"嬖"的词义有关。

古书中"嬖"的注解有"爱也"(王逸注),"亲幸也"(杜预注)。但对"嬖"的词义,还有更准确的释义:

《诗经·邶风·绿衣》序:"母嬖而州吁宠。"陆德明释文引《谥法》:"贱而得爱曰嬖。"

《左传·隐公三年》:"嬖人之子也。"陆德明释文:"贱而得幸曰嬖。"

《玉篇》:"《春秋传》曰:'贱而获幸曰嬖。'"

照这个释义,"嬖"是"贱者"的状况,而且词义中就包含"得爱、获幸"的意思。

正因为如此,在《左传》里"贱者+嬖+ø"和"贱者+嬖+于+尊者"的数量大大超过"尊者+嬖+贱者"。而在后一种句式中,"嬖"的词义成了"亲幸",这应该是"贱而得爱曰嬖"的词义扩大。

在较早的历史文献里"嬖"字出现得很少,我们无法用历史资料来证明"嬖"的词义扩大的过程,上面说的只是一种推断,是否合理,还可以讨论。

但"嬖"在《左传》中主要用于"贱者+嬖+ø"和"贱者+嬖+于+尊者"的句式,是和"嬖"的词义有关,这应该没有问题。

"嬖"用作无标记被动所占的百分比很高,也是因为其词义中就包含了"获得"义①。

6.2 及物动词不带宾语是否可以表示主动

本文第 2 节提到,如果一个及物动词不带宾语,而且不属于那 9 种情况,那么,这个动词就用作无标记被动。这里要检验一下,这样的说法能不能成立? 也就是说,上述情况中的及物动词,是否可以表主动?

大西克也(2004:379)说:"《史记》中有些动词不带宾语时,其主语大多指向施事。这种类型的动词有'攻、击、征、捕、追、侵、犯、治(处治)、责、赦、召、送、迎、听(听从、允许)、置、妒、慕、畏、疑、笑(讥笑)、怨'等。尤其是这些动词单独构成的比较简单的主谓结构中,主语几乎全都是施事,受事主语句则很难找到。"

他在文中举了一些不带宾语但表主动的例句,我们需要大致检查一下。我们把他的例句分为三类,每一类各举若干例句(例句出处的表示法照原文;为阅读方便,按语放在括号内):

---

① 这也许只是《左传》的语言特点。在先秦其他典籍中,"嬖"用得不多,而且没有用作无标记被动的。

1) 例句有异文或已有校勘。

(156) 孔子遂行,宿乎屯。而师已送,曰:"夫子则非罪。"(孔子)(王叔岷《史记斠证》:"案《孔子集语》引作'师已送之,曰。'")

(157) 幽公之时,晋畏,反朝韩、赵、魏之君。(晋世家)([索隐]宋忠引此注《系本》,而"畏"字为"衰"。)

(158) 越围吴,吴怨。(六国年表)(王叔岷《史记斠证》:"《考证》:'怨'当作'恐'。")

(159) 苏代又谓秦太后弟芈戎曰:"公叔伯婴恐秦楚之内虮虱也,公何不为韩求质于楚?楚王听(,)入质子于韩①,则公叔伯婴知秦楚之不以虮虱为事,必以韩合于秦楚。(韩世家)([正义]"楚王听入质子于韩"当云"楚王不听入质子于韩",承前脱"不"字耳。)

(160) 王使人上书告内史,内史治,言王不直。(淮南衡山)(《汉书》引此,颜师古注曰:"内史被治而具言王之意状。")

2) 例句可看作有省略或句子可做不同理解。

(161) 重耳逾垣,宦者逐(,)斩其衣袪。(晋世家)(可看作"逐"后省宾语"之"。)

(162) 其舍人得罪于信,信囚,欲杀之。(淮阴侯)(可看作"囚"后省略"而"。古书是没有标点的)

(163) 秦失其鹿,天下共逐之,于是高材疾足者先得焉。(淮阴侯)(杨树达《词诠》:"焉,指示代名词。用与'之'同。"例

---

① 逗号加括号表示在大西克也文中有逗号,但中华书局标点本《史记》无逗号。下同。

证甚多。句中的"焉"就是"得"的宾语。)

(164)于是吕后令吕泽使人奉太子书,卑辞厚礼,迎此四人。(留侯)(大西克也[2004]认为"礼"是动词而无宾语。其实"卑辞"和"厚礼"都是名词词组,意思是以卑辞厚礼迎人。)

(165)楚贵人惊告朱公长男曰:"王且赦。"曰:"何以也?"曰:"每王且赦,常封三钱之府。昨暮王使使封之。"(越王勾践)(句中的"赦"是动词表类,相当于今天的"大赦",后面可以没有宾语。可比较下面《淮南子》的例句,特别是"望赦"的"赦"。)

(166)或曰知其且赦也而多杀人,不仁。或曰知其且赦也而多活人,乃仁人也。其望赦同,所利害异。(淮南子·说山)

3)例句中及物动词确实不带宾语,也不属于9种情况,但仍表主动。

(167)浞野侯夜自出求水,匈奴间捕,生得浞野侯[……](匈奴)

(168)王率诸侯并伐,破秦必矣。(世家10)

(169)今楚强以威王此三人,秦民莫爱也。(淮阴侯)

以上三句动词"间捕、伐、爱"均无宾语,但表主动。

(170)子贡曰:"君按兵无伐,臣请往使吴王,令之救鲁而伐齐,君因以兵迎之。"(仲尼)(《史记》"无伐"6次,有宾语3次,无宾语3次。不论有无宾语均表主动。)

总起来看,在1)和2)类中,大西克也(2004)所举的例子不妥,不能说明及物动词不带宾语仍可表主动。但3)类很值得注意,确实有些及物动词不带宾语仍可表主动。如果这类的例句很多,那么上面提出的及物动词可以不带宾语的9种情况就需要修改。这是牵涉到如何判断无标记被动的问题,应该继续研究。

尤其应注意的是他在附表I中举了"听",并注明"听"不带宾语用于主动101次,用作被动0次。他大概是把大量的"不听"和表类(如《鲁仲连传》:"偏听生奸")、指称化(如《淮阴侯列传》:"夫听者事之候也")的"听"都算在这101次里面了。

我也把《史记》的"听"全部查检一遍。据我的统计,除去"不听"和表类、指称化的"听"以外,《史记》中"听"(包括"听闻"和"听从")无宾语而表主动的共13例,表被动的5例。下面举其中一些例子:

1)表主动:

A)"听闻"的"听",共4例,如:

(171)吕后侧耳于东箱听。(张丞相传)(按:"听"前面有"侧耳","听"虽无宾语但仍表主动。)

B)"听从"的"听",共9例,有两类:

(172)乃谓女曰:"必欲求贤夫,从张耳。"女听,乃卒为请决,嫁之张耳。(《张耳传》)

此类"听"单用,共7例。

(173)晋鄙听,大善,不听,可使击之。(《魏公子传》)

此类"听……不听"对举,共2例。

2)表被动,共5例。下面举1例:

(174)丞相入奏事,坐语移日,所言皆听。(《魏其传》)

而在《左传》中,"听"无宾语的极少,除了表类(如"政成而民听"),只有如下1例无宾语而表主动:

(175)虎率以听,谁敢犯子?(《左传·襄公三十年》)(虎:人名,郑国执政者)

所以,就"听(听从)"而言,在《左传》中如果不带宾语就表被动,这条规则极少例外。而到《史记》中,"听(听从)"不带宾语而仍表主动的例句增多了。也许,及物动词除了9种情况外必须带宾语的规则,在《左传》以后逐渐松动,到《史记》中不带宾语而表主动的就逐渐增多了[①]。

总之,本文只是对《左传》《庄子》的无标记被动做了一些大致的描写和初步的分析。要对先秦汉语的无标记被动做出全面深入的解释,还要对先秦文献做全面细致的阅读分析以及深入的理论研究。这些工作都寄希望于年轻学者。

参考文献

大西克也　2004　《施受同辞刍议——〈史记〉中的"中性动词"和"作格动词"》,《意义与形式——古代汉语语法论文集》,LINCOM GmbH。

方光焘　1961　《关于古汉语被动句基本形式的几个疑问》,《中国语文》第10—11期。

何乐士　2012　《左传语法研究》,河南大学出版社。

黄正德、李艳惠、李亚非　2013　《汉语句法学》,张和友译,世界图书出版公司。

蒋绍愚　2013　《先秦汉语的动宾关系和及物性》,《中国语言学集刊》第七卷第二期,又见《汉语词汇语法史论文三集》,商务印书馆,2022年3月。

蒋绍愚　2017　《上古汉语的作格动词》,《历史语言学研究》第11辑。

蒋绍愚　2021　《再谈"从综合到分析"》,《语文研究》第1期。

蒋绍愚　2023　《〈史记〉单音节动词的情状类型》,《语文研究》第1期。

刘承慧　2006　《先秦汉语的受事主语句和被动句》,《语言暨语言学》第7卷第4期。

马建忠著,章锡琛校注　1904/1954　《马氏文通校注》,中华书局。

梅　广　2015　《上古汉语语法纲要》,三民书局。

[①] 关于及物动词后面的"之"的逐步衰减,可参看魏培泉(2004)。

宋亚云 2007 《古汉语反宾为主句补说》,《中国语文》第 3 期。
王 力 1958/1988 《汉语史稿》,《王力文集》第九卷,山东教育出版社。
王 力 1958/1990 《汉语语法史》,《王力文集》第十一卷,山东教育出版社。
王力主编 1981 《古代汉语》(修订本),中华书局。
魏培泉 2004 《汉魏六朝称代词研究》,"中研院"语言学研究所。
谢质彬 1996 《古代汉语反宾为主的句法及外动词的被动用法》,《古汉语研究》第 2 期。
杨伯峻、何乐士 1992 《古汉语语法及其发展》,语文出版社。
杨树达 1928/1954 《词诠》,中华书局。
张玉金 2001 《甲骨文语法学》,学林出版社。

(原载《当代语言学》2023 年第 3 期)

他山之石,可以攻玉*

这次讲座的总题目是"语言学前沿和汉语史研究"。我对国内外的语言学的情况了解得不多,对什么是语言学前沿也说不清楚。我只是读了一些国外语言学和有关的书,觉得对汉语史的研究是有启发的。这不是说这些书为汉语史的某些问题提供了现成的答案,也不是说我们把这些书的某种理论或某个观点用到汉语史研究上就能得出某种结论;这些书主要是在研究的视角和思路方面能给我们启发,至于汉语史这块玉,还是要我们用汉语史的材料来攻治的。

本文谈五个问题。

一 汉语的特点

汉语史的研究是要寻找汉语历史演变的特点和规律。什么是汉语的特点?当然要根据汉语的材料来总结。但语言类型学的研究,可以帮助我们认识汉语的特点。

(一)刘丹青《语言类型学》说:

以往我们谈汉语特点的时候,参照对象就是英语等这些

---

* 本文于2022年3月31日在浙江大学汉语史研究中心的"语言学前沿和汉语史研究"讲座上讲过,吴福祥教授、陈前瑞教授参加了对谈。文章参考这两位教授的对谈做了一些修改,谨此致谢。

个别的语言,所以就把凡是同英语不一样的地方拿出来作为特点。当我们比较了更多的人类语言之后,才能够清楚地看到,汉语的特点到底在哪儿。……汉语在语序方面最突出的特点是关系从句在前。而且我们知道,关系从句在前就意味着其他所有的定语都在前。……而这样的语言在VO语言里是非常少的。……所以关系从句和比较句都是汉语非常突出的特点。(P127)

《语言类型学》又说:

现代汉语中"咬死了猎人的狗"是有歧义的。为什么会有歧义?这是因为这个结构既可以理解为"(老虎)咬死了猎人的狗"(是个动宾结构);又可以理解为"(一条)咬死了猎人的狗"(是个定中结构,或者说是"名词+关系从句"的结构)。而在现代汉语中这两种结构在表层是同样的语序。如果现代汉语不是"V+O"结构,宾语在后,也不是关系从句后置的,这两种结构就不可能重合。

比如日语,是"OV"语言,宾语在动词前,

獵人の 犬を 噛んた。

而关系从句在名词前:

(これは) 獵人を 噛んた 犬です。

又如英语,是"VO"语言,宾语在动词后:

(The tiger) bit the hunter's dog to death.

而关系从句在名词后:

The dog which bit the hunter to death.

无论是日语还是英语,这两种结构都不可能是同样的语序。

731

(见《语言类型学》P263。书中日语是用拼音写出的,我改成日语。英语例是我加的。)

(二)为什么说"SVO"语言的关系从句和定语一般都是在中心语(名词)之后的?这是根据 Greenberg 的 *Some Universal of Grammar with Particular Reference to the Order of Meaningful Elements*(1963)。此书调查了 30 种语言,从中归纳出一些语序的普遍规律,被认为是语言类型学的奠基之作。在刘丹青《语言类型学》的附录中,有陆丙甫、陆致极的中译全文。

书中在谈到 Universal 23 时说:"如果关系从句前置于名词是唯一的或者是可交替的语序,那么这种语言使用后置词。然而,在抽样之外至少有一个例外,就是汉语。它使用前置词,而关系从句却前置于名词。"(见《语言类型学》P317)

确实,现代汉语中关系从句不管多长,都是前置于名词的。这对于说汉语的人来说是习以为常的,但从语言类型学来看,这是一个例外,或者说是汉语的特点。

(三)那么,古汉语中的情况如何?我们先看一些例句:[①]

故人之能自曲直以赴礼者,谓之成人。(《左传·昭公二十五年》)[②]

项王为人,恭敬爱人,士之廉节好礼者多归之。……今大王嫚而少礼,……士之顽顿耆利无耻者亦多归汉。(《汉书·陈平传》)

[①] 姚振武 2015:《上古汉语语法史》中提到上古汉语中宾语后置、定语后置、状语后置的问题。崔山佳教授告知:在现代汉语方言中还有状语后置。这个问题不展开讨论。

[②] 此例转引自姚振武 2015:《上古汉语语法史》。

令明将能知其习俗和辑其心者,以陛下之明约将之。(《汉书·晁错传》)

其石之突怒偃蹇,负土而出,争为奇状者,殆不可数。(柳宗元《钴𬭁潭西小丘记》)

吕叔湘《文言虚字》解释这种"马之千里者,一食或尽粟一石"(韩愈《杂说·四》)和上述"其石之……"的句式时说:"此种句法为文言所独有,大率是(但不一定是)因为加词不便放在端词之上(或加词太长,或已有其他加词,或两加词共一端词),所以移在下面,用一个'者'字煞住,有时更在端词之后加一'之'字(='里头的'),使表面上具备分母分子的关系。"(P11)

当然,这些都不是后置的关系从句,而是用一种比较特殊的句式来表达名词及其性状的关系。我们关心的是:为什么这种句式为文言文所独有,到现代汉语就消失了? 仅仅是因为两个文言虚字"之"和"者"消失了吗? 在现代汉语中可以说:"我们班的同学,调皮捣蛋的也有,但老老实实的占大多数。"这就不是"名词+修饰语"了,而是成了话题句。从文言到现代汉语,汉语的句式特点有没有改变? 比如,有没有从动词框架到卫星框架,从综合到分析,从主语优先到话题优先? 这是可以讨论的。

二　语义演变的过程

(一)E. Trugott & R. Dasher 在 *Regularity in Semantic Change*(2005)中对语义演变的过程做了深入的研究。

此书的一个重要理论是 Invited Inferencing Theory (IITSC)(诱发推理理论)。简单地说,就是:"说话者/作者诱发了隐含意义,并邀请听话者/读者推导它。"[speaker/writer (SP/W) evokes implicatures and invites the addressee/reader (AD/R) to infer them.](P5)

"诱发推理"的大致过程是:

"说话者/作者可能临时使用一个已经存在的会话的隐含意义(IINS)并且可能创新地把它用于新的语境中。……如果它们获得了社会价值并且因此而在语言社团中变成突出的,它们可能扩展到其他的上下文(language contexts)中,扩展到其他听话者/读者。换句话说,它们成了具有增强的语用影响的 GIINS。只要原来的编码意义(coded meaning)占主导地位或者至少是同样可用的,它们就被认为是 GIINS,但当原来的意义变成仅仅是在某个上下文中的痕迹(a trace in certain contexts),或者已经消失,那么这 GIINS 就成了一个新的多义词,或者新的一个编码意义。"(按:"IINS"即"Invited Inference","GIINS"即"Generalized Invited Inference"。)

"IITSC 的主要目标是解释语用意义的规约化,以及它们重新分析为语义意义。"(the conventionalization of pragmatic meaning and their reanalysis as semantic meaning)(P35)

在特劳戈特和特劳斯代尔的《构式化与构式演变》中,作者对"诱发推理"有一个注:"这个术语用来强调说话者和听者之间的意义协商,说话者(常常是无意识的,见 Keller1944,另见 hagege 1993)诱导理解,听者推测/理解。它允许但不要求说话者通过语用来设计话语的可能性。"(中译本 P44)

作者举的例子是英语的"as long as"。

(18)和(19)都是 850—950 年之间的古英语的例子(例略),用现代英语表达是：

(18)(The warship) were almost twice as long as the other ship.

(19)Squeeze (the medication) through a linen cloth onto the eyes as long as he need.

(20)是1614年的例子，原文是：

(20) They whose words doe most shew forth their wise vnderstanding, and whose lips doe vtter the purest knowledge, so as long as they vnderstand and speake as men, are they not faine sundry waies to excuse themselues?

"as long as"在例(18)中表示空间的长度,在例(19)中表示时间的长度,也可以理解为表示条件"如果,只要"。在例(20)中,可以表示"他们理解和说话的时间长度",也就是"只要他们活着"。作者认为在例(19)中已是 IIN, 在(20)中已成为 GIIN。到19世纪中叶,"as long as"已成为一个表时间和表条件的多义词。

照笔者理解,此书作者强调说话者/作者和听话者/读者之间的交流互动,认为语言的演变是在此过程中产生的。作者说："语言的演变不是由语言内部开始的(语法不会自己变化),而是从语用开始的。"[Change does not originate within language (grammars do not change by themselves), but in language use.](P35)

这对我们考察语言的历史演变有启发。

(二)在汉语发展的过程中,也可以看到这种"诱发推理"的情形。下面举两个例子。

(1)墙斯《论新义产生的判断标准——以"快"之快速义的产生为例》

此文认为在魏晋南北朝"快"不表示"快速"。这篇文章写得很好。

"前辈学者早已指出'快'在中古汉语时期产生佳、好义(张相1953/1977:577、董志翘2003、王云路2010:16等)。在此基础上，付建荣(2018a)进一步明确指出魏晋南北朝文献中的'快马''快牛''快犬'之'快'均非快速义，而应释作佳、好义，'快马''快牛''快犬'即好马、好牛、好犬。付说可从。"

"'快'作定语凸显中心语名词具有畅快、美好、宜人的语义特征。'快人''快士'即指豪爽之人，'快事'即痛快的事，'快女婿'即称心如意的女婿，'快雨''快雪'即'好雨''好雪'；'快弓材'即'好弓材'，'快酢'即'好醋'。董志翘(2003)指出'快'之'好'义，由'称心''遂意'引申而来。"

文章认为《祖堂集》中的"快"已表"快速"义。

(A)这里补充一个材料：

> 糜竺，字子仲，东海朐人也。祖世货殖，家资巨万。常从洛归，未至家数十里，见路次有一好新妇，从竺求寄载。行可二十余里，新妇谢去，谓竺曰："我天使也。当往烧东海糜竺家，感君见载，故以相语。"竺因私请之。妇曰："不可得不烧。如此，君可快去，我当缓行，日中，必火发。"竺乃急行归，达家，便移出财物。日中，而火大发。(今本《搜神记》卷四)

> 《搜神记》曰：……"不可得不烧。如此，君可驰去，我当缓行。"(《三国志·蜀书·糜竺传》注)

> 《搜神记》曰：……"不可，不得不烧。君快去，我缓来。"(《艺文类聚》卷八十)(P1366)

按：今本《搜神记》非晋代原貌，"君可快去，我当缓行"中与

"缓"相对的"快"究竟是什么字不得而知。如果照《三国志》注所引,当为"驰"字,如果照《艺文类聚》注所引,当为"快"字。根据现有研究,魏晋南北朝"快"均无"快速"义,则原本《搜神记》当作"驰"字。但《艺文类聚》作"快"是无疑的,这说明唐代初年"快"已有"快速"义。

(B)"快"的"称心""遂意"义如何演变为"快速"义?

魏晋南北朝有"快马""快牛""快犬"等。墙斯文已指出,"快犬"是说犬对主人很忠心。那么"快马""快牛"为什么使人称心遂意呢?

王夫君有牛,名'八百里驳',常莹其蹄角。(《世说新语·汰侈》)余嘉锡注:"《演繁露》一曰:'王济之"八百里驳"。驳,亦牛也。言其色驳而行速,日可八百里也。'嘉锡案:此王恺之牛,演繁露误作王济。"

彭城王有快牛,至爱惜之。王太尉与射,赌得之。彭城王曰:"君欲自乘则不论;若欲啖者,当以二十肥者代之。既不废啖,又存所爱。"王遂杀啖。(《世说新语·汰侈》)

其事与王恺事类似,则王恺的"八百里驳"也可称"快牛"。

健儿须快马,快马须健儿。(《乐府诗集·折杨柳歌辞》)

秦民语曰:"快马健儿,不如老妇吹篪!"

琛在秦州,多无政绩。遣使向西域求名马,远至波斯国,得千里马,号曰追风赤骥。次有七百里者十余匹,皆有名字。以银为槽,金为锁环。(《洛阳伽蓝记·王子坊》)

从后数其胁肋,得十者良。凡马:十一者,二百里;十二者,千里;过十三者,天马,万乃有一耳。(《齐民要术·养牛马骡驴》)缪启愉校云:"当作'得十者凡马,十一者二百里,……'"

"快马"和"健儿"并称,可见"快"已和"健"一样,不仅仅是指主人对马的心爱,而是指马自身的特点。什么马是"快马"? 就是千里马。

可见,在这一点上"快"的"称心遂意"义和"快速"义有了联系。这种联系在魏晋南北朝时已建立起来。

(C)这样就可以说到"诱发推理"。

诱发推理应是首先发生在对话中的,但这样的材料很难找到。在汉语史上,只能从文献记载来推知。

如上所说,既然在魏晋南北朝时已建立了"称心遂意"义和"快速"义的联系,那么,尽管当时"快"的主导意义是"称心遂意",但不排除有说话者/作者把"快"用于"快速"义。听话者/读者接受了这种用法,也会按这种用法使用"快"字。逐渐地,"快"就具备了"快速"的意义。我们没有找到魏晋南北朝的例证,但至少《艺文类聚》的编撰者已觉得"快"有"快速"义,所以能把"驰去"改成"快去"。这时"快速"义的"快"已从 IIN 发展为 GIIN,并开始成为"快"这个多义词的一个固定义位了。

(2)颜世铉:《论成语"罄竹难书"的感情色彩和使用规范》

此文穷尽性地查找了"罄竹难书"这个成语在历史上的材料,说明这个成语既可用于贬义,也可用于褒义。而且,写法也不固定,可以作"尽竹难书""罄笔难书"等。

下面看一些例句:

> 形胜之变,与天地相敝而不穷。形胜,以楚、越之竹书之而不足。(《银雀山汉墓竹简·奇正》)

> 此皆乱国之所生也,不能胜数,尽荆、越之竹,犹不能书。(《吕氏春秋·明理》)

至于居丧淫燕之愆,三年载弄之丑,反道违常之衅,牝鸡晨鸣之慝,于事已细,故可得而略也。罄楚越之竹,未足以言。(《全上古三代秦汉三国六朝文·全齐文》卷六《数东昏侯罪恶令》)

罄南山之竹,书罪未穷;穷东海之波,流恶难尽。(《旧唐书·李密传》)

罄楚越之竹,书善未穷;极泉云之才,颂德难尽。(《唐大诏令集》卷十三《高宗天皇大帝谥议》)

功盖天下而冲退不居,贵极公相而谦卑自牧。罄竹帛以难纪,讵笔舌之能录。(范纯仁《范忠宣集》卷十一《祭韩魏公文》)

则虽尽南山之竹,不足以纪圣功;兼三宗之寿,不足以报圣德。(苏轼《东坡全集》卷六十四《朝辞赴定州论事状》)

盛时众吹嘘,谪去众毁辱。不为公存之,幽兰春自绿。欲书名相传,安得南山竹。(黄庭坚《丙寅十四首效韦苏州》诗)

沦陷区的同胞在抗战中所表现的奇迹,真是所谓罄竹难书。[邹韬奋《抗战以来》(二三)]

我对于这次旅行的欣赏感谢,是罄笔难书的。(冰心《平绥沿线旅行记·序》)

这种材料也说明作者和读者的互动。读者面对着已有的文献记载,可以有自己的选择,或是用于贬义,或是用于褒义,而且,文字也可以有改动。

这也是一个"诱发推理"的例子,说明语言是在说话者/作者和听话者/读者之间互动的过程中发展演变的。

三 动词的时间结构

（一）这个问题是汉语史研究很少涉及的。郭锐（1993，1997）讨论的是现代汉语的动词。他认为动词的时间结构都有"起始""终点"和"续段"，根据这三个部分，他把现代汉语动词按时间结构分为五类：（1）无限结构，（2）前限结构，（3）双限结构，（4）后限结构，（5）点结构。

（二）Z. vendler 的 Verbs and Times（*The Philosophical Review*，1957）提出了动词的时间结构问题，他把动词的情状类型（situation types）分为四类：state，activity，accomplishment，achievement。梅广（2015）译为"状态动词""活动动词""达成动词""瞬成动词"。

Olsen（1997）认为词汇体所包含的普遍性语义特征主要有终结性（telicity）、动态性（dynamicity）、持续性（durativity），他用"缺值对立"的办法把这四种词汇体的特征列表分析如下：

词汇体的类型	终结	动态	持续	例子
状态（State）			＋	知道｜是｜有
活动（Activity）		＋	＋	跑｜画｜唱
达成（Accomplishment）	＋	＋	＋	摧毁｜建造
瞬成（Achievement）	＋	＋		死｜赢

陈前瑞（2008）对这个问题有比较详细的介绍。

（三）蒋绍愚《〈史记〉单音节动词的情状类型》（2023）把《史记》中的1002个单音动词分成这四种类型，并对相关问题进行了讨论。下面只说【达成】和【瞬成】。

【达成（accomplishment）】［＋动态］［＋持续］［＋终结］

达成类动词词例,共92个:

脍|剥|薄(迫近)|藏|沉|成|瘳|除|穿(穿透)|摧|登|渡|堕¹(duò,落下)|返|俘|赴|复|归|过²(经过)|合|阖|画|还|堕²(huī,毁坏)|回|毁|会|穫|获|即(走近)|集|及(赶上)|济|霁|建|降¹(jiàng,降下)|就¹(趋向)|就²(成就)|聚|刊|髡|戾|落|埋|灭|没(沉没)|纳|溺|破|辟|剖|擒|黥|囚|入|删|涉|适|收²(聚集)|书(写)|赎|铄|遂(成就)|剔|殄|图²(画)|亡²(灭亡)|徙|销|泄|旋²(归来)|诣|劓|堙|营|壅|愈²(病愈)|踰|越|刖|陨|造¹(到……去)|造²(制造)|遮|之|织|制|筑|著(写作)|铸|坠|作²(制作)

【瞬成(achievement)】[＋动态][－持续][＋终结]

瞬成类动词词例,共52个:

拔²(攻下)|败|拜²(封官)|獒(倒下)|崩¹(山崩)|崩²(君主死)|坏|达|到|抵|颠(倒下)|睹|断|废²(取消其身份)|封²(封侯)|覆|毙|见|捷|到|决|觉²(醒)|蹶|绝|克(攻克)|溃|立²(立为君主或太子)|裂|戮|靡(倒下)|没²(死)|仆|迁²(晋升)|倾|丧²(sāng,死)|苏(苏醒)|杀|殇|弑|死|屠|闻|刿|瘥|下²(攻下)|偃|宰|斩|至|致|诛|卒²(死)

(四)讨论动词的情状类型对汉语史研究有什么作用?

这可以使得汉语史上一些问题的研究深入一步。

(1)上古汉语中有很多"意念被动句",如《庄子·胠箧》:"昔者龙逢斩,比干剖,苌弘胣,子胥靡。"究竟哪些动词可以用作意念被动?这个问题,以往研究得不多。动词情状类型的研究对这个问题会有一些帮助。

比如,《左传》中的意念被动动词,按情状类型来分,有如下几类:

活动类:辱,围,压。

状态类:宠,嬖。

达成类:及,歼,灭,迁,囚,堙,刊。

瞬成类:废,梏,戮,杀,弑。

看来似乎这些用作意念被动的动词在四个情状类型中都有,其实,这还要做具体分析。

从统计看,达成类最多,瞬成类和活动类次之。达成类和瞬成类的共同点是都有[＋终结]。有终结性一般就是有一个结果。被动句(无论是有标记的被动还是意念被动)不单要说出某人遭受某种动作,而且要说出这种动作带来什么结果。所以,用达成类和瞬成类动词是合适的。至于结果是经过一个过程而出现,还是瞬间就出现,则没有太大的分别。所以上述达成类和瞬成类动词都可以用来表意念被动。

但达成类和瞬成类都还有不同的小类,并不是所有达成类和瞬成类都能用来表意念被动的。

那么,活动类动词为什么可以用来表意念被动呢？活动动词也有不同的小类,首先有及物不及物之分,只有及物动词才能用来表被动。有些小类的及物动词动态性很强,"N＋活动动词"只能表示主语在实施某个动作(如"孔子行"),这些活动动词不能表意念被动。"压"隐含"使之不动"的结果。"辱"含有"使之尊严受损"的结果,所以都可以用于表意念被动。而且,"侨将厌焉",后面有一个"焉(于此)",表示这些动词后面没有涉及的对象,这就在形式上和主动句有所区别。"围"是一个典型的活动动词,用于主动句时是带宾语的,如《左传·宣公十二年》:"楚子围郑。"而《庄子·胠箧》:"鲁酒薄而邯郸围。"是意念被动,这里"邯郸"是个地名,这就排除了作为主动句的可能。

状态类动词一般是不带宾语的。"宠(尊荣)""嬖(亲幸)"是状态类动词。但有些"宠""嬖"带宾语,这是已经用作心理活动动词了。这种动词用于意念被动不多,就不详细分析了。

总之,一个动词用作意念被动必须要和主动句有区别。"S＋V"的"V"不能表示 S 施行什么动作(如"孔子行"),也不能不强调动作而只表示 S 出现什么情况(如"颜渊死")。所以,回答"哪些动词能用作意念被动"这个问题,考虑情状类型还是有用的,但对情状类型还要分成不同小类,做具体分析。

以上问题,可参见蒋绍愚(2023)。

(2)述补结构是中古时发展起来的一种重要语法格式。述补结构中的补语（VC 中的 C)由动词或形容词充当。是不是所有动词都可以充当补语？当然不是。那么,哪一类动词可以充当补语？这和动词的情状类型有什么关系？

如果不分析述补结构的具体情况,就来回答这个问题,可能会预测说:达成类动词和瞬成类动词能充当补语,因为这两类动词有终结性,表示动词的结果,适合做动结式的补语。但实际上不完全是这样。

吴福祥《〈朱子语类辑略〉语法研究》中,列出了此书中所有的补语,其中黏合式述补结构中充当补语的动词有如下一些(本文把它们按音序排列,并各举述补结构一例):

毕(看毕),成(养成),倒(捉倒[①]),掉(除掉),定(坐定),动(惊动),断(截断),翻(踏翻),及(说及),见(看见),尽(说尽),了(做了),落(刊落),破(打破),取(问取),却(除却),死(杀死),退(战

[①] 例句为"好捉倒剥去衣服,寻看他禅是在左胁下,是在右胁下"。

退),醒(唤醒),中(射中),住(遮住),转(拨转),著(撞著)。(P306—309)

如果把上述23个动词分成四种情状类型,则是:

1. 活动类动词:动,退,转。
2. 状态类动词:毕,定,尽。
3. 达成类动词:成,掉,落,破。
4. 瞬成类动词:断,翻,及,见,死,醒,中。
5. 还有几个是充当动相补语的:倒("捉倒"相当于"捉住"),了,取,却,住,著(着)。

下面做一些分析。

瞬成类动词做补语最多,这是很自然的:瞬成类动词是[＋动态][－持续][＋终结],它们表达了瞬间出现的一种结果,适合做动结式的补语。而且,当这些动词作为动结式的补语时,前面的动词说明了是什么动作导致了这种结果,如"溺死""杀死"等,使语义表达更为清晰。这不用多说。

达成类动词做补语的也比较多。但有些达成类动词如"筑""铸"不能做补语,这是因为达成类动词是[＋动态][＋持续][＋终结],而这些动词的语义成分侧重于持续的动作因素。如果它构成VC,放在动词后面,那么,这个动作因素就和前面的V重复了。所以,不会出现"V筑""V铸"这样的结构。而上述"成、掉、落、破"四个动词和"筑""铸"不同,它不强调动作的持续过程,而是注重动作持续后的结果,所以适合做动结式的补语。

状态类动词所构成的述补结构不是动结式(或王力先生所说的"使成式动补结构"),"说毕""坐定""说尽"中的补语,其语义指向都是动词,而不是动作的结果。

上面所说的活动类动词只有"战退"的"退"和"拨转"的"转"是动词的本来意义,属于活动类动词。"说动"的"动"意义已经有些虚化了,不是位移的"动",而是说心意已经活动,但仍可把它归为活动类动词。

而充当动相补语的"倒、了、取、却、住、著(着)"在 VC 中都已虚化,其语义和这些动词的本来意义已很不相同。这一类作为动相补语的语法成分是否能归入情状类型的某一类,应归入哪一类,还需要研究。

所以,归结起来,在《朱子语类辑略》做补语的动词,应是瞬成类动词最多,达成类次之,达成类动词有些不能做补语。

《朱子语类辑略》中述补结构不太多,像"吓哭了""吃饱了"之类的都还没有出现。上面只是一个简单的分析,要全面地讨论补语和动词情状类型的关系,还要做更深入的研究。①

总之,情状类型的研究对汉语史的研究是有用的。但是,一要对四种情状类型做进一步的分析,二要对意念被动和充当补语的动词的语义做具体分析。

四 语言如何反映世界

认知语言学关注语言和认知的关系,也就是关注语言如何反映世界。所有的语言都反映世界,但不同的语言(不同民族的语言

---

① 不同时期的情状类型的词例是不同的。要分析《朱子语类辑略》中充当补语的动词的情状类型,应该首先对宋代动词的情状类型做一总体分析。这一工作本文未能做。上面只能根据动词的三个语义特征(终结性、动态性、持续性)来把这些动词分类,是做得很粗略的。

和不同时代的语言)反映世界的方式不完全相同。

(一)泰尔米《认知语义学》是认知语言学的一部重要著作,书中最引人注意的是对"动词框架语言(verb-framed language)"和"卫星框架语言(satellite-framed language)"的论述。一个瓶子在水上漂浮着,最后进入了一个洞口,这一事件在世界各地并无不同,人们对它的认知也无不同。但是,不同的语言来表达这个事件,却有不同的说法。

如英语说:The bottle floated into the cave. 这是卫星框架语言。

西班牙语说:La botella entro a la cueve flotando. 这是动词框架语言。

作者也对汉语做了分析。作者说:"从古代汉语到现代汉语,汉语似乎经历了一种与罗曼语支恰恰相反的类型转换:从路径词化并入模式到副事件词化并入模式。"(P119—120)这就是汉语反映世界的方式在历史上的一大变化。这个问题,学术界有不同看法,史文磊(2014)已对各家之说做了评介,此处不赘。

除此之外,作者在书中多次谈到汉语和其他语言的不同,这也是语言反映世界方式的不同。但作者说的"汉语"大多是现代汉语。当我们看到书中这样的论述时,从汉语史的角度,可以想一想:这种对事件的认知,在古代汉语中,是怎样表达的?从古代汉语到现代汉语,这种表达方式是怎样演变的?

(二)《认知语义学》讨论了运动事件,也讨论了"类似运动的状态变化结构事件"。在这一部分中,作者说:

"(在状态变化域中,)英语……通常有并列形式,即卫星框架和动词框架,两种都是口语化的。"如:

I kick the door shut.

I shook him awake.

这是卫星框架结构,表状态变化的"shut""awake"是卫星语素。

也可以说:

I shut the door with a kick.

I awake him with a shake.

这是动词框架结构,表状态变化的"shut""awake"是词化并入。

"事实上,对某些状态变化概念而言,英语口语只允许使用动词框架结构,因此,只能说 I broke the window with a kick,但不能说 *I kick the window broken。"

"相比之下,汉语是更彻底的卫星框架类型的范例,和英语一样,它不仅在运动上强烈地展现卫星框架,还在状态变化上展现了卫星框架。例如,汉语的确表述了刚才所举的'破损'的例子,如'我踢碎了窗户'。"(ⅡP241)

显然,这说的是现代汉语,"踢碎"是个动补结构,是后来发展起来的。那么,从汉语史研究的角度,我们可以考虑两个问题:

(1)"踢碎了窗户"之类的动补结构是怎样发展起来的?

这个问题已经研究得很多了。类似的例子如"以梨打破头"或"以梨打头破"(《百喻经》)是较早的例子。在此之前是"叩头且破"和"击破沛公军"(《史记》)。这里不详述。

(2)在上古汉语中,是怎样表达动作及其结果的?除了用"击破"这种连动式(后来发展为动补结构)之外,有没有一个单音动词就表示动作及其结果的?

这就需要我们对上古汉语的动词的内部结构做深入的研究。杨荣祥《上古汉语结果自足动词的语义句法特征》研究的就是这个问题。

文章说:"'破、败、伤、灭、断'等,其语义构成中既包含动作义,又包含结果义,其语义特征可以描写为[＋自主性][＋可控性][＋外向性][＋终结]。"这类动词就叫"结果自足动词"。

在杨荣祥的另一篇文章《上古汉语词类活用的本质与产生环境》中,列举了更多的"结果自足动词":"中(射中)、去(去除)、堕、折、怒(发怒/激怒)、杀、明(显明,显现清楚)、满、尽、动、定、竭、终、闭、绝、毁、走(败走、逃跑)、下、却、覆、坠"。

(三)在泰尔米《认知语义学》中,在谈到"实现(realization)框架事件"时,有一小节"7.5 汉语:表达实现的一种卫星框架语言"(ⅡP277),也谈到相关的问题。书中说:"汉语大多数施事动词或是未然完成义类型,或是隐含完成义类型——需要卫星语素表达实现——其中隐含完成义类型表现得更为突出。"如:

Wo kai le(PERF) men, (dan-shi men mei you kai)。

Wo kai(V) kai(Sat) le(PERF) men。

作者分析说,第1个句子"隐含门离开了门框",但"理解为'我没能使门离开门框'仍是一种可能性"。而第二个句子中"有现成的确认义卫星语素,这个句子是无法否定的断言,即'我成功地使门离开门框'"。(ⅡP277—278)

什么是"卫星语素"？在《认知语义学》中有一个解释,其中说到词缀和汉语中的动词补语都是卫星语素,而且,"一个动词词根与它的卫星语素一起独立地形成一个成分,即动词复合体(verb complex)"。(ⅡP97)所以,这是说,汉语表达实现,主要在于动词补语。

和上一个问题一样,泰尔米的这段论述使我们考虑一个问题:在动补结构出现以前,在上古汉语中动词(特别是单音动词)能不能表示完成？

我认为回答是肯定的。这和本文第三部分谈到的有关情状类型中的"达成类动词(accomplishment verb)"和"瞬类成动词(achievement verb)"有关。

这两类动词都有[＋终结性]，但有终结性却不一定表示动作完成，因为终结性是就这个动词的时间结构而言的，表示这些动词是有一个终止点的。活动类动词、状态类动词如"走""哭""饿""乐"是没有终止点的。但有一些达成类动词出现在句子中的时候，并不表示完成。

这是因为达成类动词既有[＋终结性]，又有[＋持续性]，是一个动作持续一段时间后到了终止点。如果这个动词处于持续过程中，那就不表示完成。如上面所说的达成类动词的"筑""铸"等，"之""适"等，"降""落"等，在下列例句中都不表示完成：

景公筑路寝之台，三年未息。(《晏子春秋·谏下》)

温伯雪子适齐，舍于鲁。(《庄子·田子方》)

秋气至则草木落。(《吕氏春秋·义赏》)

达成类的"毁""瘳"等，和"刳""刖"等，持续的时间较短，其语义不是强调动作的持续，而是强调动作的终结，所以用在句中一般都可以表示完成。

瞬成类是[－持续性]和[＋终结性]，所以一般可以表完成。

但是，如果这些动词前面有"不""未""欲""将"等词语，它们表示这些动作没有实施，或将要实施，而不表这个动作已经完成。

这些表完成的动词，可以用时量成分来检验其终结性。即，不能说"刳三月""瘳三月""见三月""闻三月"。达成动词如果和时量成分共现，那只是说明其终结性经过多长时间而实现，如"三月而瘳",是说过了三个月病才好,而不是说"瘳"这个动作可以持续三个月。瞬成动词如果和时量成分共现,那只是说这个动作终结以后又发生另一个事件。如《论语·述而》:"子在齐闻《韶》,三月不知肉味",是说在闻《韶》之后有三个月不知肉味,而不是说"闻"这个动作可以持续三个月。①

这些动词有的到后来要用动补结构来表达,如"刳→剖开""闻→听见";有的可以在前面加上动词而构成述补结构,如"捣毁""打死"。

当然,对这个问题的回答应是汉语史研究者的责任,而不能要求泰尔米来回答。但是,泰尔米的论述可以引起我们对这个问题的思考,所以,仍然是"他山之石,可以攻玉"。

参考文献

拜 比等 1994/2017 《语法的演化——世界语言的时、体和情态》,陈前瑞译,商务印书馆。
陈前瑞 2008 《汉语体貌研究的类型学视野》,商务印书馆。
郭 锐 1993 《汉语动词的过程结构》,《中国语文》第 6 期。
郭 锐 1997 《过程和非过程——汉语谓词性成分的两种外在时间类型》,《中国语文》第 3 期。
蒋绍愚 2013 《词义变化与句法变化》,《苏州大学学报》第 1 期。
蒋绍愚 2015 《汉语历史词汇学概要》,商务印书馆。
蒋绍愚 2023 《〈史记〉单音节动词的情状类型》,《语文研究》第 1 期。
刘丹青 2017 《语言类型学》(修订本),上海中西书局。
吕叔湘 1959 《文言虚字》,上海教育出版社。

---

① 杨荣祥所说的"结果自足动词",既然有[＋终结]的语义特征,也可以说是表完成的。他所举出的"结果自足动词",大部分可以归入"达成动词"和"瞬成动词"。但由于分类的标准不同,两者有交叉。比如"结果自足动词"的语义特征有[＋自主性][＋可控性]等,这就未能包括"瞬成动词"的"死""断"等。

梅　广　2015　《上古汉语语法纲要》，三民书局。

墙　斯　（待刊）《论新义产生的判断标准——以"快"之快速义的产生为例》。

沈家煊　1995　《有界与无界》，《中国语文》第5期。

史文磊　2014　《汉语运动事件词化类型的历时考察》，商务印书馆。

泰尔米　2000/2017　《认识语义学》（卷Ⅰ），李福印等译，北京大学出版社。

泰尔米　2000/2019　《认识语义学》（卷Ⅱ），李福印等译，北京大学出版社。

特劳戈特、特劳斯带尔　2013/2019　《构式化与构式演变》，詹芳琼、郑友阶译，商务印书馆。

吴福祥　2004　《〈朱子语类辑略〉语法研究》，河南大学出版社。

吴福祥　2017　《试谈语义演变的规律》，《古汉语研究》第1期。

颜世铉　2016　《论成语"罄竹难书"的感情色彩和使用规范》，"中研院"史语所105年度第八次讲论会论文。

杨荣祥　2016　《上古汉语"词类活用"的本质与产生环境》，《华中国学》春之卷。

杨荣祥　2017　《上古汉语结果自足动词的语义句法特征》，《语文研究》第1期。

姚振武　2015　《上古汉语语法史》，上海古籍出版社。

Greenberg, J.　1963　Some Universal of Grammar with Particular Reference to the Order of Meaningful Elements，陆丙甫、陆致极译，见刘丹青《语言类型学》附录。

Olsen, M. B.　1997　*A Semantic and Pragmatic Model of Lexical and Grammatical Aspect*. New York: Garland Publishing, Inc.

Trugott. E. & R. Dasher　2005　*Regularity in Semantic Change*, Cambridge University Press.

（原载《汉语史学报》第26辑，上海教育出版社，2022年，有删节）

古汉语词典的编纂和资料的运用

要编纂一部高质量的古汉语词典,牵涉到很多方面。本文只谈一点:古汉语词典的编纂要以充分的资料(包括古代的文献资料和近人今人的相关研究成果)为基础。无论是注音、释义还是书证,究竟该如何处理,都要以充分的资料为依据来分析和判断。如果掌握资料不充分,分析不深入,理解不正确,就难免出现问题。资料的运用和古汉语词典的质量关系很大。

本文对古汉语词典的一些条目进行讨论。为清晰起见,无论单音复音,条目上都加【 】。

1 注音

古汉语词典注音的问题看起来比较简单,好像根据古代韵书注出今音即可。但实际上,有不少复杂的问题。

下面先看有关条目,再分析问题。

(一)被

《汉语大字典》

【被】(一)bèi《广韵》皮彼切,上纸并。歌部。

①被子。③覆盖。《楚辞·招魂》:"皋兰被径兮斯路渐。"

王逸注:"被,覆也。"

(三)pī《集韵》攀縻切,平支滂。歌部。

①覆盖。后作"披"。《左传·襄公十四年》:"乃祖吾离被苫盖,蒙荆棘。"……《史记·绛侯周勃世家》:"军士吏被甲。"

《汉语大词典》

【被1】[bèi《广韵》皮彼切,上纸,并。]

1.被子。睡眠时用以覆体。3.覆盖。《文选·张衡〈东京赋〉》:"芙蓉覆水,秋兰被涯。"薛综注:"被,亦覆也。"

【被3】[pī《集韵》攀縻切,平支,滂。]后作"披"。

1.搭衣于肩背。《左传·襄公十四年》:"昔秦人迫逐乃祖吾离于瓜州,乃祖吾离被苫盖,蒙荆棘,以来归我先君。"杨伯峻注:"被同披。蒙,冒也。"《楚辞·九歌·山鬼》:"若有人兮山之阿,被薜荔兮带女萝。"

2.穿着。《孟子·尽心下》:"舜之饭糗茹草也,若将终身焉;及其为天子也,被袗衣,鼓琴,二女果,若固有之。"《史记·平原君虞卿列传》:"君之后宫以百数,婢妾被绮縠,余粱肉,而民褐衣不完,糟糠不厌。"《资治通鉴·魏明帝青龙三年》:"陛下既尊群臣,显以冠冕,被以文绣,载以华舆。"

两部辞典的注音的依据都是《广韵》和《集韵》。

《广韵》

纸韵:被,寝衣也,皮彼切。又姓。又皮义切。

寘韵:被,被服也,覆也。《书》曰:光被四表。平义切。又平彼切,寝衣也。

《集韵》

支韵:被。《广雅》:裮被,不带也。攀縻切。

纸韵:被,部靡切,寝衣。一曰及也。亦姓。

寘韵：帔被摆，披义切，《说文》弘农谓裙帔。或作被，摆。《说文》寝衣长一身有半。一曰加也。平义切。

无论是古代韵书，还是现代辞书，音和义都是相关的，哪个义读哪个音，需要认真推敲。

孙玉文(2009)对两部辞书"被"字条音义的处理提出批评，认为"把很多本读平义切的字义都放到了皮彼切，平义切基本上只保留作为'假发'讲的'被'，这种处理不符合中古'被'读皮彼切和平义切的音义结合实际，没有科学根据"。"把一些本读并母的'被'处理为读攀糜切的'被'，导致滂母和并母音义结合的混淆。""(把'穿着'义)跟'披在肩背上'义混同起来，统一解释为'通披'，或'后作披'，都不合于古。"他的意见是应该认真考虑的。下面讨论几个有关的问题。

1. 把"被子""覆盖"两个义项都放在"皮彼切"下是否合适？

《广韵》"寝衣"为"皮彼切"，"覆也"为"平义切"，两者不同音。但"寝衣"和"覆也"是以声调区分名动的四声别义，其区别只在声调。周祖谟《四声别义释例》"区分名词用为动词"之例有："被，寝衣也，所以覆体者，部委切。上声。覆之曰被，部伪切。去声。""寝衣"的"皮彼切"本为上声，但浊上变去，就和"覆盖"义的"平义切"同音了。所以，把"被子""覆盖"两个义项放在同一个音项下，今音均为 bèi，并以《广韵》的"皮彼切"为音据，应该说是可以的。或者，可以把"平义切"也作为音据，把注音改为[bèi《广韵》皮彼切，上纸，并。又平义切，去寘，并。]

2. "搭衣于肩背"义的"被"读什么音？

《汉语大字典》

（三）pī《集韵》攀糜切，平支滂。歌部。

① 覆盖。后作"披"。《左传·襄公十四年》："乃祖吾离被苫盖,蒙荆棘。"……《史记·绛侯周勃世家》："军士吏被甲。"

按:把这两个例句作为同一义项,不妥,而且此义项释义"覆盖"与第一音项③重复。

《汉语大词典》也把"pī《集韵》攀糜切"作为一个音项,也说"后作'披'"。但分为两个义项:1."搭衣于肩背。"用《左传》"被苫盖"等例。2."穿着。"用《孟子》"被袗衣"等例。义项的分合比《汉语大字典》合理。

"苫盖"是无法穿的,只能"披搭于肩背"。这个"被"古书也有反切,如:

《经典释文》:《左传·襄公十四年》"被苫盖":普皮反(538)。

《春秋左传正义》:《左传·襄公十四年》"被苫盖":"被,普支反。"

其反切和《集韵》"攀糜切"相同,把它放在《集韵》的"攀糜切"下,今音为 pī,这没有问题。

3. 需要讨论的是《汉语大词典》的"穿着"义项(《汉语大字典》无相应义项),这个义项该注什么音?《汉语大词典》把它也放在《集韵》的"攀糜切"下,今音为 pī,这是否合适?

其实,"穿着"义的"被"的读音,在《广韵》中是有的,《广韵·寘韵》:"被,被服也,覆也。《书》曰:光被四表。平义切。"这个"被服"不是名词,就是"穿着"的意思。《广韵》中"被服"义的"被"和"覆盖"义的"被"同音,均为"平义切";如果根据《广韵》,今音应该读去声,为 bèi。

这一点可以用陆德明《经典释文》来证明。孙玉文(2009)做了统计,《经典释文》给作"穿着"讲的"被"注音 12 次,都是去声。下面,我们引用《经典释文》中给"被甲"作的注音作为例证。

《经典释文》

《周礼·旅贲氏》注"被甲":皮伪反(284)。《左传·僖公二十八年》"四马被甲":皮义反(497)。《左传·哀公十五年》注"介,被甲":皮寄反(615)。《穀梁传·僖公二十二年》"被甲婴胄":皮既反(665)。(数字为《经典释文汇校》中华书局 2006 年版的页码)

也可以用《汉书》颜师古注作证。

《汉书·高祖纪下》:"朕亲被坚执锐。"《成帝纪》:"多畜奴婢,被服绮縠。"《江充传》:"自请愿以所常被服(衣)冠见上。"《贾谊传》:"将吏被介胄而睡。"《河间献王传》:"被服儒术。(颜注:言常居处其中也。)"《外戚传下》:"即且令妾被服所为不得不如前。"《王莽传上》:"被服如儒生。"这几处颜注皆云:"被音皮义反。"

《文选》李善注也是如此:

《文选·南都赋》:"被服杂错,履蹑华英。"李善注:"杂错,非一也。被,皮义切。"

(按:《汉语大词典》"被服"条有些问题,这里不讨论。)

《经典释文》、《汉书》颜注、《文选》李善注给"穿着"义的"被"注音所用的反切上字都是"皮"(並母),下字都是去声字,"义、寄、伪"为寘韵,"既"为未韵。这和《广韵》的"平义切"一样。《广韵》"被服也(穿着)"和"覆也"都是"平义切",都是去声。

那么,词典中把"穿着"义的"被"和"覆盖"义的"被"分开,前者音 pī,后者音 bèi,对不对呢?下面讨论这个问题。

4.这牵涉到"被"和"披"的关系。

《汉语大词典》【被3】"音pī,后作'披'"下有两个义项,要分开讨论。

(1)"披"在上古汉语中最常用的意义是"分开",《广韵·支韵》:"披,分也。敷羁切。"其"搭于肩背上"的意义是后起的,《汉语大字典》《汉语大词典》都列了这个义项:《汉语大字典》【披】9.覆盖。《汉语大词典》【披1】11.覆盖或搭衣于肩。

当"披"的"搭于肩背上"的意义产生之后,"普皮反"的"被"与之同音同义,后来写作"披",这是可以的。这在文献上可以找到例证。如:

《全唐文》卷七一五韦处厚《兴复寺内道场供奉大德大义禅师碑铭》:"或披苫盖,或窟岩石。"

(2)但"皮义反"的"被(穿着)"音义都和"披"不同,这种"被"一般都不写作"披"。如下列"被衣"就不能写作"披衣":

《吕氏春秋·去宥》:"清旦,被衣冠。"

《淮南子·人间》:"使被衣不暇带,冠不及正,蒲伏而走,上车而驰。"

《淮南子·修务》:"彼乃始徐行微笑,被衣修擢。"(除人名外,仅2例。)

《楚辞·哀时命》:"下被衣于水渚。"王逸注:"渚,水涯也。言己虽穷,犹凿山石以为室柱,下洗浴水涯,被己衣裳,不失清洁也。"

这些"被衣"都是"穿衣"的意思。写作"披衣",就不是"穿衣"的意思,而是"把衣服搭于肩背"的意思。这两者的意义必须分清。

"披衣"是什么时候出现的呢?《汉语大词典》有【披衣】条:

757

【披衣】将衣服披在身上而臂不入袖。三国魏曹丕《杂诗》之一："展转不能寐,披衣起彷徨。"

当今出版的古籍中,有的"披"字实为"被"字之误。曹丕《杂诗》的"披衣"是比较可靠的,《文选》卷二十九、《艺文类聚》卷二十七此诗皆作"披衣"。

《韩诗外传》有一例"披衣":

《韩诗外传》卷八:"越王勾践使廉稽献民于荆王。……荆王闻之,披衣出谢。"

但这个故事和《说苑》卷十二的一个故事大致相同,而《说苑》作"被衣":

《说苑》卷十二:"越使诸发执一枝梅遗梁王。……梁王闻之,被衣出以见诸发。"

所以要把《韩诗外传》的"披衣"作为"搭衣于肩背"的始见例尚存疑问。

"衣"是既可以"被"也可以"披"的,但"被(平义切)衣"和"披(敷羁切)衣"音义都不同,虽然"被(bèi)衣"出现早,"披(pī)衣"出现晚,但不能笼统地说"被"后作"披"。

在纪昀《阅微草堂笔记》中,"披衣"10例,均为"搭衣于肩背"之义;"被衣"未见,"穿衣"义用"著衣"(3例)。可见直至清代,"披衣"仍不等同于古代的"被衣"之义。

(3)"皮义反"(去声)的"被"有一些后来写作"披",主要是以下一些:

A. 被发—披发

先秦均作"被发",读去声。如:

《论语·宪问》:"微管仲,吾其被发左衽矣。"《释文》:"被,皮寄反。"

《左传·哀公十七年》:"卫侯梦于北宫,见人登昆吾之观,被发北面而噪。"《释文》:"被,皮义反。"
后作"披发"。如:

《韩诗外传》卷六:"简子披发杖矛而见我君。"(但此例不可靠,因为《御览》引此作"被发"。)

荀悦《汉纪·哀帝纪下》:"道中相逢多至数千人,或披发徒跣,斩析门关,逾墙入屋,或乘骑奔驰。"

B. 被甲—披甲

唐以前的文献,全作"被甲"。从五代开始,出现"披甲",一些史书统计如下:

《旧唐书》"被甲"6例,"披甲"5例。《新唐书》《新旧五代史》均作"被甲"。《宋史》"被甲"21例,"披甲"3例。《元史》"被甲"1例,"披甲"无。《明史》"被甲"14例,"披甲"1例。《册府元龟》"被甲"67例,"披甲"19例。《资治通鉴》全作"被甲"。而小说《三国演义》则全作"披甲"(13例)。下面一些例句值得注意:

《东观汉纪》卷八:"(耿秉)性勇壮而易于事,军行常自被甲在前。"《后汉书·耿弇传》:"秉性勇壮而易于事,军行常自被甲在前。"《北堂书钞》卷一一五引作"被甲在前"。《册府元龟》卷三九〇、三九四引作"披甲在前"。同一句话,《东观汉纪》《后汉书》《北堂书钞》均作"被甲",而《册府元龟》作"披甲",《册府元龟》的"披甲"只能是穿着甲,而不是披着甲。

《搜神记》卷六:"有数人披甲持弓弩至良家。"汪绍楹注:"本条见《艺文类聚》九四引作《搜神记》。"但《艺文类聚》九四作"有数人被甲持弓弩至良家"。今本《搜神记》的"披甲"可能是明代人改的。

有一些唐诗清人注释引文作"披甲",但查原书,实际上是"被甲":

  杜甫《送杨六判官至西蕃》诗:"伤时即据鞍。"宋郭知达《九家集注》:"援自请曰:'臣尚能披甲上马。'"

  李白《赠宣城宇文太守》:"据案空矍铄。"王琦注:"《后汉书》:'马援披甲上马。'"(按,《后汉书·马援传》:"援自请曰:'臣尚能被甲上马。'")

  杜甫《陪王侍御同登》:"回职罢酒上马归。"仇兆鳌注:"《史记》:'廉颇披甲上马。'"(按,《史记·廉颇蔺相如列传》:"廉颇为之一饭斗米,肉十斤,被甲上马。")

有没有更早的"披甲"?

  《汉语大词典》:【披甲】1. 穿上铠甲。《汉书·陈汤传》:"望见单于城上立五采幡织,数百人披甲乘城。"

如果把《汉书·陈汤传》多看一点,可以看到,在这句话后面还有一处"被甲":

  "单于乃被甲在楼上,诸阏氏夫人数十皆以弓射外人。"

有人认为《汉书·陈汤传》的"披甲"不是穿着铠甲,而是披着铠甲。但经查检,《汉书》中"被甲"11见,"披甲"仅此一见。标点本《汉书·陈汤传》确实作"披甲乘城",但标点本是以王先谦《汉书补注》为底本的,而中华书局1981年据光绪二十六年虚受堂本影印出版的《汉书补注》1327页此句仍作"被甲乘城"。《资治通鉴》亦载此事,几乎是全抄《汉书》的,经查对,《资治通鉴》卷二九中此事的记载(有一页多)与《汉书补注》仅有2字不同(《汉书》作"幡织""卬射",《通鉴》作"幡帜""仰射"),而此句作"数百人被甲乘城",胡三省注:"被,皮义翻,下同。"(938)这也证明《汉书》"被甲乘城"不作"披"。

C. 被坚执锐—披坚执锐

《汉语大词典》

【披坚执锐】唐刘长卿《请赴行营表》:"披坚执锐,虽未经于戎行;制胜伐谋,亦尝习于事业。"明王玉峰《焚香记·藩篱》:"战阵军旅,此武夫之常;披坚执锐,乃臣子之分。"

刘洁修《成语源流大词典》

【披坚执锐】原作[被坚执锐]《墨子·鲁问》:"翟虑被坚执锐救诸侯之患。"……《史记·陈涉世家》:"将军身被坚执锐,伐无道,诛暴秦。"

后来多作[披坚执锐]《(唐)刘禹锡集·请赴行营表》:"臣再授兵符,夙参军幕。披坚执锐,虽未经于戎行;制胜伐谋,亦尝习于事业。"明王玉峰《焚香记·藩篱》:"战阵军旅,此武夫之常;披坚执锐,乃臣子之分。"

按:【披坚执锐】条,《汉语大词典》引刘长卿例误,应为刘禹锡。刘禹锡例实为"被坚执锐",见《刘禹锡集》卷十一(中华书局,1990)和《全唐文》卷六〇二(中华书局,1982)。《焚香记》例确是"披坚执锐",但时代已是明代。

《全唐文》中有7篇文章作"被坚执锐",有9篇文章作"披坚执锐"。9篇的作者为:谢偃(156)、萧颖士(323)、李筠栖(370)、白居易(662)、胡曾(811)、王滔(821)、钱珝(833)、史在德(849)、钱昱(893)。除白居易外,都没有个人的别集。而《全唐文》卷六六二所收的白居易《魏博军将吕晃等……》一文,收在《白居易集笺校》中,作"被坚执锐"(见朱金城《白居易集笺校》,上海古籍出版社,1988,2881页)。其余8篇的"披"无法查考,可能未必是唐代的写法,而是清代编《全唐文》时的写法。

D. 被褐—披褐

最早见于《老子》七十章："是以圣人被褐怀玉。"诸本均作"被"，唯宋代范应元《老子道德经古本集注》作"披"，注云："披音被，衣覆也。"

唐代以前的文献除3例外均作"被褐"。这3例需要讨论：

《抱朴子·君道》："或披褐而朝隐，或沉沦于穷否。"杨明照注："本书《交际》《任命》《吴失》《博喻》四篇，亦并有'被褐'之文，则此处之'披'当作'被'矣。"

《南史·隐逸传·臧荣绪》："自号'披褐先生'。"

《南齐书·高隐传·臧荣绪》："自号'被褐先生'。"

按：《南史》唐李延寿撰，《南齐书》梁萧子显撰。"披"和"被"是时代的不同。

李玉明主编《三晋石刻大全·长治市襄垣县卷》隋大业三年石刻（有图版）："披褐怀珠。"

按，这是我所见到的"披褐"的最早例。

从宋代开始，"披褐"逐渐增多。如：

《册府元龟》"被褐"14例，"披褐"3例。其中卷七九一："猛披褐而诣之。"按，《晋书·石勒载记》："桓温入关，猛被褐而诣之。"

《太平广记》全是"披褐"（5例），无"被褐"。

《资治通鉴》"被褐"2例，其中卷二九一《后周纪》："北汉主自高平被褐戴笠。"胡三省注："被，皮义翻。""披褐"1例，卷九九《晋纪》："闻桓温入关，披褐诣之。"

清人注唐诗，引书也作"披褐"：

李白《贬夜郎半道承恩》："扪虱对桓公。"王琦注："《晋书》:'王猛披褐诣之。'"

《全唐文》"被褐"31例,"披褐"仅1例。卷七二五李公佐《谢小娥传》:"娥誓心不嫁,遂剪发披褐。"

(4)下面要进一步讨论:"被(皮义反)"和"披"音义都不同,为什么有的"被"后来能写作"披"呢?

这有多种原因。

A. "被发"的"被"虽然《释文》音"皮义反",但不是"穿着"义,而是"覆盖"义,"被发"谓以发覆身,也就是头发盖在身上(主要是肩背上)。当"披"产生了"搭于肩背上"之义后,"被发"也就可以说成"披发"。但"被发"的"被(bèi,覆盖)"和"披发"的"披(pī,搭于肩背上)"音义都不同,这是词汇的替换,而不是字形的替换。

B. "被衣"的"被"一般不能换成"披",但在某种情况下,"被"和"披"也会有交叉。如:

《汉书·扬雄传》:"衿芰茄之绿衣兮,被夫容之朱裳。"颜注:"被音披,又音皮义反。"

这个句子,既可以理解为穿着芙蓉之朱裳,这时"被"就是"穿着"义,所以颜注音"皮义反";也可以理解为把芙蓉披在身上为朱裳,这时"被"就和"被苫盖"的"被"一样,是"披着"义,所以颜注"音披"。

《楚辞·九辩》"被荷裯之晏晏兮。"洪兴祖注:"被,音披,又如字。""被"字两读,也是同样的道理。

这种"被"如果音披,后来就可以写作"披"了。

刘长卿《望龙山怀道士许法棱》:"中有一人披霓裳,诵经山顶飡琼浆。"

C. 正因为有"被发—披发"和"被夫容之朱裳—披霓裳"共存

763

的情况,就会使人们产生一种错觉,认为"被"可以写作"披"。我想,"披甲""披坚执锐"和"披褐"就是这样产生的,这种写法的时代都相当晚,都是宋代以后,那时"穿着"义的"被"已少见,而"披"的"搭衣于肩背"的用法已经相当普遍了。

(5)那么,这些后来可以写作"披"的"被",应该读什么音呢?

"被发"的"被(覆也)"仍应为去声,今音为 bèi。前面说过,"被发"和"披发"意义相同,但"被"和"披"不是一个词,音义都不同。

"被甲""被坚执锐""被褐"的"被(穿着)",从宋代到清代有两种读法。

A.《资治通鉴》卷六五:"被甲者少。"胡三省注:"被,皮义翻。"卷二九一:"北汉主自高平被褐戴笠。"胡三省注:"被,皮义翻。"杜甫《醉时歌》:"杜陵野客人更嗤,被褐短窄鬓如丝。"仇兆鳌注:"被,去声。"《夏夜叹》:"青紫虽被体,不如早还乡。"仇兆鳌注:"被,去声。"照这种读法,"被(穿着)"仍为《广韵》的"平义切",去声,今音 bèi。

B.贾昌朝《群经音辨·卷六·辨彼此异音》:"箸谓之被,音披。覆谓之被,平义切。"元代程端礼《程氏家塾读书分年日程》卷三引用了贾昌朝的读音:"被音披,著谓之。平义切,覆谓之。"仇兆鳌《杜诗详注》、杨伦《杜诗镜诠》为杜甫诗《魏将军歌》"被坚执锐略西极"作注,均在"被"下注"音披"。照这种读法,"被(穿着)"应和"披"同音,平声,今音 pī。

我想,A 读法是循古的,《资治通鉴》中全部是"被甲",无一例"披甲",本身就是循古的写法。胡三省为"被"的注音全都是"皮义翻",也是循古的注音。B 读法是趋新的。因为宋代以后不少"被

(穿着)"可以写作"披",所以把"被(穿着)"也读作"披"。究竟在明清时期哪一种读法占优势?我看到的资料有限,无法判断。仇兆鳌对同一个"被(穿着)"有两种不同的注音,可能他认为"被(穿着)"一般是应该读去声的,但"被坚执锐"写作"披坚执锐"的太多了(上面说过,清编《全唐文》中"披坚执锐"9例,"被坚执锐"7例),把"被坚执锐"和"披坚执锐"读作两个音,可能人们觉得不习惯,所以就都读作pī。那么,是否随着把"被(穿着)"写作"披"的越来越多,"被(穿着)"读作"披"的也越来越占优势?这个问题是需要研究的。语言是约定俗成的。如果从明清到现在,把"被(穿着)"读作"披"的占了优势,那么,尽管与中古音不合,辞书也应把"被(穿着)"注为pī。

(二)亡

《汉语大字典》

【亡】(二)wú《集韵》微夫切,平虞微。阳部。

通"无"。《集韵·虞韵》:"无,或作亡。"

《汉语大词典》

【亡2】[wú《集韵》微夫切,平虞,微。]

1.无,没有。《论语·子张》:"日知其所亡,月无忘其所能,可谓好学也已矣。" 邢昺疏:"亡,无也。"《汉书·司马相如传上》:"乌有先生者,乌有此事也,为齐难;亡是公者,亡是人也,欲明天子之义。"颜师古注:"亡读曰无。"

《辞源》(第三版)

【亡】

2.wú《集韵》微夫切,平,虞韵,微。鱼部。

通"无"。

《王力古汉语字典》

【亡】wáng 武方切,平,阳韵,微,阳部。

㈣无。……按,此义后人读如"无"音,但《广韵》《集韵》无此音,《经典释文》亦无此音。

"亡"有"无"义,这是没有问题的。问题是这个义为"无"的"亡"读什么音?是读 wú 还是读 wáng?

认为应读 wáng 也有道理。上古汉语中与"无"同义的有很多词,如"罔"也有"无"义,但"罔"读 wǎng 而不读 wú。王力《同源字典》收了一组义为"无"的同源词,其中有"无"和"亡""罔",王力先生认为"无"和"亡""罔"是鱼阳对转。确实,同源词的音不一定相同,也可以是对转。《同源字典》还说:"'亡'有'无'义,但仍读武方切,不读'无'音。《广韵》下平声阳韵:'亡,无也。'上平声虞韵不收'亡'。"

这个问题是需要讨论的。

确实,《广韵·阳韵》:"亡,无也,灭也,进也。无方切。"但《集韵·虞韵》:"無无亡武鳧,微夫切。《说文》:'亡也。'奇字作无……或作亡武鳧。"《集韵·阳韵》:"亡亾,武方切。《说文》:'逃也。'一曰无也。"两部韵书的注音不一样。

《经典释文》对此也有注音。《周礼·车仆》注:"为铭各以其物,亡则以缁。"《释文》卷八:"亡则音无。"(277)《左传·昭公十三年》:"子干之官,则右尹也。数其贵宠,则庶子也。以神所命,则又远之。其贵亡矣,其宠弃矣。民无怀焉,国无与焉。将何以立?"《释文》卷十九:"亡音无,又音如字。"(579)《论语·述而》:"亡而为有。"《释文》卷二四:"亡如字,一音无。"(702)朱熹《集注》:"亡,读为无。"《论语·子张》:"执德不弘,信道不笃,焉能为有?焉能为亡?"《释文》卷二四:"亡如字。无也。"(716)朱熹《集注》:"亡,读作无。"《庄子·大宗师》:"子祀曰:'女恶之乎?'曰:'亡,予何恶!'"《释文》卷二六:"亡如字。绝句。"(756)

其他注音材料也有。如:

《穀梁传·庄公二十九年》:"一有一亡曰有。"范宁注:"亡如字,又音无。"

《左传·襄公九年》:"史曰:是谓艮之随。随其出也,君必速出。姜曰:亡。"孔疏:"亡如字读者,或音无。"

《礼记·儒行》:"今众人之命儒也妄常,以儒相诟病。"郑注:"妄之言无也。"陆德明《释文》:"妄,郑音亡。亡,无也。"孔疏:"妄,郑音亡。亡,无也。王音忘。"

《史记·白起王翦列传》:"君之所得民亡几何人。"《集解》引徐广曰:"亡音无也。"

《史记·鲁仲连邹阳列传》:"亡意亦捐燕弃世。"《索隐》:"亡音无。"

《经典释文》的注音是不一致的,上述5处注音,有一处说"如字",两处说"音无",一处说"亡如字,又音无",一处说"亡音无,又音如字"。看来,陆德明听到的读法,"如字"和"音无"都有。在其他注音材料中,最早的是郑玄为"妄"的注音,读作"亡",说明在郑玄看来,义为"无"的词不一定读作"无",也可以读作"亡"。晋代的范宁也把"亡"读为如字。刘宋的徐广读作"无"。唐代的孔颖达读为如字,司马贞读"无"。到朱熹作《论语集注》,就明确地读作"无"。也许,义为"无"的"亡"字的读法,较早是如字,后来逐渐读为"无"。

王念孙《读书杂志》卷八五:"亡读如无,或言亡,或言亡其,皆转语词也。亡或作无。《汉书·货殖传》:'宁爵无刁。'孟康曰:'奴自相谓:宁欲免去作民有爵邪?无将止为刁氏作奴乎?'无发声助也。《庄子·外物篇》曰:'抑固窭邪?亡其略弗及邪?'《吕氏春秋·审为篇》曰:'君将攫之乎?亡其不与?'《爱类篇》曰:'必得宋乃攻之乎?亡其不得宋且不义犹攻之乎?'《韩策》曰:'听子之谒而废子之道乎?又亡其行子之术而废子之谒乎?'是凡言亡其者皆转语词也。《越语》曰:'道固然乎?妄其欺不谷邪?'《赵策》曰:'不识三国之憎秦而爱怀邪?妄其憎怀而爱秦邪?'妄亦读如无。"他的意思是:不但表否定的"亡"读作"无",就是表选择问的词语"亡其""妄其",其中的"亡""妄"也读作"无"。

《庄子·外物》:"抑固窭邪,亡其略弗及邪?"郭庆藩《庄子集释》:"亡读如无,亡其转语也。《史记·范雎蔡泽列传》:'亡其言臣者贱不可用乎……'《吕氏春秋·爱类篇》:'亡其不得宋且不义犹攻之乎?'韩策:'又亡其行子之术而废子之谒乎?'是凡言亡其皆转语词也。"

王念孙、郭庆藩的读音反映了清代学者的读音。可能从宋代至清代人们已经把义为"无"的"亡"读为"无"了。词典把"亡"的这个义项注为 wú 是对的。

上述材料都是后代人对"亡(无也)"的读法。至于"亡(无也)"在先秦究竟是读阳声韵还是读阴声韵,我们今天无法考知。《诗经》中有"亡(无也)"一例,《诗经·邶风·谷风》:"何有何亡,黾勉求之。"但"亡"不是韵脚,无法从押韵推求是什么韵部。但词典的注音,是告诉读者这个字在今天该怎么读,所以,根据清代人的读法,注为 wú 是可以的。

从上引王念孙、郭庆藩的材料可以看到,除"亡"以外,古代"妄""忘"也可以表示"无"。这两个字该怎样读?

《汉语大词典》对"妄"和"忘"字条的注音不太一致:

"妄"有两个音项:

　　【妄 1】[wàng《广韵》巫放切,去漾,微。]

　　【妄 2】[wáng《集韵》武方切,平阳,微。]

　　通"亡 1"。

【妄 2】下有两个义项:

(1)无。《礼记·儒行》:"今众人之命儒也妄常,以儒相诟病。"郑玄注:"妄之言无也。言今世名儒无有常人,遭人名为儒。"陆德明释文:"妄,郑音亡。亡,无也。"

(2)连词,表示选择。抑或,还是。

而复音条目"妄其"的注音是:

　　【妄 2 其】抑或,还是。《国语·越语下》:"道固然乎?妄其欺不谷邪?"参见"亡 2 其"。

"忘"有三个音项:

　　【忘 1】[wàng《广韵》巫放切,去漾,微。]

此音项下第四个义项为:

4.无。《史记·孟尝君列传》:"日暮之后,过市朝者掉臂而不顾。非好朝而恶暮,所期物忘其中。"司马贞索隐:"忘者,无也。其中,市朝之中。言日暮物尽,故掉臂不顾也。"《史记·平津侯主父列传》:"高皇帝盖悔之甚,乃使刘敬往结和亲之约,然后天下忘干戈之事。"

　　【忘 2】[wáng《集韵》武方切,平阳,微。]通"亡"。

　　【忘 3】[wú]见"忘 3 其"。

也就是说，义为"无"的"妄"音 wáng，"妄其"的"妄"也音 wáng。而义为"无"的"忘"音 wàng，"忘其"的"忘"音 wú。这是需要统一的。

2 义项和释义

义项和释义都是词典的重要问题。本文不拟全面讨论，只从资料运用的角度，谈一些义项和释义的问题。

(一)释义错误，义项不成立

(1)有的释义错误，是因为误解了书证。释义既误，这个义项当然就不能成立。

《汉语大词典》

【通判】1.公正裁决。《新唐书·百官志四》："市令一人，从九品上。掌交易，禁奸非，通判市事。"清纪昀《滦阳消夏录二》："所谓通判，乃中允也。"2.官名。宋初始于诸州府设置，即共同处理政务之意。……亦指任通判之职。

按：义项1.释义误。所引《新唐书·百官志四》例的"通判"并非"公正裁决"义。唐五代文献中《通典》《旧唐书》《新唐书》中"通判"用作动词的很多。请看下面例句：

《通典》卷二一："(门下省)侍中……总判省事。门下侍郎员二人，掌侍从，署奏抄，驳正违失，通判省事。……给事中……分判省事。"

卷二五："(太常卿)卿一人，掌礼仪祭祀，总判寺事。少卿二人，通判。……丞……分判寺事。"

卷二五:"(大理卿)大理正……通判寺事。……大理丞……分判狱事。"

卷二七:"(左右千牛卫)各置大将军一人,……总判卫事。……中郎将一人,通判卫事。"

《旧唐书·百官志二》:"武德四年,太宗平洛阳之后,又置天策上将府官员。天策上将一人,掌国之征讨,总判府事。长史、司马各一人,从事中郎二人,并掌通判府事。"

《新唐书·百官志二》:"(内侍省)内常侍六人,正五品下,通判省事。内给事十人,从五品下,掌承旨劳问,分判省事。"

《新唐书·百官志四》:"都督掌督诸州兵马、甲械、城隍、镇戍、粮禀,总判府事。市令一人,从九品上。掌交易,禁奸非,通判市事。"

"总判""通判""分判"是唐五代的政事术语,"总判"指一个机构或行政区的长官总管裁决此机构或行政区的政事,"通判"指一个机构或行政区的副长官协同长官全面管理裁决此机构或行政区的政事,"分判"是下面的官员分管某方面的政事。"通判"和"公正裁决"无关。

把"通判"解释为"公正裁决"可能跟纪昀例关系更大,因为纪昀说"所谓通判,乃中允也"。纪昀例全文如下:

纪昀《滦阳消夏录二》:"董文恪公为少司空时,云:'昔在富阳村居,有村叟坐邻家,闻读书声,曰:贵人也请相见。谛观再四,又问八字干支,沉思良久,曰:"君命相皆一品。当某年得知县,某年署大县,某年实授,某年迁通判,某年迁知府,某年由知府迁布政,某年迁巡抚,某年迁总督。善自爱,他日知吾言不谬也。"'后不再见此叟,其言亦不验。然细较生平,则所谓知县,乃由拔贡得户部七品官也;所谓调署大县,乃庶吉士也;所谓实授,乃编修也;所谓通判,乃中允也;所谓知府,乃侍读学士也;所谓布政使,乃内阁学士也;所谓巡抚,乃工部侍郎也。品秩皆符,其年亦皆符,特内外异途耳。"

显然,文中的"中允"为官名,即太子中允。如果编纂者不仅仅是摘引纪昀《滦阳消夏录二》中的一句话,而能多看一点,就不会出现这样的错误。

(2)有的义项是仅根据一条书证而立并释义,而且此唯一的书证不足凭信。这样的释义并不可靠,义项也就不能成立。

《汉语大词典》

【设】12.羞耻。《史记·老子韩非列传》:"伊尹为庖,百里奚为虏,皆所由干其上也。故此二子者,皆圣人也,犹不能无役身而涉世如此其污也,则非能仕之所设也。"司马贞索隐:"按:《韩子》作'非能士之所耻也'。"

按:《史记》中这几句话,是引述《韩非子·说难》的。《韩非子》和《史记》有关文字如下:

《韩非子·说难》:"凡说之务,在知饰所说之所矜而灭其所耻。……伊尹为宰,百里奚为虏,皆所以干其上也,此二人者,皆圣人也,然犹不能无役身以进,如此其污也。今以吾言为宰虏,而可以听用而振世,此非能仕之所耻也。"

《史记·老庄申韩列传》:"凡说之务,在知饰所说之所敬,而灭其所丑。……伊尹为庖,百里奚为虏,皆所由干其上也。故此二子者,皆圣人也,犹不能无役身而涉世如此其污也,则非能仕之所设也。"

《索隐》曰:"《韩子》作'非能士之所耻也'。"

这只是比较了两书文字的异同,并没有说"设"有"耻"义。从上引两段文字看,《史记》的大意确实与《韩非子》相同,但并非每个字都对应。

而且,研究《史记》的学者,对《史记》中这几句话有不同的解释。

清李笠《史记志疑》:"案:此言役身涉世,圣人尚不以为庖为房为污,则遇合之际,非才士所可措施也。仕士古字通。设犹措施也。《韩子》则作此'设'作'耻',与此语异而意同。"(转引自《中国基本古籍库》)

王叔岷《史记斠证》:"《考证》:当从《韩子》作'耻'。"

"案:耻无缘误为设。窃疑此文本作'则能仕之所设也',犹言'此能士之所行也'。与《韩子》作'此非能仕之所耻也'义亦相符,则下'非'字,盖后人据《韩子》妄加之耳。"

愚按:李笠认为《史记》与《韩非子》"语异而意同",把"设"解释为"措施"。王叔岷所引的《考证》即日本泷川太郎《史记会注考证》,《考证》意谓《史记》之"设"为误字,当从《韩非子》改为"耻"。王叔岷则认为《史记》当作"则能仕之所设也","非"为衍文;把"设"解释为"施行"义。此二人所言亦非定论,但都认为"设"无法解释为"耻",这是对的。

而且,查检语料库,先秦两汉"所设"共40多次,无一例可解释为"所耻"。所以《史记》是一孤证,而且此例不足凭信。据此而为【设】立一"羞耻"义项,是不妥的。

词典的义项是从一个词的众多用法中概括出来的。语言是有社会性的,很难想象,一个词的一个义项从古到今只有一个人用过一次。当然,并不是所有的话都被记录下来,而保存至今的文献资料,又只是其中的一部分,所以,也不排斥这样的可能:有的词的义项,我们在词典编纂中只能找到一个书证。如《左传·昭公元年》:"引其封疆。"杜预注:"引,正也。"《汉语大字典》《汉语大词典》和《辞源》(第三版)均立为义项,而且仅此一例。《王力古汉语字典》作为"备考"。《汉语大词典》中仅有孤证的条目不少,对这样的条目,在修订时要尽可能补充更多的书证。实在补不出来的,一定要慎重对待,经过严格的审核,确实可靠的可以留下,错误的或没有把握的应当删去。修订中新增的条目更要严格把关。研究语音语法的学者说:"例不十,法不立。"我们修订词典,原则上也应该是"书证不十,义项不立"。像张相《诗词曲语辞汇释》、蒋礼鸿《敦煌变文字义通释》这样的经典著作,以及很多当代学者词义考释的著作,都是收集了大量例句,才概括出一个词的某些意义。我们在词典编纂中一定要学习这种精神,不能仅仅根据一两个例句或某一个古注,就轻率地立一个义项。

(3)虚词的词义与其语法功能密切相关,为虚词立义项,必须有较强的语法观念,否则容易出错。下面举二例。

A《汉语大词典》

【底】10.犹边,面。用于指示代词后,表处所。明汤显祖《邯郸记·度世》:"这底是三楚三齐,那底是三秦三晋,更有找不着的三吴三蜀。"……14.的确;确实。《朱子语类》卷一二六:"譬如人食物,欲知鸟喙之不可食,须认下这底是鸟喙,知此物之为毒,则他日不食之矣。"

按:这是大错!"这底""那底"是近代汉语早期特有的语法现象。梅祖麟《唐五代"这""那"不单用作主语》(《中国语文》1987年第3期)指出:唐五代"这""那"不能单做主语,做主语时必须说"这个""那个",宋代出现了"这底""那底"和"这的""那的"。下面引几个"这底"做主语和宾语的例子(有的是梅文转引吕叔湘《近代汉语指代词》的例子,有的是梅文所举):

师云:"遮底不生死。"(《灯录》,6.9)

老僧只管看这底。(《汾阳》,598a)

此是楼板、云内两寨接界处照证,这底且休,且未理会。(沈括《乙卯入国奏请》:胡道静《梦溪笔谈校证》,48)

这底只是我怕你们不知。(《绍兴甲寅通和录》,《三朝北盟会编》,卷一六二,10)

《朱子语类》中"这底"甚多,可以做主语,也可以做宾语。仅各举一例:

天只是一元之气。春生时,全见是生;到夏长时,也只是这底;到秋来成遂,也只是这底;到冬天藏敛,也只是这底。(卷六)

至若万物之荣悴与夫动植小大,这底是可以如何使,那底是可以如何用,车之可以行陆,舟之可以行水,皆所当理会。(卷十八)

本条所举的"这底",和上述"这底"完全相同。编纂者不熟悉近代汉语语法,故有此误。可见词典编纂也要懂得语法。

B《汉语大词典》

【所】9.可,可以。《晏子春秋·杂下十》:"圣人非所与熙也。"张纯一校注引王引之《经传释词》:"言圣人不可与戏也。"《文子·道德》:"老子曰:民有道,所同行;有法,所同守。义不能相固,威不能相必,故立君以一之。"《史记·淮阴侯列传》:"必欲争天下,非信无所与计事者。"(按,《汉书·韩信传》"所"

作"可"。)

按:《经传释词》谓"所,犹可也",非是。所举《晏子春秋》《史记》两例之"所与+V","所"均为代词。《马氏文通·介字·与》:"(与)司'所'字则必后焉。"举5例:《论·乡党》:"揖所与立。"《孟·离下》:"其妻问所与饮食者。"《史·淮阴侯列传》:"必欲争天下,非信无所与计事者。"《汉·霍光传》:"发御府金钱刀剑玉器采缯,赏赐所与游戏者。"韩《柳子厚墓铭》:"所与游,皆当世名人。"《马氏文通》意思是说:"与"的宾语(介词宾语)是"所",但"与"都在"所"的后面。朱德熙《自指与转指》说得更清楚:"所与饮食者"的"所"提取的是"与"的宾语,跟"所与饮食者"相应的陈述形式是"(良人)与之₁饮食","所"提取了"之₁",所以句中的"之₁"必须缺位。简单地说,"所与+V"中的"所"指代的是介词"与"的宾语(与之熙之人,与之饮食之人,与之计事之人),"所"不能解释为"可,可以"。《汉书·韩信传》"所"作"可",不能说明"所"即"可"。《史记》例与《汉书》例意思大致相同而结构不同。《史记》例"无所与计者"的"所"是提取"与"的宾语的,所以"与"后面不能再加"之",不能说成"无所与之计者"。《汉书》例"无可与计者"的"可"不是提取"与"的宾语的,所以"与"后面还可以加"之",说成"无可与之计者"。仅仅根据一句话的异文,不加分析,就断定某字有某义,这是传统训诂学的弊病,不可信从。《文子》例的意思是:"民有道,此民之所同行;民有法,此民之所同守。"宋杜道坚《文子缵义》有注释:"天下虽大,君以一之。君一,则道不待为,民所同行;法不待变,民所同守。""所"仍是代词,并非"可,可以"之义。

《汉语大词典》有些虚词条目,根据刘淇或王引之的说法立了义项。刘淇或王引之没有很强的语法观念,他们的一些说法未必可信。这些条目都要根据近现代的语法研究成果审慎地对待。

(二)释义错误,义项可成立

(1)《古代汉语词典》(第二版)

【肥】③富,富足。《礼记·礼运》:"父子笃,兄弟睦,夫妇和,家之~也。"

按,《礼记·礼运》:"四体既正,肤革充盈,人之肥也。父子笃,兄弟睦,夫妇和,家之肥也。大臣法,小臣廉,官职相序,君臣相正,国之肥也。天子以德为车,以乐为御,诸侯以礼相与,大夫以法相序,士以信相考,百姓以睦相守,天下之肥也。是谓大顺。"显然,"家之肥""国之肥""天下之肥"的"肥"是"人之肥"的"肥"的引申义,但这个引申义不是"富足",而是"和顺"。

后代用"国肥"的不多,用"家肥"的很多,都是指家庭和睦。如:

白居易《海州刺史裴君夫人李氏墓志铭并序》:"族睦家肥,辅佐之力也。"

李绅《移九江》诗:"体瘦寡行立,家肥安啜哺。"

杜荀鹤《和舍弟题书堂》诗:"团圆便是家肥事,何必盈仓与满箱?"

《旧唐书·高季辅传》:"杜其利欲之心,载以清净之化,自然家肥国富,气和物阜,礼节于是竞兴,祸乱何由而作。"

《汉语大词典》"肥"没有这个义项,可以补充。

(2)《汉语大词典》

【寸蹏尺缣】喻收受小贿。蹏,"蹄"的古字,兽蹄,缣,黄色的细绢。清吴伟业《梅村诗话》:"贪吏放手无罚,而寸蹏尺缣,辄加逮治。"

按,释义误。"蹏"为"赫蹏",小幅绢帛,见于《汉书·外戚传下·孝成赵皇后》:"武(籍武)发箧中,有裹药二枚,赫蹏书。"颜师古注:"邓展曰:'赫音兄弟阋墙之阋。'应劭曰:'赫蹏,薄小纸也。'""寸蹏尺缣"指小幅字画。清汪学金辑《娄东诗派》卷十六:"麓台绘事辄入宋元诸名家潭奥,尺缣寸蹏为世重宝。"清揆叙《益戒堂诗集》卷一:"寸缣尺蹏费捃摭,零落幸免抛榛芜。"

《梅村诗话》的原文为:"(宋九青)《掖中言怀》中一联云:'朋友谁无生死问,朝廷今作是非看。'时上方切治苞苴,而金吾微卒乘之反行其奸利。贪吏放手无罚,而寸蹏尺缣辄加逮治。九青之语盖实录也。""寸蹏尺缣"即诗句中的"生死问",并非贿赂。意谓收了朋友赠予的小幅字画,就加以逮治。

(三)原有释义不周全,义项应增补

(1)《汉语大词典》

【吊】1.祭奠死者或对遭丧事及不幸者给予慰问。……亦指祭奠的仪式。2.伤痛;怜吊。《诗·桧风·匪风》:"顾瞻周道,中心吊兮。"毛传:"吊,伤也。"《左传·僖公二十四年》:"昔周公吊二叔之不咸,故封建亲戚以蕃屏周。"《史记·张仪列传》:"群臣皆贺,陈轸独吊之。"宋孙光宪《杨柳枝》词:"万株枯槁怨亡隋,似吊吴台各自垂。"《宋史·胡铨传》:"今日之议若成,则有可吊者十;若不成,则有可贺者亦十。请为陛下极言之。"清赵翼《五牧镇为宋将尹玉战死处》诗:"五牧塘边路,经过吊夕阳。"

《古代汉语词典》

【吊】1.悼念死者。2.慰问。3.忧伤。4.忧虑。《国语·鲁语下》:"夫义人者,固庆其喜而吊其忧。"《史记·魏其武安侯列传》:"籍福贺魏其侯,因吊曰:'君侯资性喜善疾恶。'"

按:《汉语大词典》【吊】2.下《史记·张仪列传》和《宋史·胡铨传》例与"伤痛"义不合。《古代汉语词典》另立一"忧虑"义项,其书证之一为《史记·魏其武安侯列传》,此例也与"忧虑"义不合。这三例都是"吊"和"贺"相对,如果多看一些同类的例句,就可以看到这一类例句该怎样解释。如:

《战国策·燕策一》:"武安君苏秦为燕说齐王,再拜而贺,因仰而吊。齐王按戈而却,曰:'此一何庆吊相随之速也?'"

《淮南子·说林》:"汤沐具而虮虱相吊,大厦成而燕雀相贺,忧乐别也。"

《史记·萧相国世家》:"诸君皆贺,召平独吊。……召平谓相国曰:'祸自此始矣!'"

《史记·苏秦列传》:"苏秦见齐王,再拜,俯而庆,仰而吊。[索隐]曰:刘氏云:'当时庆吊应有其词,但史家不录耳。'"

《史记·张仪列传》:"(张仪请献商於六百里地予楚,使楚秦相交)楚王大说而许之。群臣皆贺,陈轸独吊之。楚王怒曰:'寡人不兴师发兵得六百里地,群臣皆贺,子独吊,何也?'"

《史记·张耳陈余列传》:"窃闻公之将死,故吊。虽然,贺公得通而生。"

《史记·魏其武安侯列传》:"于是乃以魏其侯为丞相,武安侯为太尉。籍福贺魏其侯,因吊曰:'君侯资性喜善疾恶,方今善人誉君侯,故至丞相。然君侯且疾恶,恶人众,亦且毁君侯。能兼容,则幸久;不能,今以毁去矣。'魏其不听。"

《说苑》卷十二:"遇吉则贺之,凶则吊之。"

《汉书·何并传》:"王莽遣使征诩,官属数百人为设祖道,诩据地哭,掾史曰:'明府吉征,不宜若此。'诩曰:'吾哀颍川士,身岂有忧哉!我以柔弱征,必选刚猛代。代到,将有僵仆者,故相吊耳。'"

从这些例子看,"吊"常常是与"贺"相对的,是一种既有言辞、又有动作的行为,而不是一种单纯的心理活动"伤痛"或"忧虑"。而且,"吊"不仅是在人死以后,也可以是在预见人将有凶险之时,经常是对人的一种警告。这个意义应该补充到词典中去。

(2)《汉语大词典》

【刺举】1. 检举。《史记·田叔列传》:"天下郡太守多为奸利,三河尤甚,臣请先刺举三河。"2. 谓检举奸恶,举荐有功。《魏书·术艺传·张渊》:"执法刺举于南端,五侯议疑于水衡。"注:"太微南门,谓之执法。刺举者,刺奸恶,举有功。"

按:有关"刺举"的资料甚多,据此可以归纳其词义。现择要列举于下:

《史记·田叔列传》:"……以田仁为丞相长史。田仁上书言:'天下郡太守多为奸利,三河尤甚,臣请先刺举三河。三河太守皆内倚中贵人,与三公有亲属,无所畏惮,宜先正三河以警天下奸吏。'……仁已刺三河,三河太守皆下吏诛死。仁还奏事,武帝说,以仁为能不畏强御,拜仁为丞相司直,威振天下。"(引文为褚少孙所补)

《汉书·诸葛丰传》:"夫司隶者刺举不法,善善恶恶,非得颛之也。"

《汉书·王莽传下》:"二年正月,以州牧位三公,刺举怠解,更置牧监副,秩元士,冠法冠,行事如汉刺史。"

《后汉书·朱浮传》:"旧制,州牧奏二千石长吏不任位者,事皆先下三公,三公遣掾史案验,然后黜退。帝时用明察,不复委任三府,而权归刺举之吏。"注:"刺举即州牧也。"

《后汉书·虞诩传》:"诩好刺举,无所回容,数以此忤权戚。"

《三国志·魏书·高柔传》:"要能刺举而辨众事,使贤人君子为之,则不能也。昔叔孙通用群盗,良有以也。"

《周书·冯迁传》:"冯迁字羽伐,弘农人。……后授陕州刺史。迁本寒微,不为时辈所重。一旦刺举本州,唯以谦恭接待乡邑,人无怨者。"

庾信《周柱国楚国公岐州刺史慕容公神道碑》:"后魏元年重授敷州刺史。公以先经刺举,固辞不就。"

《太平御览》卷二五五引黄泰《交广记》:"秦兼天下,改州牧为刺史,朱明之时,则出巡行封部,玄英之月,则还诣天府表奏。刺史,言其刺举不法,史者,使也。"

《通典》卷十九:"刺史刺举郡县,至隋治人(民)。"

据此可知,"刺举"的词义有一个演变过程:"刺举"本为"监察举报奸恶不法"之义,开始是监察官的职责,后来成为州牧的职责,州牧也因此改名为"刺史";刺史的职责不仅是刺举不法,也有治民。同时,"刺举"也就可以表示"担任刺史"之义,如《周书》例的"刺举本州"义即任本州刺史,庾信例的"先经刺举"义即已经出任过敷州刺史。

《汉语大词典》所引《魏书·术艺传·张渊传》之注不可靠。我查检了汉魏六朝的"刺举"共60多例,全都是刺举奸恶,无一例为"刺奸恶,举有功"。

(四)古今意义混同或颠倒

古汉语词典应注意古今词义的异同。如果混同了古今意义或者颠倒了古今意义,就会误导读者。

(1)《汉语大词典》

【脚】1.人与动物腿的下端,接触地面、支持身体和行走的部分。《墨子·明鬼下》:"羊起而触之,折其脚。"汉邹阳《狱中上书自明》:"昔司马喜膑脚于宋,卒相中山。"唐杜甫《北征》诗:"见耶背面啼,垢腻脚不袜。"

按:"脚"的词义最初是"小腿"(膝盖以下的部分),后来演变为"脚丫子"(踝骨以下部分)。本条的释义把古今意义混淆了。"脚"的词义演变汪维辉(2017)已有详细论述,兹不赘。

(2)《汉语大词典》

【皮】1.兽皮。带毛叫皮,去毛叫革。《诗·鄘风·相鼠》:"相鼠有皮,人而无仪。"引申指人的皮肤或动植物体表面的一层组织。《汉书·高帝纪上》:"高祖为亭长,乃以竹皮为冠。"唐韩愈《去岁自刑部侍郎以罪贬潮州刺史小女道死留题驿梁》诗:"数条藤束木皮棺,草殡荒山白骨寒。"清蒲松龄《聊斋志异·画皮》:"铺人皮于榻上,执采笔而绘之;已而掷笔,举皮,如振衣状,披于身,遂化为女子。"

按:先秦西汉"皮"只表示兽皮和树皮,不表示人皮,人皮叫"肤"。直至西汉末、东汉时才有"皮肤"连用,刘向《列女传》卷六:"(无盐)皮肤若漆。"《论衡·雷虚》:"射中人身,则皮肤灼剥。"到东晋则"皮"可单用表人皮,《抱朴子·登涉》:"沙虱,……初着人,便入其皮里。"这是汉语词义的古今差别,《汉语大词典》把人皮和植物的皮放在一个义项中,而且笼统地说"引申指人的皮肤或动植物体表面的一层组织",没有反映这种词义演变,不妥。

(3)《汉语大词典》

【趾】1.脚指头。汉焦赣《易林·否之艮》:"兴役不休,与民争时,牛生五趾,行危为忧。"《医宗金鉴·正骨心法要旨·足五趾骨》:"趾者,足之指也。名以趾者,所以别于手也,俗名足节。"明刘基《北上感怀》诗:"宁知乖圆方,举足辄伤趾。"鲁迅《故事新编·补天》:"〔女娲〕正要伸手,又觉得脚趾上有什么东西刺着了。"2.泛指脚。《诗·豳风·七月》:"三之日于耜,四之日举趾。"毛传:"四之日,周四月也,民无不举足而耕矣。"

按:"趾"在上古的意义为"脚",很晚才变为"脚趾"义。词典把时代颠倒了。而且,"脚指头"的例句有问题。《易林》例的"五趾"是"五足",可参见《汉书·五行志下之上》:"京房易传曰:兴繇役,夺民时,厥妖牛生五足。"而《医宗金鉴》是清代的作品,时代太晚。据我查检,"趾"的"脚指头"义见于唐代:

> 韩愈《寄卢仝》诗:"浑舍惊怕走折趾。"魏仲举注:"趾,足指。"

但魏注未必可靠。可靠的例句是:

> 孙思邈《千金要方》卷四四:"寒厥必起于五趾而上于膝者,何也?"

(4)《汉语大词典》

【睡】1.睡觉。《庄子·列御寇》:"夫千金之珠,必在九重之渊而骊龙颔下。子能得珠者,必遭其睡也。"唐韩愈《宿神龟招李二十八冯十七》诗:"夜宿驿亭愁不睡,幸来相就盖征衣。"宋苏轼《海棠》诗:"只恐夜深花睡去,故烧高烛照红妆。"巴金《探索集·访问广岛》:"我感到温暖和安慰,终于沉沉地睡去了。"2.打盹;瞌睡。《战国策·秦策一》:"读书欲睡,引锥自刺其股,血流至足。"《史记·商君列传》:"孝公既见卫鞅,语事良久,孝公时时睡,弗听。"

按:"睡"的"打盹;瞌睡"义在先,"睡觉"义在后。《庄子》例的"睡"是瞌睡。把《庄子》例理解错了,也就把时代颠倒了。"睡"的词义演变见汪维辉(2017),兹不赘。

(5)《汉语大词典》

【副】1 [fù《广韵》敷救切,去宥,敷。]

"福1"的今字。

《汉语大词典》

【福】[fù《广韵》敷救切,去宥,敷。]后多作"副"。

2.副贰。4.量词。用于成套的衣服。唐颜师古《匡谬正俗》卷六:"副贰之字,'副'字本为'福'字。从衣,畐声。今俗呼一袭为一福衣,盖取其充备之意,非以覆蔽形体为名也。然而书史假借,遂以'副'字代之。副,本音普力反,义训剖劈,字或作'疈'。"

按:把"福"看作古字,把"副"(量词)看作今字,把时代颠倒了。《说文》段注在"副"下已言之:"颜说未尽然也。副之则一物成二,因仍谓之副。因之凡分而合者皆谓之副。训诂中如此者致多。……福字……恐此字因副而制耳。"段说是。

3 书证

(一)始见例

书证的始见例很重要。《汉语大词典》不说明词义产生的时代,但根据始见例可以大致知道其时代。始见例过晚,就把词义产生的时代推迟了。但如果用了很早却不可靠的始见例,那又会错误地把词义产生的时代提前了。如前面所举的【睡】字条,在"睡觉"义项下用了《庄子》例,就表示"睡觉"义在先秦就有了。这是错误的。所以,选择始见例要慎重。

(1)《汉语大词典》

【那】1. 指示代词。与"这"相对。唐张鷟《朝野佥载》卷二:"尚书右丞陆余庆转洛州长史,其子嘲之曰:'陆余庆,笔头无力嘴头硬。一朝受词讼,十日判不竟。'送案褥下。余庆得而读之,曰:'必是那狗。'遂鞭之。"

按:此书证正确。这是在王力《汉语史稿》中指出的。至今研究汉语语法史的学者,找到的指示代词"那"的最早例句就是此例。

荷兰汉学家许理和(E. Zürcher)在东汉支娄迦谶译的《文殊师利问菩萨署经》中找到一个例子:"诸过去佛悉那中浴。"他认为"我们这个得自佛经译文的惟一例子比非宗教文献上关于'那'的记载要早五百年。"(见《最早的佛经译文中的东汉口语成分》,中译文载《语言学论丛》第14辑)但实际上,许理和所举的"那"不是指示代词,而是介词,义为"于"。"那"的这个意义早见于《尔雅》:

《尔雅·释诂》:"爰粤于那都繇,于也。"

在先秦文献中也能找到例证：

《国语·越语下》："吴人之那不谷。"韦昭注："那，于也。"在魏晋南北朝时期的佛典中，"那"的这个意义用得很多，如前秦昙摩蜱、竺佛念译《摩诃般若钞经》卷一《摩诃般若波罗蜜问品》："菩萨摩诃萨、摩僧那涅僧、摩诃衍三拔谛色不那中住，痛痒思想生死识不那中住，须陀洹不那中住，……"连用43个"那中住"。同本异译支娄迦谶译《道行般若经》中大致作"于中"。（关于"那"的解释承南京师范大学何亚南教授提供。）

（2）《汉语大词典》

【惭】仅一义：羞愧。《汉语大词典订补》增加了一个义项：感激，感念。唐杜甫《北征》："顾惭恩私被，诏许归蓬荜。"

【惭愧】1.因有缺点、错误或未能尽责等而感到不安或羞耻。《国语·齐语》："是故大国惭愧，小国附协。"2.感幸之词。意为多谢、难得、侥幸。唐王绩《过酒家》诗之五："来时长道贳，惭愧酒家胡。"

按：蒋礼鸿《敦煌变文字义通释》："惭，感谢。"举例甚多。这个义项词典应该补充。此义项的始见例是什么呢？《敦煌变文字义通释》说：《搜神记》卷二十"仆是蚁中之王，不慎堕江，惭君济活"，"是惭作感谢义之最早见者"。

王锳《诗词曲语辞例释》举江淹《别赋》："乃有剑客惭恩，少年报士。"并分析《国语·齐语》"是故大国惭愧，小国附协"例，说："文中所叙桓公所作所为，都是'以德绥诸侯'的事，大国诸侯根本没有愧惧、愧耻的必要，倒是'感荷、感服'之义于文义较为切合。"所以，"惭愧"表示"感谢"义可追溯至先秦。

可见，要找始见例，是需要查检大量文献并加以分析的。

(3)《汉语大词典》

【莫】2.副词。(3)表示揣测。或许；大约；莫非。《论语·述而》："文，莫吾犹人也。躬行君子，则吾未之有得。"朱熹集注："莫，疑词。"唐杜甫《秋日寄题郑监湖上亭》诗之三："赋诗分气象，佳句莫频频。"清纳兰性德《满宫花》词："盼天涯，芳讯绝，莫是故情全歇。"

按：此义项以《论语》为始见例，时代是很早，但"文，莫吾犹人也"历来有多种解释，而且大多不主张把"文"和"莫"点开，朱熹只是一家之言。词典的书证，最好不采用这种例句。杜甫例又太晚。董志翘、蔡镜浩《中古虚词语法例释》举出六朝三例，如：

《古小说钩沉·幽明录》："阁上人曰：'闻鱼龙超修精进，为信尔不？何所修行？'长和曰：'不食鱼肉，酒不经口，恒转尊经，救诸疾痛。'阁上人曰：'所传莫妄？'"

蒋礼鸿《敦煌变文字义通释》引俞忠鑫说："莫"的此种用法可以溯源至先秦，如：

《庄子·则阳》："至齐，见辜人焉，推而强之，解朝服而幕之，号天而哭之，曰：'子乎！子乎！天下有大灾，子独先离之。'曰：'莫为盗？莫为杀人？'"

但《庄子》此句有不同解释。郭象注："杀人大灾，谓自此以下事。大灾既有，则虽戒以莫为，其可得已乎！"宣颖注："又言不是为盗乎？不是为杀人乎？"解释不同，标点也就不同。一般都从郭注，标点为"莫为盗！莫为杀人！"我也倾向于郭注，因为除此例外，先秦找不到"莫"表示揣测的用法，宣颖的解释是根据六朝人的语感来读先秦文献。所以，难以用《庄子》此例作为始见例。

可见，找始见例是要谨慎从事的。

(二)义例不合

书证是词典很重要的一个部分。书证合适与否,也关系到词典的质量。书证的问题很多,本文只谈一点:要正确理解书证,不能义例不合。

(1)《汉语大词典》

【知】14.表现。谓有动于中,表现于容色。《管子·心术下》:"金心在中不可匿,外见于形容,可知于颜色。"《左传·僖公二十八年》:"晋侯闻之而后喜可知也。"杜预注:"喜见于颜色。"《吕氏春秋·自知》:"文侯不说,知于颜色。"高诱注:"知,犹见也。"《淮南子·修务训》:"奉一爵酒,不知于色。"

按:《吕氏春秋》《淮南子》例是。《左传》《管子》例非是。《左传》说"晋侯闻之而后喜可知",是说他人可知其喜。杜预注"喜见于颜色"是解释说:晋侯之喜表现于外,故"喜可知",并非说"可知"的"知"就是"见"。《管子》两句是说:如金之心"外见于形容",所以"可知于颜色",也不是说"知"就是"见"。如果这两处"可知"之"知"义为"表现",那么,"可"该如何解释?

(2)《汉语大词典》

【轶】2.突袭,突击。《左传·隐公九年》:"郑伯御之,患戎师,曰:'彼徒我车,惧其侵轶我也。'"杜预注:"轶,突也。"汉刘向《新序·杂事四》:"庄王曰:'嘻!吾两君之不相能也,百姓何罪!'乃退师以轶晋寇。"5.通"逸"。(2)奔驰;逃跑。

按:《新序》例误。此例原文如下:

《新序·杂事四》:"既而晋人之救郑者至,请战,庄王许之。将军子重进谏曰:'晋,强国也,道近力新,楚师疲势,君请勿许。'庄王曰:'不可。强者我避之,弱者我威之,是寡人无以立乎天下也。'遂还师,以逐晋寇。庄王援枹而鼓之,晋师大败。晋人来,渡河而南,及败,奔走欲渡而北,卒争舟,而以刃击引,舟中之指可掬也。庄王曰:'嘻,吾两君之不相能也,百姓何罪!'乃退师,以轶晋寇。"

这是写楚庄王看到晋军战败、士卒争相逃命的惨状,说"百姓何罪",于是就退军而让晋军逃逸。"轶"通"逸",逃跑义,这里是使动用法,应归于义项5之(2)。编纂者没有读懂这个句子,错误地把它放到"突袭,突击"义项下了。

(3)《汉语大词典》

【靶1】[bà《广韵》必驾切,去祃,帮。]

1.辔首垂下部,即辔革。2.缰绳。3.器物上便于用手拿的部分。4.枪靶子。借指枪。5.比喻可以被人用以要挟的过失。6.弓身的正中。张弓时握手处。唐王维《出塞作》诗:"玉靶角弓珠勒马,汉家将赐霍嫖姚。"

【靶2】[bǎ]

射击的目标。元王实甫《丽春堂》第一折:"伸猿臂揽银鬃,靶内先知箭有功。"

按:王实甫例的"靶"应为义项6.张弓时握手处。意为箭尚在弓内就先知必能射中。"靶"之"射击的目标"义出现很晚,我查检到明代仅一例:

明代罗懋登《三宝太监西洋记》二十四回:"我做个靶子,你射来。"

(4)《古代汉语词典》

【荠】1. cí ①草名。蒺藜。孟浩然《登兰山寄张五》诗:

"天边树若荠,江畔月如舟。"

2. jì 菜名,荠菜。《诗经·邶风·谷风》:"谁谓荼苦,其甘如荠。"

按:在"蒺藜"下引孟浩然诗误。孟浩然诗是有来历的。

《颜氏家训·勉学》:"《罗浮山记》云:'望平地树如荠。'故戴暠诗云:'长安树如荠。'"

杨慎《升庵诗话》卷十三:"《罗浮山记》云:'望平地树如荠。'自是俊语。梁戴暠诗:'长安树如荠。'用其语也。后人翻之益工,薛道衡诗:'遥原树若荠,远水舟如叶。'孟浩然诗:'天边树若荠,江畔洲(当作"舟")如月。'"

首先,"望平地树如荠"不可能是树像蒺藜。其次,"蒺藜"义的"荠"是平声字(《广韵》疾资切),"荠菜"义的"荠"是仄声字(《广韵》徂礼切)。诗词中用"树如荠"的很多,看一看这些诗词的押韵情况,就可以知道"荠"是仄声字。

戴嵩《度关山》:昔听陇头吟,平居已流涕。今上关山望,长安树如荠。千里非乡邑,四海皆兄弟。(是转韵的,前六句押的是仄声韵)

唐诗宋词中也是如此:

李商隐《偶成转韵》:"明年赴辟下昭桂,东郊恸哭辞兄弟。韩公堆上跋马时,回望秦川树如荠。"

辛弃疾《西河》词:"西江水。道是西风人泪。无情却解送行人,月明千里。从今日日倚高楼,伤心烟树如荠。"

参考文献

董志翘、蔡镜浩　1994　《中古虚词语法例释》,吉林教育出版社。

蒋礼鸿　1995　《敦煌变文字义通释》(第五版),上海古籍出版社。
马建忠　1983/1989　《马氏文通》,商务印书馆。
梅祖麟　1987　《唐、五代"这""那"不单用作主语》,《中国语文》第 3 期。
孙玉文　2009　《大型语文工具书编写和修订应该加强字的音义关系的研究——以"被"字为例》,《中国训诂学报》第 1 辑,商务印书馆。
汪维辉　2017　《东汉—隋常用词演变研究》(修订本),商务印书馆。
王叔岷　2007　《史记斠证》,中华书局。
王　锳　1980　《诗词曲语辞例释》,中华书局。
萧涤非、张忠纲　2014　《杜甫全集校注》,人民文学出版社。
许理和　1987　《最早的佛经译文中的东汉口语成分》(中译文),《语言学论丛》第 14 辑。
周祖谟　1966　《四声别义释例》,《问学集》,中华书局。
朱德熙　1983　《自指与转指》,《方言》第 1 期。
朱金城　1988　《白居易集笺校》,上海古籍出版社。

引书目录

《新校互注宋本广韵》,余迺永,上海辞书出版社,2000。
《集韵校本》,赵振铎,上海辞书出版社,2012。
《经典释文汇校》,黄焯,中华书局,2006。
《汉语大字典》(第二版),四川辞书出版社,2010。
《汉语大词典》,汉语大词典出版社,1986—1993。
《汉语大词典订补》,上海辞书出版社,2010。
《王力古汉语字典》,中华书局,2000。
《辞源》(第三版),商务印书馆,2017。
《古代汉语词典》(第二版),商务印书馆,2014。

(原载《辞书研究》2019 年第 1 期)

图书在版编目（CIP）数据

汉语词汇语法史论文选：全两册 / 蒋绍愚著． —北京：商务印书馆，2025． —（蒋绍愚文集）． —ISBN 978-7-100-24825-9

Ⅰ．H13-09；H14-09

中国国家版本馆CIP数据核字第2024K4K623号

权利保留，侵权必究。

蒋绍愚文集

（第七卷）

汉语词汇语法史论文选

（全两册）

蒋绍愚　著

商 务 印 书 馆 出 版
（北京王府井大街36号　邮政编码100710）
商 务 印 书 馆 发 行
北京捷迅佳彩印刷有限公司印刷
ISBN 978-7-100-24825-9

2025年4月第1版	开本 889×1194　1/32
2025年4月北京第1次印刷	印张 25⅛

定价：212.00元